미래
수업

미래
수업

초판 1쇄 발행 2017년 7월 1일

지은이 박홍주 / **펴낸이** 배충현 / **펴낸곳** 갈라북스 / **출판등록** 2011년 9월 19일(제2015-000098호) / 경기도 고양시 덕양구 중앙로 542, 903호(행신동) / **전화** (031)970-9102 **팩스** (031)970-9103 / **홈페이지** www.galabooks.net / **페이스북** www.facebook.com/bookgala / **전자우편** galabooks@naver.com / **ISBN** 979-11-86518-12-0 (03320)

「이 도서의 국립중앙도서관 출판예정도서목록(CIP)은 서지정보유통지원시스템 홈페이지(http://seoji. nl.go.kr)와 국가자료공동목록시스템(http://www.nl.go.kr/kolisnet)에서 이용하실 수 있습니다.(CIP제어번호: CIP2017013195)」

미래
수업

박홍주 지음

갈라북스

"당신은 지금 무슨 시대에 살고 있소?"

● 아주 먼 옛날 우리 조상들을 상상해 보자.

최신 문물 구경 차 시내에 다녀온 옆집 형님이 동생에게 새로 나온 농기구라며 철로 된 쟁기 신상을 보여 주었다. 동생은 그 동안 사용해 왔던 청동 쟁기가 몇 일 전 밭을 갈다가 돌부리 부딪혀 부러져 못 쓰고 있던 찰나에 형님이 새로 사온 철 쟁기를 사용해 보았다. 철 쟁기는 돌부리에 부딪혀도 부러지지 않고 오히려 돌부리를 캐 올릴 수 있었다.

옆집 형님은 "벌써 시내 사람들은 철 쟁기를 다 사용하고 있다"며 동생에게 하나 장만 하라고 부추겼다. 동생도 바로 다음 날 돼지 한 마리를 팔고 철 쟁기를 하나 장만했다.

물론 동생은 닭 한 마리 팔면 살 수 있었던 청동 쟁기에 비해 철 쟁기가 비싸다고 느꼈다. 하지만 그 위력을 경험하고 나서는 비싼 값을 치르더라도 안 살 수가 없었다.

이 두 형제에게 지나가던 사람이 "당신들은 지금 무슨 시대를 살아가고 있소?"라고 물으면 과연 대답을 할 수 있었을까? 하지만 지금의 학생들에게 같은 질문을 한다면 "이 형제들은 청동기에서 철기 시대로 넘어가는 아주 중요한 역사적 기로에 서 있습니다"라고 모범 답안을 내 놓을 것이다.

위 사례와 같이 누군가 우리에게 "지금 당신이 살고 있는 시대는 어떤 시대입니까?"라고 묻는다면 제대로 대답할 수 있을까?

청동기, 철기, 르네상스, 산업 혁명 등 이런 명칭의 시대는 모두 후대 사람들이 역사적 해석의 편의성을 위해 정의한 것이다.

지금 우리는 우리의 조상들이 한번도 경험하지 못했던 모든 것이 아주 빠르게 변화하는 시대를 살고 있다. 나이가 구십에 접어드신 우리 할아버지, 할머니 세대는 조선 시대, 일제 시대, 6·25 전쟁, 산업화, 민주화, 자동차, 비행기, 컴퓨터, 스마트폰으로 이어지는 엄청난 사회 및 문물의 변화를 체험하고 살고 계신다.

나와 내 자식들은 우리 할아버지, 할머니 혹은 부모님 세대와는 다르게 정의될 시대를 살아가고 있다. 우리의 다음 세대가 지금의 이 시대를 무엇이라 정의할지 모르겠으나 큰 변혁의 시기인 것은 분명하다.

이런 시기에 나와 내 아이는 어떻게 살아가고 또 어떻게 아이를 키워야 할지 고민하던 찰나 이런 생각을 해 보았다.

'내 아이가 과거 내가 받았던 교육의 방식으로 키워진다면 이런 급변의 시대에 잘 적응해서 살아갈 수 있을까?'

이 책의 출발은 그렇게 시작 되었다. 이 변화무쌍한 시대에 내가 현재 겪은 것들을 바탕으로 아이가 커 나가면서 지침서가 될 수 있는 그런 책을 만들고 싶다는 생각으로 시작한 것이다. 더 나아가 이 시대를 살아가는 부모들 그리고 그 자녀들에게도 들려주고 싶었다.

앞으로 우리 아이들은 남과 차별화 되지 않는다면 작은 일자리조차 구하기 어려운 시대를 살아가게 될 것이다.

필자는 이 책을 읽는 독자들에게 단순히 "아이는 이렇게 저렇게 키우면 될 것 입니다!"라고 주입하거나 종용하기 보다는 "우리가 처한 환경이 이렇게 변하고 있고 세계는 미래를 위해 어떤 준비를 하고 있기 때문에 나 자신과 우리의 아이들은 이렇게 변해야 합니다"라고 얘기하고 싶었다. 특히 필자의 특기를 살려 공학자로서 다가올 미래 시대가 기술 주도에 의해 어떻게 변화될지 미래 우리 생활상에 대해 예측했다.

오늘보다 나은 미래를 위해 우리 아이들은 현재 세대와 같은 방식으로 자라서는 안 된다. 이는 다가올 시대가 용납하지 않을 것이다. 한국 부모들은 여전히 '우리 아이들을 어떻게 우등생으로 만들어 좋은 대학에 보낼 것인가'에 대해서만 고민하고 있다. 하지만 부모 세대는 이미 사회에 나와서 '학교에서의 우등생이 꼭 사회의 우등생이 되지 않는다는 것'을 경험했다. 앞으로는 이런 현상이 더욱 심화될 것이다. 필자가 보기에 부모 세대는 현재의 삶에 치여 이를 외면하고 있는 것 같다. 하지만 더 늦기 전 우리는 이런 당면한 현실을 직시하고 세상 변화를 주목하면서 미래에 관심을 가져야 한다.

앞으로 다가올 시대는 지금보다도 훨씬 국가간의 장벽이 쉽게 허물어져 한 사회라는 것이 결코 한 국가에 한정되지 않고 옆 나라의 이슈가 곧 나의 이슈로 다가오는 범지구적 상황에 쉽게 처할 것이다. 필자는 이 책이 이런 시대를 살아갈 현재 세대와 다음 세대에게 밀알과 같은 지침서가 되길 소망한다.

차 례

부록:
위기의
한국 사회
리포트

아이들이 불행하면 미래도 불안하다

1
PART

[세상을 지배할
신기술]

━━━━ 산업 혁명의 계기가 '증기기관'이었다면 21세기는 '인터넷'으로 대변되는 정보통신 기술로 촉발됐다. 스마트폰이 대표적이다. 지금 우리는 스마트폰을 통해 혁신적인 기술과 제품이 삶과 시대 변화에 미치는 영향을 체감하고 있다. 중요한 것은 스마트폰 정도는 맛보기에 불과하다는 점이다. 다가올, 아니 이미 다가온 '미래' 신기술이 미칠 파급 효과는 과거의 어떤 기술과도 비견하기 어려울 정도일 것이다. 더욱 충격적이고 진보적이며 상상 이상의 신기술들이 이미 개발됐거나 상용화를 앞두고 있기 때문이다.

미래학자이자 다빈치연구소 소장인 토마스 프레이(Thomas Frey)는 "2030년까지 세계에서 20억 개 정도의 일자리가 사라질 것"이라고 전망한 바 있다. 20억 개는 현 지구상 전체 일자리의 25%에 해당된다. 향후 10여년 이내에 기존 직업의 4분의 1은 인간이 직접 종사할 필요가 없게 된다는 얘기다. 이처럼 혁명적인 변화는 먼 미래의 전망이 결코 아니다. 바로 지금 당신이나 당신들의 자녀가 성인으로 살아가야 될 불과 몇 년 후의 현실인 셈이다.

이 같은 상황에서 자라나는 미래 세대들은 무엇을 준비해야 할까? 그리고 부모, 선생 등 기성세대는 그들에게 무엇을 준비시켜야 할까? 지금 당신은 자녀가 어른이 되면 전혀 필요가 없어질 지식을 '교육'이라는 미명으로 강요하고 있는지도 모른다.

이번 파트에서는 우선, 몇 년 내 우리 일상을 송두리째 바꿔 놓을 대표적인 신기술을 소개한다.

Chapter 01

인공지능

　'인간의 학습능력과 추론능력, 지각능력, 자연언어의 이해능력 등을 컴퓨터 프로그램으로 실현한 기술.' 인공지능에 대한 사전[1]의 정의다.

　사전의 정의처럼 인간의 지능적인 행동을 단순히 '모방'하는 것을 '인공지능'으로 알고 있었던 우리에게 2016년 충격적인 사건이 벌어진다. 바로 구글Google에서 만든 인공지능 프로그램 '알파고AlphaGo'가 세계적 바둑 고수인 이세돌 9단과의 대국에서 4승 1패로 승리를 한 것.

　인간 대 인공지능간 '세기의 대국'은 예측과 전혀 다른 양상으로 흘러갔다. 대국 전 '알파고가 과연 이세돌 9단에게 1승이라도 거둘 수 있

---

1 두산 백과 사전

을까?'하는 의구심은 정반대가 됐다. 막상 대국을 시작 하자 '인간 대표'가 알파고에 연이어 패하면서 '1승'을 바라는 승부로 바뀌었다.

'한국 최고 바둑 기사'가 아닌 인류 희망을 건 '지구 대표' 이세돌 9단이 드디어 2패 뒤 1승을 거두자 전세계가 열광했다. 그리고 그때까지 대국으로 알파고의 약점을 분석했으니 남은 건 이세돌 9단의 승리뿐이라고 단정하는 사람들까지 나왔다. 하지만 잠시나마 가졌던 승리의 희망은 이세돌 9단이 알파고에게 다시 연거푸 2패를 하면서 부서지고 말았다.

바둑 대국에서 경우의 수는 산술적으로 무한대라고 한다. 그리고 '상대의 수'를 읽어 승부를 가르는 바둑의 특성상 초반 무한대의 '경우의 수'가 존재한다. 따라서 '초반 승부를 잘 할 경우 결코 인공지능이 사람을 넘어설 수 없다'는 게 대결 전 전망이었다. 알파고도 결국 사람의 기존 대국에서 경우의 수를 예측하는 만큼, 고도의 창의성을 가진 사람의 생각을 인공지능이 분석하기는 어려울 것으로 예측됐기 때문이다. 하지만 예측을 보란 듯이 뛰어 넘은 알파고는 인공지능의 우수성과 그 발전 가능성을 전세계에 보여줬다.

'알파고와 이세돌'의 대결은 인공지능의 미래를 가늠해보는 계기가 됐다. 실제 전 세계 미래 전문가들은 앞 다퉈 사람을 대신할 인공지능의 미래 활약상을 전망하고 있다. 이 같은 상황에서도 '결코 인공지능이 인간 대신할 수 없는 영역이 무수히 존재한다'는 희망적인 메시지도 나오고 있다. 이세돌 9단 역시 '이번 대결의 패배는 이세돌 한 개인이 패배한 것이지 인류의 패배'가 아님을 강조하기도 했다.

급속도로 발전하는 인공지능 틈바구니에서 우리는 어떻게 변해야 할까? 그리고 우리 아이들은 어떻게 자라야 할까? 이 같은 고민은 이 시대, 대한민국에서 살고 있는 우리들에게도 분명 필요한 시점이다.

———
인공지능 개발 경쟁

전 세계적 관심을 불러 일으킨 '인공지능 알파고 이벤트.' 이 이벤트로 구글의 시가총액^{약 58조원}은 약 5% 증가했으며 인공지능 투자는 더욱 탄력을 받게 됐다. 실제 구글은 알파고보다 한 발 더 나아간 인공지능에게 창조성을 부여하기 위한 '마젠타Magenta' 프로젝트를 2016년 6월 1일 공개했다.

마젠타는 인공지능을 이용해 예술 작품을 만드는 것이 목표다. 구글은 먼저 음악을 만들어내는 알고리즘을 만든 뒤, 이를 발전시켜 영상과 다른 시각 예술 작품을 만드는데 적용한다고 한다. 스스로 생각하고 판단하고 창조할 수 있는 진정한 의미의 '인공지능'에 한 발짝 다가선 것이다.

마젠타는 실제 첫 결과물로 80초 가량의 단순한 멜로디를 만들었다. 기계학습을 위해 막대한 양의 예시 작품들이 마젠타에 입력됐고, 마젠타는 이를 이용해 새로운 작품들을 만들어냈다. 뿐만 아니라 마젠타는 영화『2001 스페이스 오디세이2001: A Space Odyssey』의 영상을 피카소의 화풍대로 변환시켰고『블레이드 러너Blade Runner』와『스타워즈』영상은

반 고흐의 그림처럼 바꿨다.

중국 역시 인공지능 개발에 박차를 가하고 있다. 대표 주자는 중국의 구글이라 불리는 '바이두baidu'다. 바이두는 2000년 1월 설립된 중국 내 최대 검색엔진중국 내 점유율 70% 회사다. 중국 인공지능 시장은 2020년 91억 위안한화 약 1조5,100억원 규모를 형성할 것으로 예상되고 있다. 세계 관련 시장 점유율 10%에 해당된다.

2014년 바이두는 미국 실리콘밸리에 3억 달러를 투자해 인공지능 연구소를 세우고 200여 명의 연구 인력을 개발팀에 배치했다. 이 개발팀을 이끌고 있는 사람은 과거 구글에서 인공지능 연구를 주도했던 앤드류 응Andrew Ng 스탠퍼드 대학 교수다.[2]

2016년 6월 마이크로소프트는 링크드인LinkedIn[3]을 약 30조7,666억원에 인수했다. 인수 당시 링크드인 기업가치의 91배에 이르는 액수다. 막대한 비용을 지불하면서까지 마이크로소프트가 링크드인을 인수한 것에 대해 전문가들은 "컴퓨터가 스스로 각종 데이터를 분석해 미래 경우의 수를 계산하는 '머신러닝Machine Learning' 기능을 발달시키기 위한 것"으로 분석했다. 머신러닝은 인공지능 개발에 필수적인 기술이기 때문에 마이크로소프트가 과감한 투자를 단행한 것이다.

인공지능 관련 이미 상용 제품이 출시되고 있는 분야는 '비서'다. 영화 『아이언맨』을 보면 아이언맨 슈트를 입은 주인공은 인공지능 프로

---

2 한경비지니스, 2016년 5월

3 기업들이 신규시장 개척과 바이어 발굴 등에 주로 활용하는 비즈니스 전문 소셜네트워크서비스
(SNS). 2002년 리드 호프먼 창업

그램과 대화를 나누며 정보를 분석하고 필요한 것들을 요구한다.

인공지능 비서에 대한 상용화 단초를 제공한 것은 애플Apple이다. 애플은 2016년 6월 13일 미국 샌프란시스코에서 열린 개발자 대회 'WWDC 2016'에서 그 동안 외부 개발자들에게 개방되지 않았던 음성인식 비서 기능인 '시리Siri'를 최신 운영 체제 iOS 10에서 다른 개발사들이 활용해 앱을 개발할 수 있도록 지원한다고 발표했다. 음성인식 비서 기능을 개발자들에게 개방해 애플만의 생태계를 확산시키고 구글과 마이크로소프트 같은 경쟁사 대비 시장 선점을 노리려는 전략이다.

구글도 2016년 5월 연례 개발자 행사에서 음성인식 비서 서비스인 '구글 어시스턴트'와 이를 지원하는 기기인 '구글 홈', 지원 앱인 메신저 '알로'와 영상통화 앱 '할로'를 공개했다. 마이크로소프트 역시 자사 인공지능 비서인 '코타나Cortana'와 막대한 자금을 주고 인수한 링크드인의 데이터를 결합해 업계 선점을 노리고 있다.

2017년 1월 미국 라스베가스에서 열린 CES⁴에서 가장 주목 받은 제품은 아마존Amazon에서 개발한 인공지능 음성인식 비서인 '알렉사Alexa'였다. 아마존은 직접 부스를 차려 홍보하지 않았다. 하지만 LG전자, 포드, 폭스바겐, GE, 화훼이 등에서 알렉사와 연계된 제품을 선보임으로써 단번에 인공지능 기반 음성인식 프로그램 강자로 떠올랐다.

---

4 Consumer Electronics Show, 1967년 이후 매년 1월 개최되는 세계 최대의 전자제품 전시회

인공지능 기반 음성인식 비서 서비스는 앞으로 다양한 활용이 가능하다. 지금 당장은 KT에서 출시한 '기가 지니' 처럼 "지니야 최신 영화 좀 추천해줘!"라는 음성 명령에 응답해 영화를 추천해 주는 서비스 정도는 가능하다. 앞으로는 아침에 바쁜 출근으로 집안을 충분히 살펴보고 나오지 못했을 때 스마트폰에 말을 걸어 특정 명령을 수행할 수 있게 된다. 예를 들어 스마트폰에 집안의 현재 상태를 물어보고 만약 전등이나 보일러가 켜져 있으면 끄라고 명령할 수 있다. 또 다른 예로 부모님을 위해 종합병원 정기검진을 스마트폰으로 예약 요청을 할 수도 있다. 스마트폰은 해당 병원 예약 시스템에 접속해서 해당일에 예약 가능 여부를 체크하고 예약이 불가능할 경우, 대안 일정을 추천해 준다. 특히, 부모님의 최근 병원 기록을 살펴보고 특정 항목 추가 검진을 추천하기도 한다. 이처럼 인공지능이 향후 사물인터넷IoT, Internet of Things과 결합되면 시너지 효과는 무한하게 늘어날 것이다.

인공지능이 바꿔 놓을 미래

정보기술IT 전문가들은 구글의 인공지능이 '일반 지능General Intelligence' 단계를 거쳐 '인간처럼 사고하는 지능Human-like Intelligence'으로 진화할 것으로 전망하고 있다.

'일반 지능'은 기존 정보를 한데 모은 인공지능을 의미한다. 이세돌 9단과 대결을 벌인 알파고가 이 범주에 속하며 우리 삶의 각 영역에 조만간 수없이 등장할 것이다.

'인간처럼 사고하는 지능'은 일반 지능의 인공지능이 모여 인간처럼 사고하는 존재로 발전하는 단계를 의미하며 SF 영화나 소설에 등장하는 '궁극의 인공지능' 형태가 될 것이다. 대표적인 형태가 인간을 닮은 로봇이다. 이들은 단순한 로봇과 구분돼 '휴먼로이드 로봇Human Lloyd Robot'으로 불린다. 로봇이지만 인간의 형상을 하고, 인간의 감성을 가지며 무엇보다 인공지능을 통해 스스로 판단을 내릴 수 있을 것이다.

인간이 프로그램 해서 명령을 내리는 단순한 로봇은 인간 직업 생태계에 변화를 가져 왔다. 대표적인 예가 은행 ATM 기계다. 과거 은행에 방문하면 입금 또는 출금 요청서를 작성해서 도장을 찍고 돈을 입금하거나 출금 했다. 하지만 이제는 편의점에만 가도 24시간 내내 카드 한 장으로 돈을 찾을 수 있다. 이로 인해 은행 창구에서 고객을 상대하던 많은 사람들은 그 일자리를 잃었다. 산업계에서는 자동화 설비와 로봇에 의해 생산 효율은 올라 갔지만 노동력의 원천인 사람들은 갈수록 덜 필요로 하게 되었다.

반대로 사람을 대신할 기계나 로봇을 설계, 제작, 프로그램 해야 하는 신규 직업도 생겼다. 이처럼 단순한 일만 수행하는 로봇조차 많은 변화를 몰고 왔는데 스스로 판단까지 가능한 인공지능 기반 로봇 즉, 휴먼로이드가 등장하면 과연 어떤 직업들이 사라지고 생겨날까?

앞으로 인공지능을 탑재한 휴먼로이드가 인간 직업 중 일부를 대체하는 것이 대세라면, 인간은 휴먼로이드가 하지 못하는 능력을 찾아야 한다. 그것이 인류의 생존 방법일 것이다. 왜냐하면 주판이 계산기에게, 계산기가 컴퓨터에게 그 자리를 빼앗긴 것처럼 인간 역시 인공지능과 경쟁을 벌여 일자리를 획득해야 할 날이 멀지 않았기 때문이다.

당신은 혹시 '인공지능이 활약할 곳은 선진국 정도겠지'라고 안심하고 있지 않은가? 인공지능 보다 훨씬 수준이 떨어지는 컴퓨터 운영체제인 '윈도우Window'를 보자. 마이크로소프트에서 개발한 이 프로그램은 이미 전 세계 컴퓨터 운영 체제를 장악했다. 한 나라에서 개발된 인공지능이 다른 나라 언어를 습득하지 못해 세계적으로 전파되지 못하겠는가?

위협받는 사람의 일자리

2016년 5월 미국 실리콘밸리의 벤처기업인 로스인텔리전스가 개발한 인공지능 로봇 '로스'가 미국의 대형 법무법인인 베이커앤호스테틀러Baker & Hostetler에 입사했다. '로스'는 단시간에 기록된 모든 판례를 검색할 수 있다. 판례를 분석해 유무죄 가능성 여부에 대한 판정을 인간보다 훨씬 빠르게 내린다. '로스'의 장점은 또 있다. 이성적 판단으로만 결정을 내리기 때문에 인간적인 불필요한 감정 낭비가 없다. 24시간 내내 업무가 가능해 시간과 비용 모두를 절약한다. '로스'의 사례는 향후 인공지능과 경쟁으로 인해 줄어들 변호사 수와 현재보다 저렴해질 선임 비용을 예측하게 한다.

금융권에서도 인공지능 어드바이저 활약에 대한 소식이 들려온다. 우리가 은행에서 상품 상담을 받다 보면 담당자 본인의 실적에 우선시

되는 상품을 소개 받게 되는 경우가 있다. 하지만 인공지능의 경우 본인의 실적 걱정을 할 필요도 없을 뿐만 아니라 실시간으로 현 경제 지표를 비롯한 여러 가지 자료를 비교 분석해 최적의 상품을 추천해 줄 수 있다. 현재 ATM 기계를 대하는 것처럼 앞으로 은행 창구에서 인공지능과 마주 앉아 상담하는 것이 보편화 될 날이 멀지 않아 보인다.

2016년 다보스포럼에서 발표된 『일자리의 미래The Future of Jobs』 보고서에서는 인공지능과 같은 '제 4차 산업혁명'으로 2020년까지 주요 15개국세계 고용시장의 65% 점유에서 716만5,000개의 일자리가 사라지고 새로 생겨나는 일자리는 206만1,000개뿐이라는 경고를 하고 있다.

직업이란 해당 분야의 숙련도에 의해 전문가 경지로 올라설 수 있다. 인공지능이 학습 능력까지 겸비한다면 사람들의 일자리 중 상당수가 위협 받을 수 있는 미래가 도래할 것이다. 『사피엔스Sapiens』의 저자인 이스라엘 사학자 유발 노아 하라리Yuval Noah Harari 역시 4차 산업혁명으로 일자리가 없어진 미래 사회의 불확실성에 대해 다음과 같이 경고했다.

"인간이 인공지능보다 더 잘할 수 있는 일자리를 만들어 내지 못한다면 '잉여 인간' 수십억 명을 양산할 수도 있을 것이다."

Chapter 02

내연기관의 종말과 미래 자동차

산업혁명을 촉발시킨 내연 기관의 가장 큰 수혜자는 자동차 산업이었다. 영국, 독일, 이탈리아, 미국, 일본 등 자동차 산업이 부흥한 국가는 지금 세계 열강이 됐다.

자동차 산업은 노동 집약적이기 때문에 많은 일자리를 창출했고 정밀기계 기술 발전으로 공학 수준을 끌어 올렸다. 자동차는 수많은 부품으로 이뤄져 있다. 따라서 부품을 납품하는 협력 업체 증가로 관련 산업도 부흥 시켰다. 국가 역시 관련 상품과 기술을 수출해 부를 축적했다.

현재 자동차 산업은 다시 한 번 큰 변화의 소용돌이에 휩쓸릴 준비를 하고 있다. 우선 더 이상 내연기관이 필수가 아니게 됐다. 엔진 대신 모터로 구동되는 전기 자동차가 등장했기 때문이다. 여기에 자동차를 꼭 '사람이 운전한다'는 상식도 깨지고 있다. 자율 주행 자동차의 등장으로 사람이 더 이상 운전의 주체일 필요가 없게 되었기 때문이다. 이 같은 변혁의 시대에 자동차 산업 관계자들의 생존을 위한 변화의 노력도 치열하게 펼쳐지고 있다.

엔진이 없는 전기 자동차

선진국 중심의 강화된 환경 규제는 자동차의 평균 연비를 향상 시키고 이산화탄소CO_2 방출량을 줄이는 원인이 되고 있다.

'평균 연비'는 특정 자동차 회사에서 판매되는 모든 차종을 대상으로 평균을 낸다. 따라서 자동차 회사에서 전기차를 디젤이나 가솔린 자동차와 함께 판매 차종에 보유할 경우 평균 연비를 높일 수 있다. 이 때문에 자동차 회사들은 전기차 개발에 적극 나서고 있다.

전기 자동차 선도 업체

현대·기아차는 2016년에야 본격적으로 전기차인 '아이오닉'을 시장에 출시 했지만, 정부 및 지자체가 추진하는 전기 자동차용 충전소 대중화는 아직 요원하다. 그나마, 2015년 제주도에서 보조금 지급 및 충전소 확충에 따라 전기차 보급이 늘고 있다. 그 사이 국내 시장은 이미 출시된 외국산 전기차들의 각축장이 돼버렸다. '돈이 되는 제품만 우선 생산한다'는 국내 자동차 기업들의 단기적인 시각이 미래에 다가올 전기차 시장 선점 기회를 놓쳐 버린 것이다.

전기차로 인해 기업 가치가 상승한 두 기업이 있다. 바로 영화『아이언맨』의 실제 모델인 엘론 머스크Elon Musk가 CEO로 있는 테슬라 모터스Tesla Motors와 투자의 귀재 워런버핏Warren Buffett이 2007년 투자해 1조2,000억원의 평가 이득을 얻어 유명해진 중국의 전기 자동차 메이커 BYD이다.

2016년 4월 테슬라 모터스는 자사 4번째 전기차인 '모델3'의 예약을 받은 결과 예약자 수가 일주일 만에 32만명16조원 가치이 넘어서면서 전세계적인 화제를 뿌렸다. 모델3는 2018년 판매 예정임에도 불구하고 일찍부터 예약자들이 몰린 것이다. 이는 전세계적으로 전기차에 대한 관심과 기존 테슬라 모터스 전기차 대비 절반 이하인 4,000만원 미만으로 책정될 가격도 한 몫 했다.

BYD는 1995년 가족들의 돈을 모아 종업원 20명으로 자동차 배터리와 도요타 모조품을 절반 가격에 만들어 파는 사업으로 시작 되었다. 현재는 종업원 1만명에 2012년 기준 연 120만대를 생산하는 중국에서 여섯 번째로 큰 자동차 기업으로 성장했다. 2015년 6만대의 전기차를 판매한 결과 BYD는 전기차 부분 세계 1위의 판매량을 달성하기도 했다.

2014년 세계 전기차 판매 순위 7위에 불과했던 BYD는 1년만에 판매량이 208%가 늘면서 급성장을 했다. 전기차 종류도 처음에는 승용

차에서 이제는 SUV, 버스까지 생산하고 있다. BYD 오너인 왕촨푸 Wang Chuanfu 회장은 『포브스Forbes』가 집계하는 세계 500대 부자 반열에도 올랐다.[5]

BYD의 성장 이면에는 중국 정부의 적극적 지원이 있었다. 중국 정부는 2015년에 '중국 제조 2025'[6]의 일환으로 전기차 배터리 산업 육성을 선포했다. 이를 바탕으로 BYD와 같은 회사들이 충분히 성장할 때까지 국가가 방패막이 되어 주고 있다. 단적인 예로 2016년 중국 내 전기버스 배터리 보조금 지원 대상에서 한국 기업인 삼성SDI와 LG화학의 기술 방식을 의도적으로 제외했다. 중국은 여기에 그치지 않고 2016년 6월 시행된 '4차 전기차 배터리 모범규준 인증'에서 삼성SDI와 LG화학 배터리 제품에 대해 인증을 해주지 않아 중국 내 자동차용 배터리 판매량이 양사 모두 급감했다. 이런 노골적인 자국 업체 보호 노력으로 2016년 중국 전기차 배터리 상장 업체 10여 곳 중 전년 대비 순이익이 100% 증가한 업체가 4곳이나 됐다.

전기 자동차 등장 배경

전기 자동차의 등장은 아이러니하게도 자동차의 핵심인 엔진 즉, '내연 기관'의 한계를 알았기 때문이다. 내연 기관의 사전적 정의는 다음과 같다.

---

5 『또라이들의 시대』 알렉사 클레이, 카라 마야 필립스/ 알프레드
6 2015년 5월 8일. 중국 국무원이 제조업 활성화를 목표로 발표한 산업고도화 전략

'연료를 연소시켜 생긴 연소가스가 직접 피스톤Piston 또는 터빈 블레이드Turbine Blade 등에 작용하여 연료가 가지고 있는 열에너지를 기계적인 일로 바꾸는 기관. 내연기관은 사용하는 연료에 따라 가스기관, 가솔린기관, 석유기관, 디젤기관 등으로 분류된다.[7]

내연 기관의 가장 큰 문제점은 연료를 연소 시킨 가스의 부산물이다. 물리학 법칙상 완전 연소는 불가능하다. 연료를 태우게 되면 그 부산물이 생기기 마련이다. 문제는 이런 부산물들이 환경 오염을 비롯한 인체 건강에도 악영향을 미친다는 것이다. 부산물의 일종인 탄화수소 중 일부는 이미 알려진 발암물질이고 질소산화물NOx은 산성비의 원인이다.

휘발유 값이 리터당 2,000원을 돌파했던 2010년 이후, 휘발유 대비 저렴하고 연비가 높은 디젤 승용차의 보급이 크게 늘어났다. '클린 디젤'이란 용어를 앞세워 시장 점유율을 키워가던 디젤 자동차는 2015년 '폭스바겐 사태'[8] 를 겪으면서 역풍을 맞게 됐다. 시판되는 디젤 자동차들을 검사한 결과 정부에 신고한 것보다 많게는 10배가 넘는 이산화탄소가 배출된다는 것이 알려진 것이다. 여기에 수입차 인증 시 배출가스 성적서를 위조한 것도 밝혀진 폭스바겐에 대해 한국에서는 2016년 8월 차량 32종, 8만여대에 대해 인증 취소 및 판매 정지 조치도 내려졌다.

---

7 두산백과사전
8 폭스바겐이 회사 차원에서 연비와 이산화탄소 배출을 조작하고 시험 기관에서 평가될 때만 작동되게 하는 소프트웨어를 장착한 것이 밝혀진 것.

선진국들은 이미 이런 사태를 예견하고 미래를 위한 준비를 하고 있었다. 유럽연합은 1992년 '유로EURO 1'이라는 경유차 배기가스 규제를 시행했다. 1992년 유로1에서 출발해 2013년 유로6까지 지속적으로 규제 기준이 강화돼 왔다. 유로6 기준을 맞추려면 신형 엔진을 장착하거나 별도의 공해 저감장치를 추가해야 하기 때문에 자동차 생산 기업에게는 원가에 상당한 부담으로 작용할 수 밖에 없다. 하지만 이를 충족시키지 못하는 디젤 자동차는 판매할 수 없게 된다.

프랑스는 2018년부터 파리 시내에 디젤 자동차 출입을 막을 예정이다. 이에 대한 준비로 미국을 비롯한 유럽, 일본 등은 이미 친환경 자동차로서 전기 자동차를 수년 전부터 개발해 한국보다 빠르게 시장에 출시 했고 이후 전기 자동차 시장에서 주도권을 쥐게 됐다.

자율 주행 자동차

2016년 2월 베를린 국제영화제에서 레드카펫을 밟은 영화 배우들 외에 주목 받은 것이 또 하나 있었다. 바로 시상식장 입구까지 배우들을 데려다 준 자율주행 자동차 '아우디 A8LW'이었다. 영화제의 주인공인 배우들이 자율주행 자동차에 올라 텅 빈 운전석을 바라보며 탄성을 질러대는 장면은 전 세계에 생중계됐다. 그리고 이 장면은 세계 영화 팬들에게 자율주행 자동차에 대한 강렬한 인상을 심어 줬다.

'자율 주행 자동차'는 운전자가 직접 차량을 조작하지 않아도 스스로 주행하는 자동차를 말한다. 즉, 운전자가 브레이크, 핸들, 가속 페달 등을 제어하지 않아도 도로의 상황을 파악해 자동으로 주행하는 자동차다.

80년대 미국 TV드라마『전격 Z작전Knight Rider』에 등장하는 '키트'는 현재 기준으로 보면 일종의 자율 주행 자동차와 인공지능이 결합한 형태다. 위급 상황에서 원격 구조 요청을 하는 주인공을 구하기 위해 키트는 스스로 달려 왔다. 이렇게 스스로 움직이는 '자율 주행 자동차'를 영화가 아닌 현실에서 보게 되었다.

각국의 자율 주행 자동차 시대 준비

2016년 6월 26일 보험연구원 발표에 따르면 영국 자동차보험 회사인 아드리안 플럭스Adrian Flux는 자율 주행 자동차 전용 보험을 개발해 트리니티 레인 보험에 제공했다고 한다. 이 보험은 기존 자동차보험에 자율 주행 시 발생할 수 있는 사고에 대한 보장을 추가한 형태다.

2030년 자국 전체 자동차 중 26%가 완전 자율 주행 자동차로 대체되고 나머지 차량에도 부분 자율주행 기능이 포함될 것으로 영국 교통부는 전망하고 있다.[9] 2050년이 되면 도로를 달리는 전체 자동차의 75%가 자율 주행 자동차가 될 것이라는 전망도 있다. 이에 따라 세계 각국은 자율 주행 자동차 전용 도로를 만들거나 기존 도로를 자율 주

---

9 국민일보, 2016년 6월 26일자

행 자동차 전용 차로로 바꾸는 계획도 세우고 있다.

자율 주행 자동차 도입에 가장 적극적인 나라는 미국이다. 2011년 미국 네바다 주를 시작으로 플로리다, 캘리포니아, 미시간 주가 자율 주행 자동차 운행을 허가했다.

영국은 2014년 여름 3개 도시 이상_{런던 그리니치, 밀턴 케인스, 코번트리 등}에서 자율 주행 자동차 실험을 허가하는 계획을 발표했으며 2015년 2월 실제 자율 주행 자동차 시험 주행이 시작됐다.

2016년 8월 25일부터 싱가포르에서는 자율주행 택시가 일반인들을 대상으로 시범 운행되기 시작했다. 싱가포르에서 자율주행 택시 운영 주체는 자율 주행 소프트웨어 스타트업 기업인 '누토노미nuTonomy'이다. 누토노미는 6대의 자율주행 택시를 사전 선정한 10명의 시민을 대상으로 6.5km의 제한적인 거리에서 시범 운행했다. 2018년에는 싱가포르 내에서 본격적인 상업 운행 개시한다는 게 누토노미의 목표이다. 누토노미는 작은 스타트업 기업이다. 하지만 싱가포르 정부는 기업의 규모가 아닌 미래 기술에 지원을 결정했다.

자율 주행 자동차는 차량의 완성도도 중요하지만 궁극의 목적은 일반 도로를 달리는 것이다. 이를 위해 관련 법규의 신설 및 수정 그리고 보험과 같은 제반 요건들이 마련돼야 실제 도로를 달릴 수 있다. 따라서 관련 보험까지 등장했다는 것은 자율 주행 자동차의 현실화가 임박했다는 의미로 해석될 수 있다. 이에 비해 한국은 아직 걸음마 단계다. 특히 미국이나 영국과 같이 실제 도로 주행은 아직 허가되지 않고 있다.

자동차는 사람의 생명과 직결된다. 따라서 안전을 규정하고 규범을 만드는 등 통제할 수 있는 법적 장치들이 만들어져야만 도로를 달릴 수 있다. 개발하는 것뿐만 아니라 관련 체계가 모두 갖춰져야 비로소 자율 주행 자동차의 대중화를 논할 수 있는 것이다. 이는 비단 한 나라 내에만 국한 되는 것이 아니라 세계적 표준도 통일돼야 한다. 세계적 통신 규정에 맞게 만들어진 스마트폰으로 국내외에서 자유롭게 사용할 수 있는 것처럼 말이다.

기업별 자율 주행 자동차 준비

현재 자율 주행 자동차는 전통적인 자동차 제조 기업보다 구글, 엔비디아, 바이두 등과 같은 IT 업체에서 개발을 주도하고 있다.

시장조사 기관인 IHS에서는 2025년 60만대의 자율 주행 자동차 판매량이 2035년 2,100만대로 매년 43%의 고성장을 이어갈 것으로 예측했다. 특히 중국에서 2035년 570만대가 판매되어 450만대의 미국과 420만대의 유럽보다도 많은 판매량을 기록해 최대 시장이 될 것으로 전망했다.

2010년 구글이 자율 주행 자동차 개발 계획을 발표하면서 이 분야의 경쟁은 촉발됐다. 구글은 개발 초기에 일본의 '렉서스Lexus' 차량을 활용했지만 2014년 12월부터는 자체 제작한 자율 주행 자동차 시제품을 공개했다.

전통적인 자동차 제조 기업들 역시 자율 주행 자동차 개발에 박차를 가하고 있고 완벽한 자율 주행 자동차 구동을 위한 상용 기술들을 공개하고 있다.

BMW는 현재 시판중인 'i3' 모델에 자동주차 기술을 탑재해 2016년 1월 미국 라스베가스에서 열린 'CES'에서 공개했다. 이 기술에는 충돌 회피 기술이 적용돼 향후 자율 주행 자동차가 주변 환경을 탐지하고 장애물과 충돌하지 않도록 할 것이다. 뿐만 아니라 스마트워치 Smartwatch를 착용하고 주차돼 있는 차를 부르면 '전격 Z작전'의 키트처럼 운전자에게 달려온다고 한다. 물론 아직 유효 거리가 50m로 제한되지만 기술 발전 속도로 봤을 때 SF영화의 한 장면이 현실화 되는 것은 시간 문제일 것이다.

벤츠는 자율 주행 자동차 중 특히 트럭 분야 개발에 힘쓰고 있다. 벤츠는 상용 트럭을 생산하고 있기 때문에 다른 업체들 대비 자율 주행 트럭 개발에 유리한 고지를 차지하고 있다. 자율 주행 트럭은 일반 승용차와 달리 물류 분야에 큰 변혁을 가져올 수 있다. 우리가 구매하는 물건 가격에는 생산 현지에서 구매한 장소까지 배송되는 물류 비용까지 포함돼 있다. 국토 면적이 작은 한국은 물류 비용이 비교적 높지 않다. 하지만 미국이나 중국, 캐나다와 같은 국토 면적이 큰 나라의 경우 물류 비용도 높다. 물류 비용을 낮추기 위해 한 번에 많은 화물을 운반하게 되는데 이 때 가장 유리한 운송 수단이 대형 트럭이다. 대형 트럭 운행에 필수적인 것이 바로 운전을 하는 운전사다. 장거리 이동 시 교대를 위해 한 트럭 당 운전사는 2~3명이다. 따라서 물류 회사는 운송 거리가 늘어나는 것에 비례해서 운전사의 인건비 부담도 증가한다. 다른 비용들은 줄일 수 있지만 인건비는 줄이기가 쉽지 않다. 자칫 회사에서 무리한 인건비 삭감을 추진한다면 운송 노조 파업으로 막대한 물류 차질을 유발하는 역풍을 맞을 수 있기 때문이다. 트럭에 자율 주행 기능이 탑재된다면 기존과 달리 한 트럭당 한 명의 운전사만 필요하거나 운전사 없이도 더 먼 거리를 더 안전하게 다녀올 수 있는 길이 열린다.

포드는 이미 자율 주행 관련 기술에 적극적으로 투자를 하고 있으며 2017년에 인공지능 스타트업 기업인 Argo AI에 향후 5년간 10억 달러 투자를 발표했다. 구글과 우버Uber 출신이 2016년 설립한 Argo AI는 2021년 완전 자율 주행 자동차 출시를 계획하고 있는 포드의 자율 주행팀과 협력할 예정이다. 포드는 이미 미국 내 미시간, 캘리포니아, 애리조나 주의 공공도로에서 자율 주행 자동차를 테스트 중이며 2016

년 캘리포니아 주에서는 590마일의 자율 주행 운행 기록을 세웠다.

현대·기아차의 경우, 2016년 7월에서야 자사의 연구소 내에만 5대 안팎의 자율 주행 택시를 운행하기 시작했다. 실제 도로를 달리면서 방대한 양의 데이터를 확보하고 다양한 상황을 분석해 수집하는 구글의 자율 주행 자동차 개발 노력에 비하면 미흡한 수준이다. 향후 자율 주행 자동차 시장에서 한국 기업들이 고전이 우려되는 부분이다.

자율 주행 자동차의 명암

모든 사물에 양면이 존재하듯 자율 주행 자동차 역시 좋은 면과 나쁜 면을 동시에 가지고 있다. 좋은 면은 교통사고로 인한 사망자나 부상자를 획기적으로 줄일 수 있다는 것이다. 특히 해마다 10% 이상 증가하고 있는 노인운전자로 인한 사고는 급격한 노령화 사회로 접어드는 국가에서는 사회적인 큰 손실을 유발하고 있다. 나이가 들수록 인지능력이 떨어지는 인간에게 당연한 현상이다. 해결책으로 한국 정부는 70살 이상 운전자의 면허 갱신 기간을 현재 5년에서 3년으로 줄이는 방안을 검토하는 등 미봉책으로 일관하고 있다.

자율 주행 자동차는 고령사회로 접어드는 나라에서는 노령운전자에 의한 교통사고율을 획기적으로 낮출 수 있는 좋은 방안이다. 또한 음주운전으로 인한 교통사고 피해자 역시 줄일 수 있다.

나쁜 면이라 하면, 자율 주행 자동차는 시스템에 의해 움직이는 기계이므로 오류에 의한 사고 시 치명적일 수 있다. 또한 범죄 표적으로서 자율 주행 자동차 해킹에 의한 사고 역시 우려 되는 부분이다. 물론 이런 점들 이외에 자율 주행 자동차는 다양한 장단점들이 존재할 것이다. 종합적으로 단점보다는 장점이 많기 때문에 세계적으로 자율 주행 자동차 개발에 몰두하고 있다.

Chapter 03

하늘을 정복해 나가는 기술들

미국 라이트 형제오빌 라이트 & 윌버 라이트는 1903년 역사상 첫 동력비행기를 시연했다. 하지만 이미 15세기 르네상스 시대 이탈리아를 대표하는 천재 미술가, 과학자, 사상가였던 레오나르도 다빈치Leonardo da Vinci는 글라이더 모양의 스케치 작품을 남겼다. 그리스 신화에 등장하는 이카루스Icarus[10] 등 하늘을 날고자 했던 인간의 욕망은 태초부터 현재까지도 계속되고 있다.

땅 위에 살아가는 인간은 이동에 있어 많은 제약을 받는다. '길'이라

---

10 신화에서 새의 깃털과 밀랍으로 날개를 만들어 붙이고 하늘을 날다가 태양열에 날개를 붙인 밀랍이 녹아 에게해에 떨어져 죽음.

는 제한된 공간을 통해서만 이동이 가능하기 때문이다. 이 길을 만들기 위해서는 많은 시간과 자본이 투자된다.

하지만 '하늘의 길'은 제한된 공간도 없을 뿐만 아니라 출발지에서 목적지까지 가장 빠른 직선으로 갈 수 있다. 그리고 하늘에서는 마치 신처럼 지상의 모든 것을 관찰할 수 있다. 이런 매력 때문에 선진국들은 오래 전부터 앞다퉈 하늘을 정복하려 했었다.

개인 비행 시대

영화 『아이언맨』에 등장하는 비행 슈트와 유사한 제품이 2015년 12월 중국 심천Shenzhen에서 광치과학光啓科學에 의해 시현됐다. '제트팩Jet-Pack'이라 불리는 이 개인용 비행 장치는 5분간 시험 비행을 선보였다. 이 기계는 원래 뉴질랜드의 마틴 제트팩Martin Jetpack에서 처음 개발했다. 최대중량 120kg을 싣고 약 914m 높이에서 최고시속 74km로 45분간 비행이 가능하다.

2014년 약 423억원을 투자해 마틴 제트팩의 지분 52%를 인수한 광치과학은 이날 문제점으로 지적된 소음 등을 개선한 제품인 'P-14'의 생산 계획을 발표했다. 이 제품의 예상 판매 가격은 약 2억9,000만원이며 이미 중동 소방 당국에서 20대, 중국 내에서 100대 이상 주문을 한 것으로 알려졌다.

위와 비슷한 시기에 스위스 출신 전직 항공기 조종사 이브 로시Yves

Rossy와 그의 수제자인 전문 스카이다이버 방스 레페Vince Rossy는 에미레이트 항공사Emirates Airline가 기획해 에어버스Airbus사의 A380 항공기와 편대 비행하는 영상을 유튜브YouTube에 공개했다. 이브 로시가 개발한 제트 슈트는 무게 55kg, 날개 길이 2m 정도로 4개의 제트 엔진을 풀 가동할 경우 최고 속력이 220km에 육박하며, 비행시간은 8분에서 13분 정도 가능하다고 한다.

'스트라트엑스StratEx'로 명명된 프로젝트인 우주 관광 기구氣球. 이 프로젝트는 구글 전 부사장이자 컴퓨터 공학자인 로버트 앨런 유스터스Robert Alan Eustace가 2014년 지상에서 우주로 날아가면서 알려졌다. 그는 120kg의 여압복[11]을 착용하고 미국 뉴멕시코New Mexico 주의 사막에서 로켓이 아닌 기구에 매달려 우주로 날아갔다. 고도가 높아질수록 기구에 충전된 헬륨가스가 팽창하며 부피가 커졌다지상에서 높이가 높아질수록 공기의 압력이 낮아지기 때문. 최고 고도 41.4km까지 상승한 그는 기구를 떼어내고 음속보다 빠른 속도로 자유 낙하하며 낙하산의 도움을 받아 지상에 무사히 내려 왔다. 이는 기존 우주여행이 로켓의 굉음과 스피드 그리고 막대한 비용이라는 통념을 깬 획기적인 사건이었다.

이처럼 최근 '비행'은 엔터테인먼트가 접목돼 여러 프로젝트가 기획되고 있다. 그 중 하나는 기구가 목표 고도에 도달하면 승객들은 밀폐구조의 캡슐 속에 앉아 기류에 밀려다니면서 2시간 동안 편안하게 우

---

11 고공으로 상승하여 기압이 감소된 상태에서 정상적인 기압을 유지할 수 있도록 신체에 압력을 공급해주는 특수한 비행복

주의 장관을 감상하는 것이다.

이 프로젝트를 준비하는 회사는 애리조나 투손Arizona Tucson에 위치한 월드 뷰 엔터프라이즈World View Enterprise다. 이 회사의 목표는 2017년부터 1인당 7만5,000달러를 받고 3만미터 상공의 성층권 여행서비스를 제공하는 것이다. 월드 뷰 엔터프라이즈 외에 스페인 바르셀로나Barcelona에 위치한 제로2인피니티와 중국 베이징에 설립된 스페이스 비전도 수년 내 성층권 여행 상용화를 목표로 관련 시장에 뛰어 들었고 각각 12만5,000달러와 8만 달러의 여행 비용 제시를 하고 있다. 이는 버진 갤럭틱Virgin Galactic의 준궤도 우주비행선 탑승 티켓 가격 25만 달러, 우주 관광기업 스페이스 어드벤처가 판매 중인 국제우주정거장ISS에서의 1주일 체류 여행비 5,000만 달러에 비해 굉장히 저렴한 비용이다.

앞으로 사람들은 다수가 비행기를 이용해서 하늘을 나는 것뿐만 아니라 개인이 다양한 방법을 이용해서 하늘과 우주를 여행할 것이다. 비행기로 촉발된 하늘 길 표준은 이미 선진국들에 의해 오래 전 선점됐다. 이제 개인의 하늘 및 우주 여행에 대한 새로운 사업 기회를 잡기 위해 항공 강국들의 기업은 달리기 시작했다.

과거, 항공 산업은 국가의 대대적 지원을 받는 정책의 일환으로 수행됐지만 앞으로는 개인이나 민간 기업들이 선도하는 분야가 될 것이다.

물류 대변혁

빠르게 이동할 수 있는 것은 비단 사람에게만 이득이 될까? 바쁜 현대인들은 여러 가지 이유로 직접 매장에 가서 쇼핑하는 시간이 줄어들고 있다. 그리고 굳이 물건을 직접 보지 않아도 인터넷을 통해 상세한 제품 사진, 사용 후기 등을 참고해 쇼핑 후 배달 시킨다. 이런 편의성 때문에 인터넷 쇼핑몰이 크게 늘어났다. 늘어난 쇼핑몰들간의 차별화 경쟁은 가격과 품질뿐만 아니라 배송 속도에서도 펼쳐지고 있다. 한국 대표 소셜커머스Social Commerce[12] 업체인 쿠팡Coupang은 일반 택배 서비스를 이용해서 물건을 보내기도 하지만 자체적으로 '로켓 배송'이라는 시스템을 통해 당일 배송 체계를 도입해서 타 업체와의 차별화를 꾀하고 있다. 즉, 회사에 출근해서 인터넷으로 결재하고 퇴근 후 집에 가면 물건이 도착해 있는 것이다. 쿠팡의 당일 배송 정책 이전에도 대형 마트나 백화점들은 이미 이 방법을 사용하고 있었다. 당일 배송 시스템 도입을 통해 온라인 쇼핑몰들은 오프라인 매장과 무한 경쟁을 펼치고 있다.

한국의 경우, 국토 면적이 크지 않기 때문에 거점 별 물류 창고 운영으로 당일 배송 시스템에 큰 어려움이 없다. 한꺼번에 많은 물건들을 거점 지역에 배송하면서 개인이 부담하는 배송 비용 역시 거의 무료에

---

12 페이스북이나 트위터 등의 소셜 네트워크 서비스를 활용해 이뤄지는 전자상거래의 일종으로 일정 수 이상의 구매자가 모일 경우 파격적인 할인가로 상품을 제공하는 판매 방식

가까운 서비스가 가능해졌다. 따라서 비슷한 상품을 취급하는 온·오프라인 매장 간 가격 경쟁 외에 당일 배송 시스템을 뛰어넘는 물류에 대한 차별점도 필요하게 됐다. 더구나 이미 기존 물류량 증가로 인한 교통 체증, 배송 기사들의 과중한 업무 강도 등이 부작용으로 발생하고 있다.

국토 면적이 넓고 배달할 곳까지 거리가 먼 미국은 어떻게 물류 문제에 대처하고 있을까? 미국 최대 인터넷 쇼핑몰인 아마존은 물건 배송에 드론 이용을 몇 년 전부터 고민해왔다. 그 결과 2013년 12월 '프라임 에어Prime Air'라는 시스템을 공개했다. 드론은 무선 전파로 조정할 수 있는 무인항공기로 카메라, 센서, 통신시스템이 탑재돼 있으며 25g부터 1,200kg까지 무게와 크기가 다양하다. 당초 드론은 2,000년대 초반 군사용 무인항공기로 개발됐다. '드론Drone'이란 영어 단어는 원래 벌이 내는 '웅웅' 거리는 소리를 뜻하는데, 작은 항공기가 소리를 내며 날아다니는 모습을 보고 붙여진 이름이다.

드론을 택배 서비스에 도입할 경우, 물류 시간 단축뿐만 아니라 사람이 직접 배달하지 않기 때문에 인건비를 줄여 전체 배송 비용을 낮출 수 있다. 뿐만 아니라 사람이 직접 배송할 경우 발생할 수 있는 교통 사고 위험도 없앨 수 있고 24시간 제약 없이 물건을 보낼 수 있다. 이런 장점을 일찍부터 인지한 미국은 드론 도입을 통해 자국의 물류 시스템을 획기적으로 개선하고 관련 산업의 선두가 되기 위해 빠르게 움직이고 있다. 2016년 6월 21일, 미국 교통부 산하 연방항공청FAA이 상업용 드론의 운행 규정을 확정했고 8월부터 발효가 돼 기업들은 드론 운항을 위한 별도 승인을 받지 않아도 된다. 그 결과 몇 년 전부터 드론을 이용한 배달을 계획하고 있었던 아마존과 구글은 바로 실행에 옮길 수 있게 됐다. 물론 안전을 비롯한 많은 고려 사항들이 있어 당장 드론 택배가 안 된다는 반대 의견도 있다. 하지만 실제 실행에서 발생하는 문제점들은 사회적 합의를 거쳐 융통성 있게 조정할 수 있다는 미국 정부의 입장이 있기 때문에 현실적인 상업용 드론 시대는 우리 눈 앞에 다가온 것만은 분명하다.

상업용 드론 허용에 따라 미국 내 경제 효과는 향후 10년간 95조원, 일자리 창출은 10만개가 될 것이라고 미국 항공청은 밝혔다. 이는 하나의 새로운 산업이 등장함에 따라 사회적 기여와 파급 효과가 얼마나 큰지를 단적으로 보여준다.

드론을 이용한 무인 전쟁

전쟁의 양상도 시대 흐름에 따라 바뀌어 왔다. 미국 남북 전쟁 당시에는 양측이 마주 보고 일렬로 서서 예의를 갖춘 후 서로 총을 겨누고 발사했다. 세계 2차 대전 때는 엄폐물 사이에서 무기를 가지고 서로 맞추고 못 맞추는 싸움을 하면서 화력의 우위가 곧 승리였다.

남북전쟁으로부터 150여년이 지난 현대 전쟁은 어떤 양상일까? 미국과 영국, 프랑스 등 34개 다국적군이 이라크를 상대로 전개한 걸프전1991년부터 전쟁은 새로운 국면에 접어 들었다. 걸프전을 'TV로 생중

계 된 최초의 전쟁'이라고 한다. 우리는 집에 앉아 먼 이국 땅에서 벌
어지는 전쟁을 실시간으로 TV에서 볼 수 있게 된 것이다. TV를 통해
우리는 과거와 달라진 전쟁의 양상을 직접 확인할 수 있었다. 다국적
군은 과거처럼 군인들을 많이 투입해서 전쟁을 치르기 보다 원거리에
서 미사일 등으로 적진을 타격해서 아군의 피해는 최소화하고 적군은
두려움에 떨게 했다. 전쟁은 아군이든 적군이든 사상자가 발생할 수
밖에 없다. 결국 아군이 얼마나 적게 죽거나 다치고 전쟁 목적을 달성
했느냐가 승리를 결정하는 것이다. 따라서 아군은 최대한 적은 손실을
입고 적군은 최대한 많은 손실을 입히기 위해 각 국은 대량 살상 무기
인 화학 무기나 핵무기 개발을 해왔다. 걸프전은 이런 대량 살상 무기
의 위력을 확인할 수 있는 계기였다.

지금도 IS Islamic State[13]로 인해 세계적으로 주목 받는 분쟁 지역인 중동에서 '세계의 경찰'을 자처하는 미국은 수많은 자국 젊은이들을 희생시켜 왔다. 미국은 전쟁 비용도 비용이지만 외국 분쟁 때문에 자국 국민을 희생시켜야 하는 것에 대해 상당한 부담을 느껴 왔다. 이에 대한 좋은 해결책이 바로 무인 전투기이다. 원격으로 조정하는 무인 전투기는 설령 격추되더라도 조종사의 희생이 없을뿐더러 기존보다 적은 비용으로 전쟁을 치를 수 있다. 드론 역시 무인 전투기의 좋은 후보다. 드론은 크기가 작고 소재를 플라스틱 재질로 할 경우 레이더에 감지되기도 어렵다. 또, 적을 감시하다가 소형 폭탄을 장착해 자폭한다면 적군의 요인 암살에도 쓰일 수 있다. 미국은 2,000년대 중반부터 드론을 군사용 무기로 적극 활용하기 시작했으며 이 때문에 '드론 전쟁'이라는 용어까지 등장했다. 미국은 2010년 한 해에만 122번 넘게 파키스탄과 예멘에 드론으로 폭격을 가했고 그 결과 2~3천명의 사상자를 만들었다고 비영리 뉴스제공 기관인 조사보도국Bureau of Investigative Journalism이 보도 했다. 2016년 5월 탈레반의 최고 지도자인 몰라 아크타르 무하마드 만수르가 미국의 드론 공습에 의해 사망했다고 추정하는 발표를 미국 국무부가 하면서 테러단체 지도부를 향한 드론에 의한 무인기 공격의 위력을 다시 한 번 보여주는 계기가 됐다.

---

13 이라크 및 시리아 일부 지역을 점령하고 있는 국가를 자처한 무장단체. 국제사회에서는 국제법에 위배되는 극단적인 테러리즘의 성향으로 인해 국가로 인정하지 않고 있음

Chapter 04
일상으로 침투하는 로봇

우리들에게 로봇이란 영화 『트랜스포머Transformers』에 등장하는 어마어마한 크기의 변신 가능한 기계로 인식된다. 하지만 우리 일상에서 로봇이란 생각보다 멀지 않은 곳에 있다. 최근 일반 가정에서 흔히 사용하는 '로봇청소기'도 로봇의 일종이다. 로봇청소기 내부에 프로그램이 설치돼 있어 충전 후 전원만 켜면 알아서 청소를 시작한다. 집안 구석구석을 돌아다니고 센서 감지를 통해 장애물도 알아서 피하고 충전이 필요할 경우 충전 장소로 스스로 이동한다.

로봇 공장

로봇청소기가 가정 주부를 대신하진 못한다. 로봇청소기는 미리 프로그램된 청소만 수행할 뿐 그 이외에 가사 노동에는 참여하지 못하기 때문이다. 하지만 산업 현장에 투입되는 로봇은 이미 오래 전부터 사람을 대체해 왔다. 단순 작업을 하던 노동자를 대신해 산업용 로봇은 정해진 일만 반복적으로 수행하고 위험하거나, 힘이 많이 들거나, 정교한 작업을 요하는 작업에 더 적합하다. 로봇의 장점은 싫증을 내거나 힘들다고 불평하지도 않고 24시간 묵묵히 일 할 수 있다는 것이다. 즉, 로봇은 제조업에서 생산성을 높일 수 있는 획기적인 방법이다.

2016년 5월 일본 아사히 신문에 따르면 가와사키Kawasaki 중공업은 갑작스럽게 생산이 늘어나 인력이 부족하게 된 공장에 사람 대신 로봇을 파견하는 사업을 시작했다고 한다. 사업 방법은 가와사키 중공업이 2015년 6월 출시한 산업용 로봇 '듀아로'를 대형 리스업체인 도쿄센추리 리스에 팔고, 이를 다시 기업에 파견하는 형식이다. 듀아로는 전자부품을 운반, 조립하거나 도시락 재료를 담고 포장하는 일 등을 할 수 있다. 사방 60cm 공간만 있으면 배치할 수 있고 바퀴로 이동할 수도 있다. 임대 비용은 한 달에 약 214만원이라고 한다. 이는 사람을 고용했을 때 보다 비용을 낮출 수 있고 필요할 때마다 임대를 하기 때문에 고정적 지출도 줄일 수 있으므로 원가 경쟁력을 가져갈 수 있는 획기적인 방법이다. 제조업은 과거처럼 많은 물량을 고정적으로 생산하는 시대를 벗어나 다품종 소량 생산으로 변하고 있다. 주문량은 매달 변화가 심하기 때문에 기업 입장에서는 늘어날 생산량을 미리 예측해서 설비 투자를 하거나 사람을 채용하는 것은 부담스럽다. 그렇다고, 주문량이 늘어난 후 설비 투자나 인력 채용은 시기를 맞추기 힘들어 더욱 어렵다. 해태제과의 '허니버터 칩'이 시장에 등장 후 선풍적인 인기 때문에 1인당 한 봉지만 살 수 있었다. 해태제과는 제품 출하량을 늘리고 싶어도 출시 후 시장에서 반응을 예측할 수 없었기 때문에 미리 설비 및 인력 투자를 하지 못해서 한 동안 시장에 공급을 늘리지 못했다. 그 결과 기업과 소비자 모두 기회비용의 손해를 입었다. 이같은 경우를 보더라도 시장 수요가 예상과 달리 갑작스레 늘어 추가 생산이 필요 할 때만 로봇을 임대 한다면 기업 입장에서는 인력 투자에 대한 부담이 없어 진다.

해외로 나간 공장이 돌아온다

제조 기업들은 생산 원가를 낮추기 위해 인건비가 싼 나라로 공장을 이전해 왔다. 그 결과 중국은 세계 제조업의 메카로 떠오를 수 있었고 현재 G2 지위에 오를 수 있었다. 하지만 세계 공장으로서 중국의 역할이 끝날 날도 멀지 않았다. 중국보다 인건비가 더 싼 제 3세계 국가뿐만 아니라 새로운 경쟁자가 등장했기 때문이다. 바로 로봇 공장이다.

스포츠용품 회사인 '아디다스Adidas'는 최근 본사가 있는 독일에 운동화 생산 공장을 짓기로 결정했다. 기존 공장이 있던 중국의 인건비가 지난 10년 새 3배 이상 올랐기 때문이다. 아디다스는 여전히 인건비가 중국보다 높은 독일에서 원가 상승 요인을 줄이기 위해 생산 공정 대부분을 로봇에게 맡길 예정이다. 다양해진 소비자들의 구매 취향과 빨라진 유행 주기를 따라 잡기 위한 목적도 이번 결정에 한몫했다.

아디다스는 30여년만에 독일 바이에른주Bavaria 안스바흐Ansbach 지역에 신설 공장을 짓게 됐으며 이미 6개월 간 로봇을 이용한 시험 생산을 마쳤다. 아이디스의 다음 로봇 공장은 미국에 설립될 예정이다. 파이낸셜타임스Financial Times에 따르면 아디다스는 앞으로 3~5년 안에 독일과 미국 공장에서 연간 100만켤레의 운동화를 생산할 계획으로 로봇 공장은 향후 다른 곳으로도 전파할 계획이라고 한다.

독일 안스바흐 로봇 공장에는 직원이 160명밖에 없으며 직원 수는 앞으로 더 줄어들 전망이다. 로봇 공장에서 운동화 한 켤레가 생산되는 소요 시간은 5시간으로 사람이 생산하는 것보다 단축되었다. 기존 공장과 달리 로봇 공장에서는 소비자가 신상품 주문을 하면 바로 다음날 로봇이 생산할 수 있다. 반면, 기존 사람이 생산하던 공장에서는 신상품을 생산하기 위해서는 생산 공정을 바꾸고 생산 인력들에게 교육도 다시 해야 하므로 평균 18개월이 소요됐었다.

아디다스는 공장을 독일에 짓게 됨으로써 공급망을 현지화해 물류, 보관비를 줄이고 유럽의 주요 판매처와 가까워 배송시간도 크게 단축되는 효과를 기대하고 있다. 이를 통해 예상되는 2016년 영업이익률 상승은 전년대비 6.5%다. 아디다스는 업계 1위인 나이키의 영업이익률 13.9%를 따라 잡을 수 있는 좋은 해법으로 로봇 공장을 생각하고 있다고 한다. 이에 자극 받은 경쟁사인 나이키 역시 빠른 시일 내에 로봇 공장 도입을 추진하겠다고 발표했다.

글로벌 전략컨설팅회사 보스턴컨설팅그룹BCG은 2025년까지 다양한 산업계에서 로봇 공장 도입이 확산될 것으로 예측하고 있다. 이를 통해 생산성은 30% 높아지고 인건비는 18%가 줄어 장기적으로 기업의 수익성 확보에 큰 일조를 할 것으로 전망했다.

외로우세요? 그럼 로봇이

가전 기기들이 아무리 발달을 하더라도 결국 그 기기들을 작동시키고 사소한 고장에도 대응할 누군가는 필요하다. 특히 고령자들만 사는 집에서는 디지털화 되어 가는 가전 기기를 다루는 것 조차 불편할 수밖에 없다. 이를 해결하기 위해 일본 기업들은 가사 도우미 로봇을 개발하고 있으며 이미 상용화된 제품들은 일부 가정에서 테스트도 진행하고 있다. 가사 도우미 로봇들은 차를 끓이고 청소를 하며 음성 명령을 통해 냉난방기를 작동시키고 전등을 끄고 켠다.

가사 도우미 로봇이 노인들의 삶 향상에 외적인 부분을 담당한다고 하면, 심리적으로 외로워진 노인들을 위해 적적함을 달래주며 대화를 나눌 즉, 내적 삶 향상을 위한 로봇도 개발되고 있다. 그 전초 단계로 일본 대형 완구업체 다카라토미Tomy Company와 이동통신 업체 NTT도코모Docomo가 손잡고 개발한 '오하나스OHaNAS'는 사용자와 일상적 대화가 가능한 로봇이다. 동음이의어를 대화 맥락에 따라 구분할 수 있고 실시간 뉴스, 날씨 등의 정보를 활용해 대화를 나눌 수도 있다. 뿐만 아니라 끝말잇기 게임과 간단한 질문에 답을 하는 것도 가능하다. 지금까지 외로운 노인들의 벗을 반려동물들이 수행해 왔다면 앞으로는 비록 차가운 금속 덩어리지만 점차 사람 형태로 진화될 오하나스와 같은 대화 가능한 로봇들이 그 자리를 대신할 것이다. 2015년 10월 출시된 이 로봇의 가격은 약 18만원이다.

2016년 5월, NTT도코모는 업그레이드 된 오하니스를 출시했다. 그리고 NTT도코모 매장에서 손님들에게 상품을 설명하거나 이벤트를 안내하는 서비스를 탑재해 기존에 행사, 판촉 직원이 하던 일을 대신하게 했다. NTT도코모 매장에 활약하는 오하나스는 대여도 가능하다. 초기 등록비용이 약 530만원이고, 매달 이용료 약 37만원만 내면 로봇 직원을 채용할 수 있게 된 것이다.

상대적으로 질병에 쉽게 노출되는 노인들은 병원에 입원할 경우 간병인이 필요하지만 핵가족화로 과거처럼 가족 중 누군가 간병인을 하기가 점점 어려워지고 있다. 간병인을 구한다고 해도 비용이 만만치 않다. 이에 대한 해결책의 일환으로 일본 정부 산하 일본 의료 연구개발기구는 2016년 5월 간병 로봇을 선 보였다. 이 간병 로봇은 접촉이나 말을 통해 소통할 수 있고 500가지 표정과 28가지 소리로 감정을 표현할 수 있다.[14]

---

14 경향신문, 2016년 5월 31일

한일 양국 모두 혼자 사는 노인들이 늘면서 '고독사'가 큰 사회 문제가 되고 있다. 이런 독거 노인들은 주변과 교류가 없다 보니 사망한지 몇 달이 지나서야 발견되는 불행한 경우도 있다. 앞으로는 간병이나 말벗 역할 로봇에게 생체 신호 인식 기능을 심어 줄 수 있다. 이를 통해 노인의 생체 기능 이상이 발생할 경우 지역 응급센터와 복지 담당자 등에게 긴급 연락을 취할 수 있어 고독사를 예방할 수 있을 것이다. 로봇이 고령화 사회에 우려되는 문제를 일정 부분 해결하는 역할을 할 것으로 기대되는 이유다.

세상과 교감하는 매개체

지금도 많은 장애우들과 병원에 입원해 있는 환자들은 거동이 불편해 바깥 세상과 교류가 쉽지 않다. 예를 들어, 2016년 한국을 강타한 '메르스 사태'로 인해 장시간 병실에 격리돼 있어야 했던 환자들을 더 힘들게 한 것은 아픈 것보다 세상과 동떨어져 있다는 외로움이었다.

최근 미국에서는 이렇게 부득이한 이유로 세상과 잠시 혹은 장시간 단절되어 있는 사람들을 위해 바깥 세상과 교류가 가능한 로봇을 개발해 시험 보급하고 있다. 즉, 아이가 질병으로 인해 갑자기 학교에 나갈 수 없게 됐을 때, 로봇이 이 아이를 대신해 학교에 가는 것이다. 이 로봇은 모니터와 이동 장치 등이 달려 있어 수업 시간 아픈 아이를 대신해 출석한다. 집에 있는 아이는 로봇을 통해 수업 내내 모든 내용을 들을 수 있어 교실 현장 분위기를 그대로 느낄 수 있다. 교사가 질문할 경우 집에 있는 아이는 로봇을 통해 답변을 할 수도 있다. 토론 시간에도 로봇이 참가해 친구들의 의견을 듣고 자신의 의견도 실시간으로 피력할 수 있다. 쉬는 시간에는 로봇을 통해 친구들과 잡담을 할 수 있고, 친구들도 로봇에 장착된 모니터를 통해 아파서 학교에 못 오는 친구를 볼 수도 있다. 시범 사업으로 진행되고 있는 이 개인형 로봇으로 아이의 심리 상태는 몰라보게 향상 되었다고 보고 되기도 했다.

이와 유사하게 병상에 누워 있는 환자들에게도 로봇은 도움이 될 수 있다. 자기 분신과도 같은 로봇을 병상 옆에 두고 필요하면 옆 병동에 로봇을 보내 사람들과 사귈 수 있다. 환자 치료에 있어서 외과적인 치료도 중요하지만 사람과의 교류를 통해 얻는 심적 안정 역시 환자 회복에 있어 중요한 역할을 한다. 따라서 이 로봇을 시험 적용하고 있는 병원들은 긍정적인 기대 효과를 표하고 있다고 한다.

2010년 개봉했던 영화 『아바타』를 통해 우리는 분신에 대해 간접 경험을 할 수 있었다. 이런 자기 분신 역할을 하는 로봇의 활용처는 무궁무진하다. 위의 사례 외에도 일본 후쿠시마 원전 폭파 사고 현장에도 분신이 되는 로봇을 투입해 사람이 접근하기 힘든 공간에서의 작업도 가능하고 시골에 계신 노부모를 도시에 있는 자식들을 대신해 분신 로봇이 돌볼 수도 있다. 인공지능으로 구동되는 로봇과 분신 로봇의 역할은 분명 다를 것이다. 분신 로봇은 실제 있는 인물을 투영하기 때문에 상대방이 느끼는 친근감은 훨씬 높을 것이다.

분신 로봇은 궁극적으로 사람의 영생을 보장할 수도 있다. 사람이 죽어 가는 것은 결국 물리적인 육체와 뇌의 생명이 다하기 때문이다. 하지만 뇌과학이 발전한다면 사람의 뇌 기능을 외부로 분리하는 것도 가능해질 때가 올 것이다. 미래학자 이안 피어슨Ian Pearson은 2050년에는 인간의 뇌를 슈퍼컴퓨터에 다운받을 수 있을 것이라 예측했다. '마인드 업로딩'으로 알려진 이 기술은 뇌를 복사한 뒤 전송해서 저장하는 방법이다. 개인은 물리적으로 사망했지만 남겨진 사람들은 뇌 정보를 넘겨 받은 분신 로봇을 통해 과거의 그 사람과 평생 대화가 가능하다. 이는 현재로서 윤리적인 문제나 종교적인 문제 등 고려해야 할 것들이 많지만 지금의 시대적 관점이 미래에는 마치 과거 죽은 사람의 사진을 보관하는 것과 같은 의미 정도로 바뀔 수 있으므로 이 기술을 자연스럽게 받아들일 수도 있을 것이다.

Chapter 05

세계가 투자하는
미래 먹거리

　기업들은 지금 당장 돈을 버는 것도 중요하지만 영속성을 위해 5년 후, 10년 후를 대비한다. 그리고 미래 계획을 '중장기 사업 계획서'과 같은 유사 이름으로 매년 새롭게 업데이트 한다.

　농부가 씨를 뿌려 수확을 하듯 기업들 역시 농사 짓는 마음으로 미리 씨를 뿌려둬야만 그 수확을 단기, 중기, 장기에 걸쳐 할 수 있게 된다. 규모가 큰 기업일수록 미래 먹거리 찾기가 큰 숙제다. 기업 규모가 크다는 것은 결국 먹여 살려야 할 식솔들이 많다는 것을 의미하기 때문이다. 단순히 현재 팔고 있는 제품의 판매만 소폭 늘려서는 물가상 승률을 감안한 매년 인상되는 직원들의 월급 인상분 채워주기도 버겁다. 그렇기 때문에 글로벌 기업들은 산업을 재편할 수 있을 정도로 혹은 게임의 룰을 바꿀 수 있을 정도의 신사업 창출 시도를 한다.

기업의 성장성은 주주들에게도 지속 투자 여부를 결정하는 중요한 잣대다. 내가 투자하는 기업이 '미래를 위해 무슨 사업을 준비하는지'에 따라 투자 지속이나 회수를 결정하기 때문이다. 이 때문에 글로벌 기업들은 자신들의 미래를 위해 그리고 자신들에게 투자하는 주주들을 위해 미래 먹거리에 대해서 자주 공개하는 편이다. 미래 우리 삶에 지대한 영향을 주게 될 회사를 중심으로 그들의 미래 전략과 전술을 살펴 보고 이를 통해 우리가 나아갈 방향의 해법을 얻고자 했다.

구글

구글은 미래 로드맵Roadmap을 가장 잘 보여주는 대표적인 기업이다. 다양한 분야에서 업계를 선도하는 기업인 만큼 그들의 행보에서 미래 준비에 대한 많은 시사점을 발견할 수 있다.

2016년 6월 8일 구글의 모기업인 알파벳Alphabet은 미국 캘리포니아 마운틴뷰에 있는 본사에서 연례 주주총회를 개최했다. 이 자리에서 에릭 슈미트Eric Emerson Schmidt 회장은 '구글이 주목하고 있는 7가지 관심 사업'에 대해 발표 했다. 7가지는 식물성 고기, 빌딩 짓는 3D 프린터, 헬스케어, 가상현실VR과 증강현실AR, 자율주행차, 인공지능 비서, 인공지능을 활용한 맞춤형 교육 등이었다. 인공지능과 가상현실이야 어느 정도 예측된 된 분야였지만 구글이 앞으로 제약, 교육, 식품 등의 분야까지 발을 넓힌다는 것은 흥미롭다.

슈미트 회장이 가장 강조해 발표한 주제는 제약과 헬스케어 분야였다. 그는 "알파벳이 적어도 3개의 의료 분야 프로젝트를 수행 중"이라며 "알파벳의 전산 및 데이터 분석 그리고 인공지능 전문가들이 진료기술을 향상 시키고 질병의 새로운 치료 방법을 찾아낼 것"이라고 밝혔다. 한 가지 예로 알파벳의 생명과학 부분 자회사인 베릴리Verily, 2015년 신설는 스위스계 제약사인 노바티스Novartis와 비만 환자들의 혈당 수준을 측정하는 콘택트렌즈를 개발 중에 있다고 했다. 또한 미래 식량의 대안으로 식물과 세포 유기체로 '가짜' 고기를 만드는 사업에 주목하고 있다고 했다. 지금의 가축 사육만으로는 미래의 육류 소비를 감당할 수 없을 것에 대비하는 것이다. 이는 가축을 기르는데 있어 부수적으로 발생하는 환경오염오폐수, 가축으로부터 나오는 가스 등을 줄일 수 있고 생산 비용도 식물성 고기가 절반에 밖에 미치지 않는다고 했다. 이를 위해 알파벳은 관련 분야 스타트업 기업을 꾸준히 인수할 계획이다.

구글은 건설 현장에 활용할 수 있는 3D프린터를 통해 지금보다 혁신적인 건물 건설, 재생 물질 활용 및 건설 비용 절약기존 대비 5분의 1 등 여러 가지 순기능에도 주목하고 있다.

3D TV에서 보여줬던 3차원 입체 영상에서 더 나아가 엔터테인먼트, 스포츠, 게임 관련 증강현실 수요는 앞으로 더 늘어날 것이다. 현재 전세계 스마트폰 제조 업체에게 구글은 운영체제인 안드로이드Android를 무료로 보급하고 있다. 구글은 스마트폰과 연계된 증강현실을 즐길 수 있는 장치를 싼 가격에 보급하려 하고 있다.

인공지능 개발을 통해 알파벳이 기대하고 있는 분야는 '교육'이다. 인공지능을 활용한 교육은 그 동안 다수에게 동일한 교육을 실행하던 것에서 벗어나 개인별 학습 능력을 확인해서 거기에 맞는 맞춤 교육을 수행할 수 있다는데 장점이 있다. 예를 들어 일명 '수포자^{수학 포기자}'가 양산 되기 전에 학생들 눈높이에 맞는 교육을 수행해 수포자가 되는 것을 막는 것이다.

인터넷 검색 엔진을 기반으로 한 회사가 '구글'만 국한해 미래 사업을 계획하지 않는다는 뜻이다. 이는 알파벳이 더 이상 검색 엔진만으로 시가 총액 1위 기업 위치를 유지하기 어렵다는 판단이다. 시장에서 추종자가 아닌 선도자 역할을 해야 하는 기업의 미래 전략이므로 우리에게도 시사하는 바가 크다.

선진 기업들은 수요보다 공급이 많아질 미래 시대에 소비자들의 취향을 철저히 파악하고 시대의 흐름을 잘 읽어 소비자들이 원하게 될 것들을 미리 만들어 낼 것이다.

―――――

스마트 공장

'스마트 공장'이란 제조 전 과정을 정보통신기술^{ICT}로 통합해 생산성 및 에너지효율 강화, 제품 불량률 감소 등 생산시스템을 최적화하는 맞춤형 공장을 말한다.[15]

스마트 공장 도입을 통해 제품 기획과 설계부터 유통, 판매에 이르는 전 과정에 정보통신기술을 접목해 제조 단가를 낮추고 소비시장에 유연하게 대처할 수 있다. 스마트 공장의 궁극적인 목적은 제조업 경쟁력 강화다. 스마트 공장을 로봇 범주에 포함시키지 않은 이유는 단순히 공장에 로봇만 들여 놓는다고, 스마트 공장이 되지 않기 때문이다. 한 기술은 과거와 달리 홀로 존재할 수 없고 다른 기술과 융합돼 상호 시너지 효과를 낼 수 있는 형태로 발전되고 있다.

2016년 1월 스위스에서 열렸던 다보스 포럼Davos Forum[16]에서 언급된 '제 4차 산업혁명'은 기업들이 제조업과 정보통신기술을 융합해 경쟁력을 제고하는 차세대 산업혁명을 의미한다. 바로 그 대표적인 사례가 스마트 공장이다. 자동차 왕으로 불리는 포드자동차의 창업자인 헨리포드Henry Ford는 세계 최초로 조립 라인 방식에 의해 자동차 양산 체제를 도입했다. 근대적 대량 생산방식은 산업계 전반으로 확산돼 현대 사회의 풍요는 시작됐다. 스마트 공장은 헨리포드가 도입한 조립 라인 방식에 대대적인 변혁을 예고하고 있다.

세계적인 제조업체로 성장하기 위해서는 '인간의 실수를 최대한 줄여 고품질을 일정하게 유지 할 수 있는지'가 관건이다. 헨리포드의 조립 라인 방식 이후 제조업은 끊임 없이 이와 같은 방향으로 진보해 왔다. 하지만 인간은 실수도 할 수 있고 육체적, 정신적 피로와 같은 물

---

15 한경 경제용어사전
16 매년 스위스의 다보스에서 개최되는 세계 경제포럼 연차 총회의 통칭. 세계 각국의 정계, 관계, 재계의 수뇌들이 모여 각종 정보를 교환하고 세계 경재 발전방안 등에 대하여 논의

리적인 한계를 가질 수 밖에 없는 존재다. 이를 극복하기 위해 공장에서 사람이 하던 일에 로봇을 투입했다. 단순 작업만 반복하던 로봇은 이제 정밀한 작업에까지 투입되어 인간보다 빠른 속도로 작업을 쉬지 않고 수행하면서도 실수까지 하지 않아 생산 효율은 높아졌다. 이런 로봇 공학에 정보통신기술을 접목한 스마트 공장에서 로봇들은 관리자 역할의 사람을 제외하고 전 생산 공정을 책임지는 역할까지 하게된 것이다.

정밀 로봇 기술과 정보통신기술은 현재 미국, 독일, 일본과 같은 나라에서 독보적인 기술을 가지고 있다. 선진국들은 이미 제조업의 한계를 일찍 감히 예측해서 스마트 공장 시스템을 개발해 왔다. 이들은 한국과 같이 '제조업은 더 이상 인건비가 비싸고 투자비가 많이 들고 외국인 노동자들 때문에 품질 관리가 되지 않는 사양 산업이야!'라고 생각하지 않고 전통 제조업 분야에 정보통신기술을 접목해 만든 스마트 공장을 통해 제조업을 부활시켰다. 유럽 연합 중 스페인, 이탈리아 등이 재정적 파산에 이를 정도로 악화 일로 일 때 유일하게 제조업을 산업 근간으로 삼고 있는 독일만 승승장구했다. 인구 감소에 의해 양질의 노동자 수가 점차 감소하는 선진국은 수많은 숙련공을 필요로 하지 않는 스마트 공장이 필수 불가결한 선택이다. 제조업 중 3D 업종에 속하는 일부 공장은 스마트 공장 도입을 통해 기존 육체 노동자들을 지식 노동자로 변신시킬 수 있기 때문에 힘든 일을 피하고자 하는 요즘 젊은이들에게도 안성맞춤이다.

스마트 공장의 대표적인 사례가 바로 전기차를 생산하고 있는 미국의 '테슬라 모터스'이다. 테슬라 모터스는 과거 자동차를 생산해 본 경험이 없는 신생 업체였다. 자동차 제조에 있어 신생 업체가 세계 2위의 전기차 생산 업체로 단기간에 올라설 수 있었던 이유는 바로 이 스마트 공장 때문이었다. 과거 현대자동차가 미국과 일본으로부터 기술을 도입 후 지도를 받아가며 수 십 년 동안 노하우를 축적해 50년만에 세계적인 자동차 기업으로 도약할 수 있었다.

　수많은 자동차 조립 숙련공들이 출근하는 울산 현대자동차 공장 앞 모습을 상상해 보면 테슬라 모터스의 이런 단기적 성장은 스마트 공장이란 단어를 빼면 쉽게 이해가 되지 않았을 것이다. 테슬라 모터스에서는 기존 자동차 제조 공장들과 달리 사람이 아닌 로봇이 생산을 전담하고 조립 단계의 흐름과 품질 관리 역시 정보통신기술과 융합한 로봇이 담당한다. 이 때문에 기존 자동차 생산 공장처럼 많은 숙련공들이 없이도 균일한 품질의 제품을 생산하고 이에 대한 대가로 소비자들은 대당 1억원이 넘는 테슬라 모터스 차에 아낌없이 구매 버튼을 누르고 있다.

　스마트 공장의 핵심은 로봇과 같은 하드웨어도 있지만, 그 하드웨어를 운영하는 소프트웨어에 있다. 선진국들은 자신들 나라에도 스마트 공장을 운영하지만 그 노하우를 전세계로 판매하고 있다. 하지만 그 노하우를 위해 대가를 지불하는 나라는 원천 기술을 가진 나라 또는 회사에 종속 될 수 밖에 없다. 스마트 공장 중 일부가 고장 나면 단순히 기계처럼 뜯어서 고칠 수 있지 않기 때문이다. 또한 원천 기술 업체로부터 지속적으로 지원도 받아야 한다. 또, 신제품 생산을 위한 새로운 공정Process을 도입할 경우 원천 기술 업체에 의뢰하여 새롭게 개발해야 한다. 즉, 과거 강대국들이 무력을 앞세워 식민지를 건설했던 것처럼 미래에는 기술을 앞세운 선진국들은 그들의 경제 식민지를 건설하려 할 것이다.

에코 시스템

21세기 공급 과잉의 시대를 맞아 공급자들은 수요자소비자들을 끊임없이 찾아 나서고 있다. 그 결과 기업별로 매년 마케팅 비용이 천문학적으로 증가하고 있다. 기업들은 단순한 제품 홍보를 넘어서서 이미지 광고를 통해 소비자들에게 좋은 이미지를 심어주기 위해 노력한다.

예를 들어, 유럽 축구 리그에는 전세계 기업들이 축구 선수들의 유니폼 한 가운데 자사 이름이 새겨지게 하기 위해 매년 막대한 후원금을 제공한다. 한국의 기업들도 파격적인 TV 광고를 통해 소비자들에게 자신들을 각인시키려는 노력을 하고 있다.

이런 노력의 이유는 충성도 높은 고객을 많이 확보하는 것이 향후 기업의 흥망성쇠를 좌지우지 할 수 있기 때문이다. 즉, 산업 생태계Eco System를 조성해 소비자들을 붙잡으려는 것이다. 하지만 취향이 다양해지고 까다로워진 소비자들의 충성도를 붙잡기란 쉽지가 않다. 기업 입장에선 충성도 높은 고객을 많이 확보할 수록 마케팅 비용을 줄일 수 있다. 기업은 줄어든 비용을 연구 개발에 투자하여 제품 성능이나 디자인을 타사 대비 우위 또는 차별화를 할 수 있는 기회를 마련한다. 이런 선순환 구조가 확고해지면 업계 1위 지위를 달성하는 것은 시간 문제다.

충성도 높은 고객 양산을 가장 잘 하고 있는 기업이 바로 애플이다. 애플은 MP3 제품인 'IPod'을 출시하면서 어떻게 하면 소비자들이 다음 제품 구매 시에도 자사 제품을 살 수 있을지에 대해 고민했다. 그 고민의 결과물이 바로 '아이튠즈 스토어iTunes Store'다. 아이튠즈 스토어는 일종의 온라인 콘텐츠 상점이다. 2012년 9월 기준 아이튠즈 스토어에는 2,600만개의 노래, 70만개 이상의 애플리케이션, 19만개의 TV 에피소드, 그리고 4만5,000개의 영화가 등록돼 있었다.

애플은 아이튠즈 스토어를 통해 iPod 또는 아이폰이나 아이패드를 구매한 사람들에게 음원[17]과 같은 콘텐츠를 저렴한 가격에 공급했다. 이 때문에 애플 제품 사용자들은 굳이 음원을 불법 다운로드 받을 필요가 없어졌다. 음원 공급 업체 역시 전 세계 사람들에게 음원 사용료를 받을 수 있다는 판단 하에 애플에 음원을 싼 가격에 공급 할 수 있었다. 당시 애플은 음원 공급 업체들과 아티스트의 음반 전체가 아닌 노래 한 곡 한 곡을 받을 수 있도록 협상을 진행했었는데, 이는 과거에는 상상도 할 수 없었던 파격적인 거래였다.

협상 전 애플은 저작권 등 법리적 공방을 사전에 차단하기 위해 200

---

17 어떤 음반을 예로 들었을 때 그 앨범에 실려있는 음악들을 말함. 음반을 제품화시키는 마스터 테이프를 얘기함

여 명의 변호사들을 고용해 2년 동안 24시간씩 일을 하면서 준비했다. 산업 생태계 조성이라는 명분은 쉽게 만들 수 있으나 이를 달성하기 위한 시간과 노력은 결코 쉽지 않음을 보여주는 대표적인 사례다.

애플은 iPod 하드웨어, iTunes 소프트웨어, iTunes Store 서비스 삼위일체로 소비자들을 공략해 자신만의 생태계를 구축했다. 그 결과 아이튠즈 스토어를 통해 2013년 2월까지 총 250억 개의 노래가 다운로드 됐다. 뿐만 아니라 애플리케이션 역시 이런 형태로 애플의 애플리케이션 스토어에서 다운 받을 수 있다. 새로운 기계 스마트폰, Tablet PC 등로 교체했을 때 서버에서 구매했던 애플리케이션이 재다운이 가능해서 그 전에 사용하던 기기의 사용자 환경을 그대로 구현할 수 있다. 즉, 소비자는 기기를 바꿨다고 해서 전에 사용하던 애플리케이션을 재구매할 필요가 없는 것이다. 결국, 소비자들은 애플이 만들어 놓은 생태계에 갇혀 계속 애플 제품만 사용하게 되는 것이다. 애플의 이런 전략과 전술의 결과, 당시 MP3 업계에 처음 발을 들여 놓은 애플이 iPod 제품으로 MP3 세계 시장 1위였던 한국의 아이리버 Iriver를 몰아내고 MP3 업계 1위로 올라설 수 있었다. 이것이 바로 산업 생태계의 위력인 것이다.

애플이 단순히 소비자 중심의 하드웨어와 소프트웨어만 판매 했다면 결코 지금의 위치에 올라설 수 없었을 것이다. 애플이 경쟁사들과 달리 주목 했던 것은 자신의 하드웨어와 소프트웨어를 구매할 소비자 뿐만 아니라 양질의 콘텐츠를 공급하는 생산자들이었다. 과거 게임 회사는 개발자들만 게임을 개발했다. 따라서 게임의 종류는 제한적이고 신제품 출시까지 상당한 시간이 소요됐다. 애플은 처음부터 아이폰 판매 대상을 전 세계인으로 설정했다. 따라서 이 제품을 가득 채울 다양한 콘텐츠를 자신들이 모두 만들기에는 역부족임을 알고 있었다. 자신의 부족한 콘텐츠를 채우기 위해 음원과 애플리케이션 시장을 외부에 오픈 해서 누구나 애플을 매개로 한 온라인 상점에 납품할 수 있는 길을 열어줬다. 그 결과 애플 직원이 아닌 외부 개발자들에 의해 수많은 콘텐츠가 양산 되었다. 애플 제품 사용자들은 누구나 무료 또는 몇 천 원에서 몇 만원의 돈을 지불하고 풍성한 콘텐츠게임, 사전, 학습지 등를 자유롭게 다운 받을 수 있게 되었다.

당시 애플이 구상했던 산업 생태계 조성 초기 관건은 얼마나 다양한 애플리케이션을 자신들의 온라인 상점에 채워 넣는 것이었다. 이를 위해 애플은 파격적인 보상 정책을 기반으로 유능한 애플리케이션 개발자들을 끌어 들이기 위해 판매 수익의 70%를 원작자에게 제공하고 30%는 애플이 가져갔다. 즉, 내가 개발자라면 새로운 애플리케이션을 '애플 온라인 스토어'에 100원에 올려 놓았다고 가정하자. 이를 소비자가 다운을 받으면 나에게 70원의 수입이 돌아 오는 것이다. 이는 당시 업계에서는 굉장히 파격적인 조건이었고 젊은 소프트웨어 개발자들은 이 흥미로운 시장에 너도나도 할 것 없이 뛰어들었다. 전 세계인이 사용하는 애플 제품을 통해 내가 개발한 애플리케이션 하나만 성공한다면 부와 명예를 단숨에 쥘 수 있었기 때문이었다.

다양한 애플리케이션을 이용할 수 있다는 것은 애플이 조성해 놓은 또 하나의 생태계였다. 애플은 콘텐츠 제작자와의 1년에 한번씩 개발자 회의를 통해 만나 그들만의 생태계를 다지고 있다. 애플은 최근 애플리케이션 개발자들의 몫을 기존 70%에서 85%로 올리기로 결정했다. 애플리케이션 판매에서 얻는 몫은 비록 줄었지만 2016년 2분기 서비스 부문 매출애플리케이션 판매 수익금 등이 아이폰 판매에 이어 두 번째를 차지할 정도로 애플 내에서 비중이 높아졌다.

또 다른 예를 보자. 아마존은 미국 최대의 인터넷 서점으로 출발해 현재는 책뿐만 아니라 다양한 상품들을 온라인으로 판매하고 있다. 종이책이 전자책에게 일부 자리를 내 주게 되자 아마존은 종이 책 매출 감소를 염려하여 전자책 소비자를 끌어올 수 있는 방법을 연구했다. 그래서 탄생한 것이 2007년 출시된 '킨들Kindle'이라는 전자책을 읽을 수 있는 기기이다. 당시 판매 가격이 359달러로 낮지 않았음에도 불구하고 첫 판매 개시 후 5시간 30분만에 매진될 만큼 소비자들에게 높은 관심을 불러 일으켰다. 하지만 애플 아이패드 출시 이후 대항마가 필요했던 아마존은 전자책뿐만 아니라 아마존 앱스토어와 영화, TV 스트리밍 서비스 등을 이용할 수 있는 킨들 파이어Kindle Fire, 2011년 출시를 출시했다. 킨들 파이어는 킨들의 미니 태블릿 버전이라고 할 수 있었다. 아마존은 킨들파이어를 킨들과 달리 제품 원가 수준으로 시장에 공급했다. 당시 킨들파이어 출시 가격은 199달러로 애플 아이패드 대비 4분의 1 수준이었다. 이렇게 아마존이 싼 가격에 킨들파이어를 출시했던 이유는 하드웨어 판매를 통해 얻는 수익이 아니라 킨들파이어를 통해 자사 콘텐츠의 지속적 소비를 기대한 것이다. 수익 측면이나 영속성 측면에서도 하드웨어 보다는 소프트웨어가 낫다는 판단이었고 이 역시 아마존 본인들이 만들어 놓은 생태계에 소비자들이 종속되길

기대한 것이었다.

　구글과 페이스북도 자신들만의 생태계 조성에 적극적이다. 그들의
행보를 보면 애플, 아마존과 차이를 보인다. 구글은 최고의 검색 엔진
을 가진 인터넷 기업이지만 2014년 4월 드론 제조업체인 '타이탄 에어
로스페이스Titan Aerospace'[18]를 인수했다. 아무런 연관성이 없어 보이는
구글과 드론 기업은 무슨 상관 관계였을까? 페이스북 역시 구글에게
인수된 타이탄 에어로스페이스를 인수하려고 했지만 실패하자 다른
드론 업체인 '어센타Ascenta'를 약 208억원에 인수했다. 이렇게 인터넷
기반 기업인 구글과 페이스북이 드론 업체를 인수한 이유는 바로 드론

---

18 다른 드론 업체와 달리 충전 방식이 태양광이다

을 기반으로 본인들의 인터넷 사업을 전 세계로 확장할 목적이었다.

구글은 이미 열기구를 이용해 전세계에 무선인터넷을 공급하는 '프로젝트 룬' 사업을 진행했고, 여기에 더해 드론으로 무선인터넷을 보급할 예정이다. 인터넷 보급을 위한 사회 인프라가 구성되기 어려운 국가에서 와이파이wiFi 중계기를 설치한 드론이나 열기구를 띄어놓고 무선 인터넷이 가능하도록 하는 것이다. 인터넷을 사용하고자 하는 사람들은 이를 통해 구글에 접속하고, 구글은 많은 정보들을 획득할 것이다. 늘어난 접속자 통계를 구글이 다음 번 광고주들과 미팅 시 많은 사용자 수를 내세워 비싼 광고비를 요구할 수 있다. 구글에 광고를 신청하는 기업 역시 구글의 사용자가 늘어날수록 자사 제품에 대한 홍보 효과가 커지기 때문에 기꺼이 고비용을 감수하게 된다.

페이스북도 '인터넷닷오그Internet.org'[19] 프로젝트로 저개발 국가에 인터넷 기술을 보급하고 있다. 이 역시 인터넷 사용자들이 페이스북 활용이 많아지고 이는 곧 페이스북의 가치를 향상 시키는 방법이다. 두 기업 모두 이런 방법이 기존의 마케팅 방법 대비 적은 비용으로 더 큰 홍보 효과를 예측하고 있다.

산업 생태계는 단순히 환경만 조성하는 일이 아니다. 산업 생태계를 조성하기 위해서는 거기에 필요한 요소 기술들이 존재한다. 미래 기술

---

19 통신 시설이 낙후된 지역을 인터넷으로 연결하는 프로젝트. 이 프로젝트에는 이동식 무선 기지국 역할을 하는 드론 아킬라가 활용되는데 아킬라를 18~27km 상공에 띄워 지상에 통신용 레이저를 쏘아 무선 인터넷 서비스를 제공하는 방식

이 해당 분야에서 제 역할을 해야만 산업 생태계가 가동될 수 있고 하나의 기술이라도 부족할 경우 제대로 구현되지 않을 것이다. 따라서 제대로 된 산업 생태계가 작동하기 위해서는 각 기술들의 균형 있는 개발 및 발전이 필요하고 각기 흩어져 있는 기술들을 융합할 수 있어야만 한다.

Chapter 06

아는 만큼 누릴 수 있다
기술을 이해하라

　기술 발전에 따라 우리 삶도 편리해졌다. 하지만 자칫 기술 우선주의로 인간의 존엄성이 망각될 수 있고 기술과의 경쟁에서 도태된 사람들은 잉여 인간으로 전락될 수 있다. '기술이 지배 할 세상'에 우리에게 무엇보다 요구되는 것은 '기술에 대한 이해'다. 여기서 기술에 대한 이해는 단순히 수학과 과학을 공부해 기계 장치가 움직이는 원리에 대해서 속속들이 아는 것을 의미하는 것은 아니다.

　우리 일상에서 필수품이 되어 버린 스마트폰은 2007년 갑작스레 우리 곁으로 왔지만 그 안에 녹아 있는 기술들은 이전 수 십 년 동안 개발돼 축적된 기술 집합체. 이런 융합적 기술 덩어리인 스마트폰의 작동 원리를 알지 못해도 우리는 스마트폰을 잘 활용하고 있다. 즉, 우리는 스마트폰으로 인해 카메라, 계산기, 녹음기, MP3 등을 함께 가지고 다니지 않아도 되는 편리함을 누리게 됐다. 여기에 지갑 속 신용카드의 기능까지 스마트폰 속으로 들어가 우리 삶이 편리해지고 있다. 이때, 지갑을 들고 다니지 않고 스마트폰으로 결재하는 편리함이 '전자화폐의 위력이구나'하고 느끼는 것이 기술에 대한 이해다. 한발 더 나아가 '실물 신용카드를 만드는 회사와 그 회사에 재료를 납품하는 회사는 앞으로 점점 어려운 상황에 처하겠구나' 하는 것까지 생각한다면, 이것은 발전된 기술에 대한 이해라 할 수 있다.

최신의 기술은 독립적이지 않고 상호관계를 맺으면서 전후방 파급효과가 크다. 신기술에 의해 새로운 직업이 창출되기도 하고 있던 직업이 없어질 수도 있다. 이것을 이해해야만 우리는 기술 발전에 따라 매몰되지 않을 것이다.

최신 기술을 만나라

노키아Nokia와 모토로라Motorola는 90년대부터 2000년대 중반까지 전세계 핸드폰 시장을 좌지우지 했던 기업이다. 과거 한국의 삼성과 LG는 이 두 기업 타도를 목표로 핸드폰 사업을 진행했었다. 한때 노키아와 모토로라의 핸드폰 시장 점유율은 50%가 넘을 정도로 막강했었다. 하지만 지금은 어떤가?

1865년 핀란드의 제지회사로 출발했던 노키아는 1992년 첫 휴대전화를 출시했다. 1999년에 모토로라를 제치고 세계 시장 점유율 1위를 차지한 후 2011년까지 휴대전화 분야 시장점유율 1위를 유지했다. 하지만 2013년 마이크로소프트에게 휴대전화 및 서비스 사업을 인수 당했고 현재는 그 명맥만 유지하고 있다.

1928년 설립된 모토로라는 1969년 달에 착륙한 닐 암스트롱이 '인간의 작은 발걸음은 하나지만 인류에게는 큰 발걸음'이라는 말을 모토로라의 우주통신용 무전기를 통해 지구에 전달될 정도로 최고의 기술력을 보유한 회사였다. 또, 1983년 세계 최초의 휴대전화인 다이나택 Dyna TAC 8000X를 만들었다. 하지만 모토로라는 2012년 구글에 인수됐다가 다시 2014년 중국 레노버Lenova에 인수됐다. 구글에게 인수될 당시 2만명이었던 임직원은 현재는 500여명만 남아 있는 회사로 도태됐다. 두 회사는 공통적으로 터치 스마트폰, 개방형 운영체제 등 새로운 기술을 받아들이지 못했기 때문에 역사 뒤안길로 사라졌다. 즉 세계 1위, 세계 최고라는 자만감과 다가올 융합 기술 사회에 대한 무관심이 화를 불러온 것이다.

회사도 이럴지언정 개인 역시 급변하는 시대 새로운 기술들에 대해 눈과 귀를 닫고 있으면 시대의 흐름에 뒤처지기 마련이다. 특히 지금보다 더 많은 신기술들이 우리 삶을 바꿔 놓을 것이기 때문에 이에 부응하지 못할 경우 낙오될 수 밖에 없다.

'난 경제경영 전공이기 때문에 혹은 난 인문학 전공이기 때문에 기술과는 무관해!'라는 생각을 해 본적이 있는가? 개인이 이런 생각을 하더라도 새로 나온 스마트폰의 신기능을 익혀야 하거나 업무상 IT 신제품 마케팅 업무를 할 수도 있다. 그럼에도 불구하고 신기술은 나와 무관할까? 지금 우즈베키스탄에서 양을 치는 목동도 말 위에 앉아 쉬는 시간 스마트폰을 켜고 온라인 마켓에서 물건을 주문하는 시대다. 하물며 앞으로는 어떨까?

인류 문명이 시작된 이래 그 어느 때보다 기술 주도의 시기에 살아가게 될 인류는 누구도 예외 없이 기술과 불가분의 관계를 맺게 될 것이다. 사람과 기술의 밀접한 관계 속에서 사람이 기술에 종속 당하지 않기 위해서 우리는 기술을 이해할 필요가 있다. 다행히 현대인들에게는 신기술을 접할 수 있는 기회가 점차 많아지고 있다. 마음만 먹으면 최신 기술 이해의 장으로 뛰어들 수 있다. 각 기업들의 신제품 발표도 과거와 달리 대부분 인터넷으로 생중계 되고 있다.

필자가 추천하고 싶은 방법은 각자가 신기술 경험을 위해 현장에서 직접 보고 듣고 만지는 방법이다. 앞서 소개한 CES는 업계 전문가뿐만 아니라 가족 단위의 관람객도 많이 찾는다. 부모들은 아이들 손을 잡고 나와 새로운 기술들을 자유롭게 체험한다. 필자가 CES에 첫 방문했을 때 이런 광경은 신선한 충격이었다. 개인당 20만원이 넘는 입장료를 지불하고서라도 가족 단위의 방문객들이 전문가들 틈 사이에서 전시장을 누비는 것을 보면서 그런 문화가 부럽기도 했다. 그런 아이들이 자라 미래의 빌 게이츠나 스티브 잡스가 될 수 도 있고 그 아이들이 다시 부모가 되어 자식들을 데리고 또 CES에 방문할 것이다. 어린 시절부터 신기술을 접하고 이를 통해 미래의 꿈을 꾸게 되는 선순환 구조가 지금의 미국을 만든 것이다. CES는 세계적인 전시회이기 때문에 글로벌 기업들도 홍보에 열을 올리지만 오직 아이디어 하나로 제품을 만든 벤처 기업이나 벤처 기업 수준도 되지 않는 창고 기업들도 다수 참가한다. 이 작은 기업들은 그들의 기술력만으로 그 해의 혁신상을 수여 받기도 한다. 이를 통해 작은 기업들은 투자를 받아 큰 기업으로 성장할 수 있는 밑거름이 되기도 한다.

한국도 신기술 전시회가 킨텍스나 코엑스 등에서 매년 열린다. 인터넷 사전등록을 하면 무료 관람도 가능하다. 삼성, LG 등을 비롯한 국내외 유수의 기업들이 참여해 당해 년도의 신기술들을 일반인들에게 선보인다. 하지만 한국에서 열리는 이와 같은 전시회는 관람객들의 대부분이 업계 관계자들이다. 여전히 CES처럼 어린 나이의 관람객들을 찾아보기는 힘들다. 한창 꿈을 키워야 할 나이의 청소년들이 이런 전시회에서 신기술들을 꾸준히 접하면서 평소 만나기 힘든 각 분야 전문가들과 현장에서 얘기 나눠볼 수 있는 기회를 활용하지 못하고 있는 것이다. 어느 날 갑자기 '내가 이런 새로운 제품을 만들어야겠어!'라는 결심을 하자마자 결실을 거두는 경우는 거의 없다. 애플의 아이폰이 나오기까지 스티브 잡스가 창고 공장 겸 사무실에서 보낸 시간이 결코 짧지 않은 것처럼 말이다.

우리 아이들이 신기술을 접할 수 있는 기회를 자주 갖게 된다면 자신의 꿈도 구체화 할 수 있다. 또, 스스로에게 동기 부여도 되고 여러 분야의 기술을 접하면서 융합적 사고 능력도 기를 수 있다. 물론 처음에는 실행이 막막할 수도 있다. 하지만 관심을 주변으로 조금만 넓혀도 지역 단위로 설치된 과학관이나 소규모 과학 체험전 등을 쉽게 찾을 수 있을 것이다. 예를 들어 경기도 과천시에 위치한 국립과천과학관에서는 하루에 몇 차례 로봇들의 흥겨운 댄스 공연을 볼 수 있다. 이 공연을 본 아이들 중 일부는 로봇에 흥미를 갖기 시작하고 로봇 관련 기술들을 스스로 찾아 나가면서 로봇 공학자로서 꿈을 키워 나갈 수 있게 되는 것이다.

윤리 vs. 비윤리

기술이 고도화 되면서 맞닥뜨리는 문제 중 한 가지가 '과연 이 기술이 윤리적이냐 그렇지 않느냐 하는 것'이다. 세계를 한창 떠들썩하게 했던 '인간복제'는 앞으로 기술의 발전 속도에 따라 달성에는 시간 문제이다. 하지만 과연 인간복제 기술이 윤리적이냐 그렇지 않느냐의 문제는 아직도 논란의 여지가 많다. 기술이 발전할수록 우리는 이런 문제를 더더욱 많이 만나게 될 것이다.

많은 희생자를 낸 옥시Oxy의 가습기 살균제 성분 문제는 기술의 윤리적 문제를 적나라하게 드러낸 사건이라 할 수 있다. 가습기 살균제 개발 시 개발자들이 윤리적인 문제에 대해 고려했다면 과연 그렇게 많은 희생자들을 냈을까? 또, 성분에 대한 검증 없이 옥시 제품을 모방하여 유사한 제품을 쏟아낸 업체들 역시 기술의 윤리성 측면을 외면한 것이다.

인간의 생명까지 빼앗아갈 수 있는 잘못된 기술 개발을 막는 것은 기본적으로 개발자 개개인의 윤리성에 기댈 수 밖에 없다. 고도화된 기술의 평가는 누구보다 본인 스스로가 가장 잘 알기 때문이다. 인간의 삶에 악영향을 줄 수 있는 제품 출시를 강행하는 회사에 윤리적인 관점에서 문제를 제기하고 바로 잡으려는 노력이 없다면 앞으로 나오게 될 신기술들은 옥시 사태보다 더 많은 희생자들을 만들어낼 수 있다. 최근 선진국에서 상장 기업들을 대상으로 윤리성을 강조하는 회사와 그렇지 않은 회사의 몇 년간 매출 추이를 봤을 때 윤리적인 회사의 매출이 더 높다는 것을 확인할 수 있었다. 즉, 소비자들 역시 동일한 가격대의 제품이라면 윤리적인 기업에서 생산되는 제품을 선호한다는 의미다. 사사로운 이익 때문에 비윤리적인 경영 형태를 취하는 기업은 결국 소비자들에게 외면 받는다. 단기적인 이익을 취할지언정 영속할 순 없다는 것을 조직 구성원들이 스스로 인식하고 회사가 잘못된 방향으로 나아갈 때는 조직원들이 나서서 바로 잡아야 하는 것이다. 개인과 회사의 윤리 잣대가 충돌했을 경우 꼭 회사가 항상 옳을 수 없고 이윤을 추구하는 기업 입장에서 비윤리적인 측면으로 흘러갈 수 있기 때문에 이를 막기 위해선 개인의 윤리적인 잣대가 확고 부동해야 한다.

반대로 개인의 비윤리성 때문에 회사가 피해를 입는 경우도 다반사이다. 2016년 개봉했던 영화『판도라』에서도 등장했던 원자력 발전소 부품 납품 비리 사건이 한국에서 실제 2013년도에 벌어졌다. 사고가 발생하면 일본 후쿠시마 원전 사태처럼 돌이킬 수 없는 재앙을 불러 일으키는 원전에 개인들의 사욕 때문에 불량 부품들이 사용되어 향후 문제가 발생한다면 이는 개인 차원이 아닌 국가적인 위기 사태를 불러 일으킬 수 있다. 이런 문제를 사전에 차단하기 위해 기업에서는 개인의 윤리성에 대해 입사 전부터 철저하게 검증하려 할 것이다. 손 안의 컴퓨터인 스마트폰과 같은 모바일 IT 기기들로 인해 지식에 대한 접근성 제한이 없어졌기 때문에 앞으로 기업에서 채용 시 지식의 양 보다는 우선 순위로 개인의 윤리성을 고려할 것이다. 즉, 기업은 적성 검사와 더불어 윤리성 검증을 다각적으로 수행해 적합한 인재를 뽑을 것이다. 윤리적 소양은 수학, 영어처럼 단시간에 준비할 수 있는 시험이 아니고 인간 본연에 대한 평가를 통해 사람을 선발하게 되므로 비윤리적인 사람들이 사회에 발 붙이기가 더 어려워 질 것이다.

어린 시절부터 올바른 윤리관을 형성할 수 있는 교육이 필요하다. 개인의 윤리적 가치관 형성은 크게 가정과 학교에서의 교육과 성장하면서 경험하게 되는 많은 일들을 통해 이뤄진다. 이 중에서 무엇보다 중요한 것이 바로 부모의 윤리관과 가치관이다. 아이의 성장과정에서 아이가 보고 듣는 것은 부모의 행동들이기 때문이다. 따라서 올바른 윤리관을 가진 사람으로 성장 시키기 위해서 부모의 노력이 수반된다. 우려되는 것은 청소년들이 보내는 시간의 대부분이 사교육 현장과 스마트폰을 통한 인터넷 세상이기 때문에 가치관과 윤리관의 형성에 부모보다 바깥 세상이 더 많은 영향을 끼치고 있다는 점이다. 청소년들의 성장 과정 중 이처럼 외적인 요소들이 윤리관 형성에 영향을 미치기 때문에 부모는 잘못된 윤리관을 갖지 않도록 적극적으로 개입해 바로 잡아줘야 한다.

인간만의 능력

그 동안 사람이 해왔던 많은 일들을 컴퓨터나 로봇이 대체하고 있다. 인공지능이 대중화 될 미래에는 이런 현상이 더욱 가속화 될 것이다. 즉, 기술 우위의 사회가 도래함에 따라 사람간의 경쟁보다 사람과 특정 기술과의 경쟁이 인간의 생존권을 좌지우지할 것이다. 따라서 미래에 인간이 생존을 위해서는 정보통신기술이든 사람이든 나를 쉽게 대체 할 수 없는 자기만의 일을 할 수 있어야 한다. 그렇지 않는다면 우리는 잉여인간으로 전락할 것이다.

2015년 KBS2에서 방영되었던 드라마『장사의 신 – 객주』에서는 주인공이 '보부상'의 수장이 되기까지 실패와 성공을 다루었다. 보부상이란 과거 봇짐이나 등짐을 지고 행상을 하면서 생산자와 소비자 사이에 교환경제가 이루어지도록 중간자 역할을 했던 전문적인 상인을 일컫는다. 비록 드라마는 픽션이었지만 보부상이란 직업의 소멸을 극적 재미를 더해 잘 그려냈다. 극 말미에 보부상이었던 주인공이 일제 시대 경인선 개통을 지연 시키려는 노력을 하면서 이런 얘기를 한다.

"열차 도입으로 길 위에서 삶을 살아가는 보부상은 운명을 다 할 것이다. 그렇기 때문에 그들에게 새롭게 살아갈 시간을 조금이라도 벌어줘야 한다."

교통의 발달에 따른 보부상의 말로는 시대의 흐름에 인간의 직업이 어떻게 대체 되었는지 잘 보여주는 사례라 할 수 있다.

이처럼 보부상과 같은 직업의 최후를 맞지 않기 위해서 미래에는 나만의 차별화가 필요하다. 대표적인 예가 창작과 관계된 일이다. 인공지능 알파고는 이세돌 9단과의 대국 전 과거 대국을 집중적으로 분석하여 그의 약점을 공략할 수 있었다. 전문가들은 알파고의 상세한 알고리즘까지는 알 수 없으나 현재의 인공지능이 사람처럼 스스로 판단하는 단계까지는 아직 도달하지 못했을 것이라고 한다. 아직 스스로 생각하거나 판단할 수 없는 인공지능을 그런 단계까지 이르게 하는 것은 결국 창조적인 인간 고유 능력을 발휘하는 것이다. 결국 아무리 인공지능이 뛰어나도 이를 뛰어넘는 인간 본연의 창조력을 발휘하는 사람이 미래에 요구되는 인재의 요건일 것이다. 즉, 창조력이란 인간 고유 능력을 지속적으로 발휘할 수 있는 사람은 어떤 시대가 도래하더라도 사회에서 필요로 하는 사람이 될 것이다.

　최근 『이끼』『미생』『송곳』 등 웹툰의 인기로 이런 웹툰들을 영화, 드라마로까지 제작하고 있다. 과거로 말하면 웹툰 작가는 만화가일 텐데, 이런 웹툰과 같은 창작물은 결코 인간 이외에는 해낼 수 없는 일이다. 웹툰에서 다루는 주제의 다양성도 점차 확대되고 있어 무적핑크 변지민 작가는 조선왕조실록을 '카카오톡'과 같은 현대의 채팅 프로그램 포맷을 차용하여 『조선왕조실톡』을 웹툰으로 연재하고 있다. 이와 같은 역사 관련 웹툰을 통해 학창시절 암기 과목으로 여겨져 딱딱하게만 느껴졌던 역사를 보다 친숙하고 이해하기가 쉽게 만들었다. 인간 본연의 창조력의 발현인 것이다. 물론 벌써부터 소설, 만화, 음악 창작에 있어 인공지능의 가능성이 대두되고 있지만 인간만이 할 수 있는 창작은 인공지능의 해낼 수 있는 그것과는 분명히 차별화 될 것이

다. '심금을 울린다'라는 말을 들어봤겠지만 인간 기저에 있는 감성과 감정에 도달하는 것은 인공지능이 아무리 발전해도 쉬운 일은 아닐 것이다.

요리를 예로 들어보자. 일류 요리사들도 3D 프린터를 사용해서 형이상학적 음식 모양을 만들어 손님들에게 내놓는다. 너무 정교한 모양이라 사람이 빠른 시간 안에 여러 개를 만들 수 없기 때문에 현재로서는 3D 프린터 만이 할 수 있다고 한다. 아직은 요리에 있어서 맛을 내는 작업보다는 음식 모양을 내는 것에 3D 프린터는 활용되고 있는 것이다. 공상과학영화에서 보면 어떤 음식 메뉴든 명령만 내리면 기계가 알아서 뚝딱하고 만들어서 내놓는 장면을 보았을 것이다. 하지만 이렇게 획일적인 음식 맛은 인간이 금방 싫증을 내게 될 것이다. 사람은 그

만큼 미각이 까다롭고 예민한 존재이기 때문이다. 특히 한국 요리는 '손맛'이 강조된다. 이 손맛이야 말로 획일적이고 정형화된 것이 아니지만 오히려 그렇기 때문에 사람 고유의 영역으로 여겨질 수 있다.

우리가 인간으로서 인공지능이나 로봇과 차별화되지 못한다면 SF영화에서처럼 인공지능이 무력으로 인간을 지배하는 것까지는 아니더라도, 인간이 종속될 수 밖에 없는 존재로 전락할 수 있다. 그렇기 때문에 지금 자라나는 세대들에게 필요한 것은 사람과의 경쟁에서 이길 수 있는 방법을 익히는 것이 아니라 인간만이 가질 수 있는 차별화된 고유 능력을 배양하는 것이다.

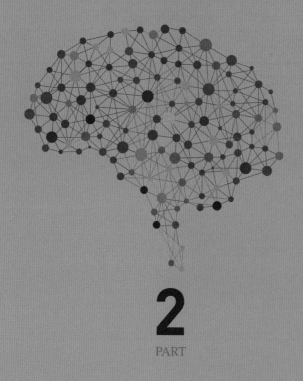

2
PART

[최고의 상품
'빅데이터']

━━━ 빅데이터(Big Data)란 통상적으로 사용되는 데이터 수집, 관리 및 처리 소프트웨어의 수용 한계를 넘어서는 크기의 데이터를 말한다. 그 크기는 수십 테라바이트(Terabyte≒1000기가바이트)에서 수 페타바이트(Petabyte)[1]에 이른다. 또한 수치화돼 분석 가능한 데이터 외에도 분류가 어려운 비정형 데이터까지 포함하고 있어 그 크기가 끊임없이 변하는 것도 빅데이터의 특징이다. 특히 빅데이터는 단순히 대용량 데이터 그 자체만을 뜻하는 것은 아니다. 중요한 것은 데이터를 효과적으로 처리하고 분석할 수 있는 기술이 초점이다. 예를 들어 기존의 정보란 그 크기가 유한하고 단순해 '우리 가족의 저녁 메뉴'와 같이 가정주부의 취향에 따라 정형화된 한정된 메뉴를 보여준다. 하지만 빅데이터는 특정 시간대에 '한국인들이 먹는 모든 저녁 식사 메뉴'와 같이 그 크기도 방대하고 다양한 취향을 모두 반영하기 때문에 분류하기가 쉽지 않다. 빅데이터는 이렇듯 기존 방법이나 장비로는 분석이 불가능한 수많은 정보의 집합체인 것이다

---

1 100만기가바이트, 6GB DVD영화 17만4,000편을 담을 수 있는 용량

Chapter 01
돈이 되는 정보

정보통신 기술이 지금처럼 발달하지 않았던 과거에는 대량의 데이터를 수집하거나 처리할 수 있는 방법이 없었다. 하지만 대량의 데이터를 쉽게 확보하고 수집해 분석할 수 있는 방법들이 출현하면서 과거 버려졌던 빅데이터는 활용도가 점차 높아지고 있다. 즉, 불과 몇 년 전까지만 하더라도 대용량의 데이터를 분석하기 위해서는 몇 백억 원의 슈퍼컴퓨터를 동원해야 했다. 하지만 지금은 저렴한 비용으로 슈퍼컴퓨터를 구축할 수 있어 대용량 데이터를 쉽게 분석할 수 있다. 이렇게 저렴한 비용으로 빅데이터 분석이 가능해진 이유는 하둡Hadoop이라 불리는 기술 때문이다. 하둡은 여러 대의 일반 컴퓨터를 마치 하나인 것처럼 연결해서 슈퍼컴퓨터 수준의 성능을 구현할 수 있게 하는 기술이다.

빅데이터의 활용 분야는 마케팅, 영업과 같은 제품 판매를 위한 것 뿐만 아니라 최근에는 여론 조사를 통한 정치 유세 목적 등 점차 확대 되고 있다. 정보의 가치가 곧 돈이 되는 세상이 도래한 것이다.

과거에는 정보가 정형화된 단순한 형태였다면 현재의 정보는 '살아 꿈틀거리는 생명체'와 같다. 그 이유는 빅데이터 속에 내재된 정보의 양이 단순히 많아서라기 보다는 해석하는 관점에 따라 또는 분류하는 기준에 따라 끊임없이 다른 메시지를 전달하기 때문이다. 빅데이터가 돈이 되는 정보라고 해서 오해하지 말아야 할 부분이 있다. 최근 각종 인터넷 사이트의 개인정보들이 유출되는 사태가 빈번하다. 일부 해커 들이 이 정보들을 빼내 대출이나 마케팅 업체에 판매하려는 목적에서 벌어지고 있는 일이다. 이런 대량의 개인 정보 역시 돈으로 거래된다. 하지만 이런 것은 빅데이터라고 할 수 없다. 그저 단순히 개인의 신상 정보만을 모아 놓은 것이기 때문이다. 만약 이 정보 안에 각 개인들이 '언제 어디서 무슨 점심이나 저녁을 사 먹었고 어떤 쇼핑몰에 몇 시에 가서 무슨 브랜드의 옷을 사 입었는지' 그리고 '집에 귀가 할 때는 어떤 교통 수단으로 이동했는지' 등의 정보들까지 포함되고 특정 목적을 위 해 해석된다면 이는 빅데이터라고 할 수 있다.

누군가에게는 이런 빅데이터가 무용지물일 수 있으나 다른 누군가 에게는 많은 값을 치르더라도 꼭 필요로 하는 정보다. 예를 들어, 국내 진출을 원하는 해외 대규모 쇼핑몰이 입지 선정, 입점해야 할 브랜드, 운영 시간, 마케팅 대상 등을 선정하는데 있어 빅데이터가 존재한다면 투자 검토 시간이 훨씬 단축될 수 있기 때문이다. 또 다른 예로 국회의원 선거에 출마하는 후보는 그 지역 유권자들이 관심 있어하는 분야, 개선돼야 할 문제점, 선호하는 색깔, 많이 모이는 장소, 선호하는 인물 등이 망라된 빅데이터가 있다면 선거 운동 전 지역구에 맞는 정책을 비롯한 사전 준비를 충분히 해서 경쟁 후보보다 한 발 앞설 수 있다. 이처럼 사업 기회 검토에 위험 요소를 줄이고 성공 전략에 도움이 되거나 선거를 준비하는 데 있어 경쟁 우위의 전략을 수립하는데 도움이 되는 정보라면 적정 대가 이상을 치르더라도 꼭 입수하고 싶은 정보일 것이다. 이들에게 빅데이터로서의 가치가 있기 위해서는 대규모 정보 속에서 각자가 원하는 대로 정보가 해석 되야 한다.

이렇게 무작위의 대량 정보 덩어리로부터 정제된 빅데이터는 이제 그것을 필요로 하는 사람 혹은 기업들에게 그 가치를 인정받고 판매를 할 수 있게 됐다. 혹은 빅데이터를 필요로 하는 곳에서 직접 빅데이터를 해석할 수 있는 사람들을 고용해 본인이 또는 회사가 원하는 방향의 정보를 해석하려 하고 있다.

성공의 공식

빅데이터는 현상을 파악하고, 미래를 예측하며, 그 미래에 한발 앞서 선제 대응을 하는데 그 활용도가 높아지고 있다. 이 때문에 분야를 가리지 않고 빅데이터의 활용 여부가 성공을 좌우하는 중요 요소로 급부상한 상태다. 다음의 사례를 통해 빅데이터가 실제 어떻게 활용되는지 살펴보도록 하자.

금융권의 빅데이터 활용 사례

2013년 KB금융지주 경영연구소 조사 결과에 의하면 미국의 산업별 평균 데이터 보유량 1위는 증권·투자회사였고 2위는 은행이었다. 그

뒤를 이어 3위는 통신회사였다. 증권·투자회사, 은행 및 보험사가 보유한 데이터량은 총 6,667TB[2]였고, 이는 전체 데이터량의 50%를 차지했다. 지금까지 금융권은 이 막대한 양의 정보를 쌓아 두기만 했지 제대로 된 활용은 하지 못하고 있었다. 겨우 1% 정도의 고객 데이터만 활용해 왔다.

미국의 뱅크오브아메리카BoA는 약 5,000만 건의 고객 데이터를 보유하고 있었으며, 이를 활용해 고객 개개인에게 맞는 금융 상품을 제안할 수 있는 시스템을 만들 목표를 세웠다. 이를 위해 BoA는 빅데이터 분석가들을 고용했다. 또한 관련 전문가들과 긴밀하게 협조해 빅데이터 분석을 진행했다. 이를 통해 BoA는 고객 데이터 전체에 대한 대규모 데이터 처리가 가능하게 됐으며 고객들에게 다음과 같은 새로운 서비스를 제공할 수 있게 됐다.

• 고객들의 지출 패턴을 분석해 신용카드 사용자들에게 캐시백 제공
• 고객의 SNS 등을 분석해 성향 파악 후 자금관리 지원 상품 및 금융 상품 안내 제공

그 결과 BoA는 다음과 같은 부대 효과도 얻을 수 있었다. 고객 유치 비용이 25% 절감했고 고객당 수익성은 6% 증가했다. 고객 신용평가 점수 산출 시간3시간 → 10분 및 채무 불이행 확률 계산시간96 → 4시간은 단

---

2 테라바이트, 컴퓨터 기억 용량을 나타내는 정보량의 단위. 1TB=1,000GB

축됐다.

또 다른 예로 중국의 알리바바는 지역 중소 상인들을 자사 쇼핑몰에 입점시키면서 상인들이 필요로 하는 사업 자금 대출 업무를 겸하고 있었다. 이때 대출 심사부터 고객에게 입금까지 채 5분이 걸리지 않는다. 이는 알리바바가 운영중인 핀테크 서비스인 '알리페이'의 소비 성향을 분석해 개인의 대출 상환 능력을 짧은 시간에 분석해 내기 때문이다. 빠르고 쉬운 대출을 통해 상인들은 장사 준비를 보다 확실히 해서 쇼핑몰 입점 시 많은 판매로 이어지며 이는 곧 입점 상인들에게 수수료를 받는 알리바바에게도 이득으로 돌아오는 원윈win-win 전략이다. 이 이면에는 역시 알리바바의 빅데이터 활용이 있었기 때문에 가능한 시스템이다.

렌터카 업체의 빅데이터 활용 사례

전 세계 146개국에 8,300여개 지점을 가지고 있는 다국적 자동차 렌탈 서비스 기업인 허츠Hertz는 경쟁 업체들과의 차별화를 꾀했다. 하지만 8,300여개나 되는 지점에서 올라오는 고객만족도 조사는 제 각각이어서 신뢰성 있는 결론을 얻기가 어려웠다. 허츠는 경쟁업체보다 높은 고객 만족도를 달성하기 위해 보유하고 있던 빅데이터를 분석했다. 분석 전 매일 발생하는 수 천 개의 인터넷 설문조사 결과, 이메일, 문자메시지를 포함한 엄청난 양의 비정형 자료가 각 지점으로부터 수집돼 있었다. 여기에 고객 심리조사도 확대해 추가 데이터를 확보했다.

빅데이터 분석을 통해 허츠는 다음과 효과를 얻을 수 있었다.

- 다양한 채널에 퍼져 있는 고객의 소리를 실시간으로 분석해 고객의 요구 사항에 대해 빠르게 대응할 수 있는 시스템 개발 및 운영
- 고객으로부터 접수된 실시간 정보를 바탕으로 마케팅 및 세일즈를 위한 신속한 의사 결정
- 지역 특성에 맞는 개별 서비스 개발
- 시시각각 변하는 고객의 니즈와 피드백에 대해 즉각적으로 대응하여 고객 신뢰 향상 및 기업 이미지 쇄신에 긍정적 영향

실제 허츠의 적용 사례를 살펴보자. 미국 필라델피아에서 고객 지연이 발생하는 이유가 차량 반납에 걸리는 시간 때문이라고 분석되었다. 하루 중 구체적으로 어떤 시간에 이런 지연이 발생하는지 파악하여 고객 집중 시간대에 직원 수를 적절히 조정한 결과 지연을 해결하여 고객에 대한 신속한 대응이 가능했다.

유통업계의 빅데이터 활용 사례

롯데그룹이 운영중인 롯데멤버스 카드는 2,700만 명의 회원 수를 보유하고 있다. 이는 한국 경제 인구 수의 60%에 해당하는 수준이다. 롯데그룹은 롯데멤버스 회원들의 카드 사용 정보를 통해 핫플레이스 이용정보, 외부 가맹점 구매 정보, 롯데 계열사 이용 정보 등의 정보 축

적이 가능했다. 이렇게 축적된 빅데이터를 활용해 고객 대상의 타겟 마케팅으로 매출 증대를 꾀했다. 즉, 빅데이터를 기반으로 한 시스템 개발 후 롯데백화점은 고객들을 대상으로 다음과 같이 더욱 세분화되고 빠른 대응이 가능한 실시간 마케팅을 할 수 있게 됐다.

- 크리스마스, 어린이날 등의 기념일 상품 정보가 필요할 시 테마별 상품 정보 제공
- 가격 비교를 하는 고객들에게 할인 및 행사 정보 제공
- 고객 취향에 근거한 백화점 방문 유도 위한 미술품 전시, 연예인 초청 등 이벤트 정보 제공
- 구매 유도를 위해 상품권, 경품 행사 등 사은행사 정보 제공
- 상위 1% 고객의 취미 등 관심 정보를 등록해 1:1 감성 마케팅 실시하고 고객 이슈 사항을 메모하는 등 접점 커뮤니케이션 강화하는 VIP 시스템 운영

자, 이제 왜 나에게 백화점에서 쇼핑이 필요할 때 각종 쿠폰과 행사 정보들이 알아서 오는지 알게 되었을 것이다. 과거와 달리 최근 백화점 업계는 빅데이터를 활용해 상권 분석, VIP 관리, 비회원 · 비고객 관리 등 개인별 맞춤 마케팅을 펼쳐 영업 이익을 극대화하고 있다.

대형마트, 편의점 등도 마찬가지다. 언제부터인가 편의점 진열대에서 일반 요구르트 대비 용량이 많은 일명 '대왕 요구르트'를 쉽게 볼 수 있게 됐다. 이런 좋은 아이디어 상품은 어떻게 만들어 졌을까? 편의점

계산대를 통해 축적되는 소비자들의 구매 패턴을 분석해 봤더니 한 번에 요구르트를 3개 이상 마시는 고객들이 많은 것으로 나타났다. 이를 토대로 용량을 3배 늘린 대왕 요구르트가 탄생하게 됐다.

최근 편의점 히트 상품 중 한 가지는 '김치찌개 맛 감자칩'이다. 언뜻 보기에는 전혀 어울리지 않는 조합이다. 어떻게 이런 상품이 출시가 되어 히트하게 되었을까? 이 역시 대왕 요구르트 사례처럼 편의점에서의 구매 패턴을 분석한 결과 김치찌개 맛 컵라면을 살 때 감자 스낵도 함께 결제가 되는 경우가 많았기 때문에 이런 상품 기획을 할 수 있었다.

한 대형마트에서는 41억 건의 SNS 글을 분석해 보니 집에서 맥주를 마실 때 만두를 안주로 자주 먹는 것을 확인 했다. 이를 통해 마트 행사 시 맥주와 만두를 함께 판촉 해서 만두 제품 비수기인 여름철에도 매출 하락을 막을 수 있었다.

편의점 계산대의 경우 수치화된 데이터이고 만두와 맥주의 사례는 비정형화 데이터인 글을 분석한 빅데이터 사례이다. 이처럼 빅데이터를 활용할 경우 신제품 출시 시 성공 확률을 높일 수 있는 기회가 되고 있다.

제조업의 빅데이터 활용 사례

GEGeneral Electric Company는 미국에 본사를 둔 세계적인 제조업체다. 사업 영역은 크게 에너지, 기술인프라, 금융, 소비자, 산업의 5개 부문

으로 나뉜다. 전구를 발명한 토머스 A. 에디슨Thomas A. Edison이 1892
년 세운 에디슨제너럴일렉트릭Edison General Electric이 GE의 전신이다.

GE의 주요 사업 부문 중 GE항공이 있다. GE항공은 전 세계 비행기
제작사에 엔진과 주요 부품을 납품하고 있다. 비행기 사고는 일단 발
생하면 많은 인명 손실을 유발하기 때문에 항공기 점검은 출발 전까지
도 계속된다. 출발 직전 문제점이 발견되면 항공기 운항은 즉시 연기
되거나 취소된다. 무엇보다 사람의 생명이 우선이기 때문이다. 이런
예기치 못한 정비 문제 발생으로 비행 지연이 생길 경우 항공사가 지
출하는 추가 비용은 연간 약 400억 달러로 추산되고 있다. 중국 등 신
흥국의 항공기 수요 급증으로 추가 비용은 증가하고 있는 추세다.

비행 지연을 유발 시키는 문제 중 약 10%는 항공기 정비 문제와 관

련이 있으므로 사전에 문제를 예측하여 해결한다면 비용 절감을 할 수 있다. 이 외에도 항공기 지연으로 인한 승객들의 불편 해소, 출발 대기 중인 항공기가 공항에서 출발하지 못해 착륙해야 하는 항공기가 공항 주변 선회하면서 발생하는 온실가스 배출 감소 효과까지 기대할 수 있다. 또한 갑작스런 정비로 인해 항공기 정비 엔지니어들의 불필요한 노동력 유발도 사전 방지할 수 있다.

GE항공은 이런 정비 문제가 발생하기 전 선제적 대응을 할 수 있도록 빅데이터를 활용하고 있다. 이를 위해 지능형 운영Intelligent Operation 시스템을 도입했다. 전세계 GE항공 엔진이 부착된 항공기에 각종 부품과 시스템에 센서가 장착된 지능형 기기Intelligent Device들이 각각의 장비에서 발생하는 데이터를 수집하고 모니터링 한다. 이를 통해 실시간으로 빅데이터를 만드는 것이다. 이 지능형 기기들이 네트워크를 통해 서로 연결돼 지능형 시스템Intelligent System을 이룬다. 지능형 시스템은 기기 간의 네트워크 연결뿐 아니라 수집된 데이터들을 종합하고 분석함으로써 항공기 부품이나 엔진에서 발생할 수 있는 정비 문제를 사전 진단하고 예측해 문제가 있는 부분에 경고를 울린다. 그 결과 문제가 발생할 수 있는 부품들은 그 동안 축적된 데이터를 통해 그 수명이 다하기 전 미리 교체를 한다. 이미 고장이 나서 수리하는 것보다 예방 차원에서 미리 부품을 교체하는 것이 시간과 경제적인 부분에서 이득이기 때문이다. 지속적으로 축적되는 데이터들은 빅데이터로서 활용하여 향후 발생할 수 있는 문제들을 사전에 차단하고 문제가 발생한 것들에 대해서는 설계 단계부터 보완하여 보다 완벽한 항공기 엔진과 부품을 생산할 수 있도록 한다. GE항공의 이런 빅데이터 활용은 시장에서 경쟁자들과 차별화 할 수 있는 좋은 무기가 되고 있다. 즉, GE항공의 엔진과 부품을 구매한 항공기 제조사들은 GE항공으로부터 항공기 효율성 증대 서비스를 제공 받기 때문에 다른 부품 기업보다 선호할 수 밖에 없게 된다.[3]

3 2015년 빅데이터 글로벌 사례집, 미래창조과학부

Chapter 03
중요한 건 사람이다

한국은 IT 강국이라 불린다. 하지만 그 이면을 자세히 들여다보면 'IT에 대한 인프라가 잘 갖춰져 있다'는 말로 한정된다.

전 세계 어디를 가도 한국만큼 빠른 인터넷 속도와 무선 인터넷 서비스를 지원하는 나라가 없다. 핸드폰 통신 방식에 있어서도 세계 표준을 주도하며 가장 빨리 차세대 통신 방식을 상용화해서 모바일 인터넷 세상을 열었다.

'손안의 컴퓨터 시대'를 실현할 수 있었던 것은 스마트폰이라는 하드웨어와 4세대이동통신4G, LTE 같은 최신 통신 기술이 결합됐기 때문이다. 이런 최신 인프라 구축은 칭찬 받아 마땅하다.

하지만 한국이 IT 하드웨어 인프라와 같은 접근 방식으로 빅데이터 수집 및 분석 시스템을 구축하려는 것은 문제점으로 지적된다. 즉, 하둡과 같은 빅데이터 분석을 위한 시스템 구축이나 여기에 사용되는 컴퓨터 프로그래밍 언어 교육을 통해 빅데이터 전문가를 양성하려는 것이다.

물론 대용량 데이터를 분석해 빅데이터화 하기 위해서는 분석 시스템도 필요하고, 분석 시스템을 운영하는 프로그래밍 언어도 필요하다. 하지만 이 두 가지 요소가 하드웨어적 성격이라면 대용량 데이터를 어떤 기준을 가지고 분석하고 어떤 방향에서 접근해야 하는지를 결정해야 하는 전문가 육성은 아직 미흡하다. 소프트웨어적 준비가 돼 있지 않은 것이다.

미래창조과학부는 지난 2013년 발표에서 2017년까지 5,000명의 빅데이터 전문가를 양성해 창조경제를 구현하겠다고 선언했다. 하지만 당시 관련 업계 관계자들은 한 목소리로 "이 5,000여명은 고급 인력이 아니라 일반적인 데이터 관리자를 키울 때나 가능한 숫자"라며 "숫자만 내세우지 말고 진짜 인재 육성 정책을 내놔야 한다"고 한 목소리로 주장했다.

이 시점에서 과거 정부의 공약은 '공염불'이었다는 것이 드러나고 있다. 국내 빅데이터 전문가로 꼽히는 한국 IBM의 이상호 상무는 한 언론과의 인터뷰에서 "제 아무리 재료빅데이터와 도구분석 장비를 갖췄다 해도 요리할 사람빅데이터 전문가이 없으면 무용지물"이라고 한국의 현실을 지적하기도 했다.

빅데이터 전문가 육성

해외 주요 국가의 경우 빅데이터 전문 인력 수요가 급증할 것에 대비해 관련 기업들이 직접 나서고 있다. 미국의 경우 EMC, IBM, SAS 등 기술 분야 선도 기업과 유명 대학들이 손잡고 빅데이터 전문가를 양성하고 있다. EMC는 경제학, 통계학, 심리학 등을 전공한 박사급 데이터 과학자로 구성된 '애널리틱스 랩'을 운영 중이며, IBM은 200여 명의 수학자들과 인문, 문화, 역사학자로 이뤄진 다수의 연구 집단을 보유하고 있다. 특히 IBM은 사내 기술 개발과 동시에 고객사, 대학과도 협업하며 세계 1,000여 개 대학과 파트너십을 맺고 빅데이터 전문가 교육을 진행 중에 있다.

빅데이터 전문가는 해당 분야의 전문성도 요구되지만 IT, 분석, 비즈니스 역량을 갖춘 데이터 과학자가 되어야 한다. 데이터 과학자에게는 수학과 통계지식은 물론 프로그래밍을 할 수 있는 IT 역량과 그 결과물을 해석할 수 있는 인문, 사회적 분석 역량까지 요구된다. 특정 한 분야의 학문만을 전공하기 보다는 융합된 학문을 접해야 하겠지만 현재 한국의 교육 여건으로는 이를 충족할 수 없다.

최근 한국 대학들이 학문의 경계를 없앤 자유 전공제로 학생을 선발하고 있지만 취업을 위한 학점 우선주의가 팽팽한 현실을 놓고 볼 때 제도권 안의 교육은 빅데이터 전문가 육성에 한계가 있다. 따라서 제도권 밖 교육에서 이를 보완할 방법을 찾아야 한다.

능동적 독서

　너무 흔하고 뻔한 해결책이 아니냐는 반문을 할 수 있을 것이다. 하지만 시대가 변하더라도 여전히 많은 현자들이 독서를 추천하는 것에는 이유가 있을 것이다.

　유한한 시간을 살아가는 사람은 물리적, 경제적 이유 등으로 직접 경험을 통한 지식과 지혜의 축적에는 한계가 있다. 이를 극복할 수 있는 가장 좋은 방법은 바로 책을 통한 간접 경험이다. 책은 전문 분야에 대한 지식을 넓힐 수도 있지만 내가 직접 경험하지 못한 것들에 대한 간접 경험의 도구가 될 수 있다. 직접 만나 볼 수 없는 해외 유명 대학 교수들의 강의를 책을 통해 만나 볼 수도 있고 지금 지구에서는 무슨 일이 일어나고 있고 다른 나라 사람들은 어떤 생각을 가지고 있는지도 확인해 볼 수도 있다. 이를 통해 생각의 스펙트럼을 넓힐 수 있다.

　빅데이터 전문가가 되기 위해 독서를 통해 삶 전반에 대한 이해도를 높였다면 다음 단계로 자기 주관에 맞는 생각을 정리할 수 있어야 한다. 대량의 데이터를 어떤 기준에 따라 배열하거나 선별하기 위해서는 결국 자기만의 기준점이 명확해야 한다. 이를 위해서는 모래밭에서 바늘을 찾듯 핵심을 집어 낼 수 있어야 한다. 즉, 책 한 권을 읽었다면 그 책의 주제와 책이 얘기하고자 하는 논지를 본인 기준에 따라 열거할 수 있어야 한다. 이것이 바로 '능동적 독서'의 핵심이다. 독서 모임을 조직하거나 가족끼리 책을 읽은 후 자기만의 생각으로 책에 대한 논평을 할 수 있도록 한다. 이를 통해 본인의 주관이 명확해 지고 사물의 핵심을 단시간에 찾아내는 훈련이 될 수 있다.

'나는 책을 읽어도 머리 속에 남는 것은 별로 없더라'라고 얘기하는 사람들도 있다. 예를 들어 수학의 미적분 문제를 초등학교 저학년 학생들이 풀 수가 있을까? 또는 도스토옙스키Dostoevskkii의 '죄와 벌'을 초등학교 1학년 학생들에게 독후감을 써 오라고 하면 결과물이 어떨까? 하지만 어린 학생들도 시간이 흘러 기초 지식이 쌓이고 삶의 경험들이 축적되면 미적분 문제도 풀 수 있고 죄와 벌을 이해할 것이다. 독서도 마찬가지다. 처음부터 다양한 분야의 모든 책을 다 이해할 수는 없다. 책은 해당 분야의 식견 있는 사람들이 수년간에 걸친 생각들을 정리한 것이기 때문에 그것을 단시간에 이해하기란 쉽지 않다.

수학에서 익스포넨셜Exponential 함수를 배우게 된다. 익스포넨셜을 한국말로 풀어 쓰면 '기하급수적인'이란 뜻이다. 독서에서 이 익스포넨셜 법칙이 적용될 수 있다. 책을 읽다 보면 지식이나 정보의 양 그리고 해석 능력이 그에 비례해서 차근차근 늘기 보다는 어느 순간 임계점을 돌파하게 되면 기하급수적으로 향상되는 것이다. 따라서 오늘 읽은 책의 내용이 손에 안 잡힌다고 해서 실망할 필요가 없다. 다시 10권을 읽고 100권을 읽은 후 그 이해되지 않았던 책을 다시 읽게 된다면 전혀 다른 느낌의 책으로 다가올 것이다.

다양한 경험

독서를 통해 간접 경험을 했다면 실제 경험치도 높일 필요가 있다.

2000년대 최고의 발명품 중 하나인 스마트폰은 사실 새롭게 창조된 기술이 아니라 기존에 이미 시장에 나와 있던 무선전화기, MP3, 디지털 카메라, 보이스 레코더 등을 결합한 제품이다. 다양한 사고들이 모여 얼마나 획기적인 것을 창조할 수 있는지 스마트폰의 대표격인 애플의 아이폰을 통해 확인할 수 있다. 그 이면에는 다양한 경험을 토대로 기존 관습에 얽매이지 않고 새로운 것을 추구했던 스티브 잡스와 애플의 디자이너, 엔지니어, 프로그래머들이 있었다. 데이터의 다양한 측면을 분석해야 하는 빅데이터 전문가가 되기 위해서는 애플이 보여준 융합적 사고가 필수적이다. 그리고 융합적 사고는 다양한 경험이 뒷받침돼야 가능하다.

필자가 대학교에 다닐 때도 취업 준비를 위해 토익 시험에 많이 응시 했지만 900점을 넘는 사람들이 전국적으로도 그리 많지 않았다. 하지만 필자가 사회에 나와 신입 사원 면접관으로 지원자들의 이력서를 검토할 때 토익 900점은 흔한 점수가 돼 버렸다. 과거 토익 점수가 높다는 것은 '자신만의 강점'이 될 수 있었으나 이제는 '누구나 가지고 있는 기본기'가 돼 버렸다. 인재의 유형이 점차 획일화 되고 있다는 방증이다. 한국은 아직 경쟁의 장을 통과하기 위해 다양성의 무기를 가지고 싸우는 방법보다 획일적인 기술만을 가르치고 있는 것이다.

요즘 대학생들에게 필수가 됐다는 어학연수도 마찬가지다. 어학연수를 통해 해당 국가의 언어를 얼마나 숙련되게 배웠는가 보다 중요한 것이 있다. 어학연수를 준비하면서 배우고 느낀 것들, 현지 국가에 가서 경험한 것들, 한국 문화와 다른 외국 문화에 체득한 것들이 더욱 중요할 수 있다. 다양한 데이터의 해석과 분류 역량을 필요로 하는 빅데이터 전문가가 되기 위해서는 개개인의 경험치가 학문적 지식 못지 않게 중요한 역량으로 작용한다.

팀 활동

빅데이터는 데이터의 크기도 방대할 뿐만 아니라 그 속에 담겨 있는 폭넓은 뜻을 해석하기 위해서는 다양한 관점에서 접근할 필요가 있다. 빅데이터 내부에는 철학 · 종교 · 사회 · 경제 등 다양한 삶의 단면들이 녹아 있기 때문에 여기서 특정한 의미를 뽑아내기 위해서는 한 사람의 힘만으로는 역부족이다. 그래서 빅데이터 전문가들은 반드시 팀으로 움직인다. 팀 활동 시 필요한 것이 바로 팀웍이다. 팀은 개개인의 능력도 중요하지만 팀원들 개개인의 능력치들이 모여 시너지 효과를 낼 때 가장 큰 성과를 거둘 수 있다.

팀원 간의 관계는 나이 여부를 떠나 수평적 관계이다. 내가 팀원으로서 역량을 발휘하기 위해서는 팀원들과의 조화가 중요하다. 팀에 녹아 드는 것은 말로 설명하기는 쉽다. 자기 주장은 소신 것 말하고 남의 의견도 충분히 경청하여 수용할 것은 하고 반박할 것은 반박하면 되는 것이다. 즉, 자기 주장과 상대방에 대한 수용 및 배려가 적절히 조화되어야 하는 것이다. 하지만 이는 어디까지나 이상적인 팀원의 역할을 이론적으로 묘사한 것뿐이다.

팀원이 되기 위해서는 실제 팀 활동을 통해 본인이 체감하는 것이 가장 효과적이다. 따라서 어린 시절부터 이런 팀 활동 참여가 필요하다. 한국의 청춘들은 대학 입시를 위한 사교육에 파묻혀 팀 활동이라는 것을 대학교에 진학하여 공동 과제 할 때가 첫 경험일 것이다. 팀원 역할을 잘하기 위해서는 이론적 교육의 한계가 있기 때문에 팀 활동 또는 단위 프로젝트 참여 활동을 할 수 있는 기회를 적극적으로 찾아 나서야 한다. 이는 지역 봉사활동 단체가 될 수도 있고 시민 단체의 학생부 소모임이 될 수도 있다. 팀 활동을 위해서는 본인이 주장을 확실히 펼쳐야 하는 순간이 있기 때문에 자신의 소신 발언 능력도 함께 배양해야 한다.

가치 투자 능력 배양

가치 투자라 함은 여러 분야에서 다양한 의미로 사용된다. 가장 빈번하게 사용되는 곳이 바로 주식 시장이다. 주식 시장에서 '가치 투자'는 저평가 된 주식을 싸게 사서 나중에 가치가 올라가면 비싸게 팔아 많은 이윤을 남기는 것이다. 부동산 시장에서는 집 값이 많이 오를 것으로 예상되는 곳의 부동산을 사서 추후 가치가 상승하면 이윤을 남기고 파는 것이다. 이들의 공통점을 살펴보면 '가치 투자'란 아직은 가치가 낮지만 향후 값어치가 올라갈 수 있도록 모종의 과정을 거쳐 투자 대비 큰 이익을 보는 것이다. 이런 가치 투자를 통해 세계적인 부호가 된 대표적인 사람이 바로 미국의 투자가 워렌버핏이다.

빅데이터도 유의미한 정보를 제공해 주는 데이터 가치로서 값이 매겨지게 된다. 따라서 빅데이터 수집에 있어서 처음부터 정보의 효용성에 대해 고려해 보고 분류를 해야 한다. 빅데이터를 단순히 만들어 났다고 아무나 사지는 않는다. 이 때 필요한 능력이 바로 빅데이터의 가치를 처음부터 알아보는 능력이다.

수학 올리피아드라는 전 세계 수학 영재들이 겨루는 대회가 있다. 이 대회의 상위권에는 항상 한국 학생들이 포함돼 있지만 미국 학생들은 생각보다 상위권에 들지 않는다. 어느 전문가가 이에 대한 분석으로서 한국은 숫자가 말이든 글자든 간단명료하게 표현되기 때문에 수학에 강점을 보인다고 했다. 예를 들어 10,579를 각각 한국어와 영어로 읽어보라고 한다면 영어 대비 한국어가 얼마나 간단한지 알 수 있다.

가치 투자 능력을 배양하기 위해서는 일단 숫자와 친해져야 한다. 객관적인 지표 판단을 위한 분석에는 많은 통계학적 수치가 활용되기 때문이다. 물론 숫자와 친해진다고 해서 무조건 수학을 잘해야 한다는 뜻은 아니다. 어린 시절부터 자연스럽게 숫자와 친해지고 가치투자 능력 배양을 위해 용돈 운영을 스스로 해보게 한다. 물론 이때 부모는 조언을 지속적으로 해주면 된다. 아이들은 자연스럽게 일상 생활에서 삶과 연계된 숫자를 어떻게 계산해야 하는지 스스로 깨닫는다.

예를 들어 내가 만원이 있는데 이것으로 장난감과 아이스크림을 어떻게 배분해서 사야 하는지 고민해 보고 가장 만족도가 큰 결정을 하게 된다. 물론 아직 어린 친구들은 이런 논리적인 생각보다는 본능에 기반해서 단순하게 생각하겠지만 이런 훈련이 어린 시절부터 된다면 점점 가치투자 능력은 배양될 것이다.

2009년 미국 경제 불황 시기 부동산 가격이 폭락했다. 모두들 경기가 불황이라 숨 죽일 때 투자가들은 이 때를 놓치지 않고 부동산 매입을 오히려 늘렸다. 4~5년 후 미국 경제가 다시 회복되면서 부동산 가격도 경제 불황 전으로 점차 회복 되기 시작했다. 당연히 불황 때 싼 가격에 부동산을 매입했던 사람들은 막대한 수익을 거뒀다. 하지만 투자가들마다 이 수익 규모에도 차이가 발생했다. 수익을 거둔 사람들은 매입 금액보다 2~3배 이윤이 발생했지만 5배 넘게 발생한 사람도 있었다. 이처럼 수익에 있어 차이를 보인 이유는 유사한 집을 샀지만 나중에 그대로 되판 사람과 전면 개조하여 판 사람이 있었기 때문이다. 전자는 그저 오른 가격 내외에서 대금을 받겠지만 인테리어와 조경 공사에 투자해 집을 좀 더 새롭게 만든 사람은 그냥 집을 방치했던 사람 대비 돈을 몇 배를 더 많이 받을 수 있었다. 수익을 많이 거둔 사람은 가치 투자의 의미를 이해하고 있었기 때문에 위와 같은 사전 조치를 취했던 것이다.

빅데이터도 누가 어떤 유의미한 정보를 모아 가치를 올릴 수 있는 작업을 하느냐에 따라 그 가치가 달라지게 된다. 평범한 데이터를 가치 있게 만들 수 있는 능력은 처음부터 타고 나지 않는다. 어린 시절부터 훈련과 사고법의 결과물인 것이다.

3
PART

[신글로벌화와
패권 이동]

━━━ 자본주의 경제에서 세계 교역은 무조건 좋은 것으로 묘사됐다. 한 국가에서 부족한 물자는 그것이 넘쳐나는 다른 국가에서 가져오면 동반 발전할 수 있다는 기조 때문이었다. 산업 혁명으로 대량 생산 체계를 갖추고 교통 수단의 발달로 한 나라에서 생산 되는 공산품이 그 나라에서 모두 소비가 불가능해지자 세계 교역은 기하급수적으로 늘어났다. 이를 위해 각 국가들은 무역 장벽을 허물고 재화의 입출입을 쉽게 하기 위해 자유무역협정을 체결하기 시작했다. 세계 교역량 증가에 따라 이를 전담할 전문 인재들도 배출됐다. 또한 각국의 인재들은 자기 나라에 머물지 않고 글로벌 최고의 회사로 모여들기 시작했다. 이제 세계의 젊은이들은 국적에 상관없이 지구라는 한 무대 안에서 경쟁을 펼치고 있다. 특히 이 경쟁에서 인도 출신의 인재들이 주목 받고 있다. 그들의 경쟁력은 무엇일까? 글로벌 회사들은 다국적 인재들을 바탕으로 더욱 급속하게 성장하고 있다. 하지만 최근 들어 반글로벌화 바람도 만만치 않게 불고 있다. 세계의 패권은 냉전 시대의 종료와 일본의 잃어버린 20년 등 세계적인 사건들에 맞물려 미국을 제외한 나라들의 절대적 지위에도 변화가 생겼다. 특히 중국은 일본을 제치고 세계 2강(G2)의 위치에 올라섰다. 앞으로 10년 혹은 20년 후 미국과 중국은 여전히 현재의 G2 지위를 유지할 수 있을까?

Chapter 01
인도인의 성공 배경

　세계 100대 기업 중 한국 기업을 제외하고 한국인이 CEO 혹은 기업의 주요 임원인 회사가 있을까? 딱히 떠오르지 않는다. 반면 구글의 순다르 피차이Sundar Pichai, 마이크로소프트의 사티아 나델라Satya Narayann Nadella 등 최근 글로벌 IT 기업 CEO에 인도 출신 인재들이 임명되고 있다. 2014년 미국 비벡 와드화Vivek Wadhwa 교수 연구보고서에 따르면 실리콘밸리 스타트업 창업자의 15%가 인도계 사람이었다. 실리콘밸리에서 인도인 창업자의 수는 영국인, 중국인, 대만인, 일본인 등을 합친 것보다 많다. 인도 출신 인재들의 약진 배경은 무엇일까?

　구글과 마이크로소프트 외에도 인도인을 CEO로 영입한 회사는 많다. 글로벌 IT기업에서는 어도비시스템즈Adobe Systems의 샨타누 나라

옌Shantanu Narayen, 샌디스크Sandisk의 산제이 메로트라Sanjay Mehrotra, 글로벌파운드리의 산자이 자Sanjay Jha, LSI 코퍼레이션의 아비지트 탈왈카르Abhijit Y. Talwalkar, 노키아의 라비즈 수리Rajeev Suri 등이 대표적이다.

이 외에도 펩시의 인드라 누이Indra K. Nooyi, 마스터카드의 아자이 방가Ajaypai Singh Banga, 도이치뱅크Deutsche Bank의 안수 자인Anshu Jain 등 제조, 금융, 식품 등의 분야를 가리지 않고 인도 출신 인재들의 최근 활약이 두드러지고 있다.

이들 대부분은 미국 태생이 아닌 인도에서 대학 교육까지 받았다는 것을 고려한다면 더욱 놀라운 사실이 아닐 수 없다. 인도인들이 이렇게 성공할 수 있었던 배경으로는 몇 가지가 꼽힌다.

첫째, IT 기업에서 성공한 인도인 CEO는 모두 공학 전공으로 엔지니어 출신이다. 이들은 MBA[1] 학위를 더해 엔지니어 매니저로 성장할 수 있었다. 이들이 인도에서 대학을 마치고 미국으로 석사나 박사 학위를 위해 진학할 수 있었던 것은 인도공과대학교IIT, 마니팔 공과대학Manipal Institute of Technology 등에서 미국 대학 입학 허가를 받을 수 있을 정도로 경쟁력 있는 공학적 지식을 쌓았기 때문이었다. 즉, 인도인들은 IT 기업에서 필수로 하는 전문 공학적 지식을 갖추는데 소홀하지 않았고 전문경영인으로서 필요로 하는 지식 습득을 위해 MBA 학위과정까지 밟아 전문가적 식견으로 기업을 운영할 근간을 갖췄다. 인도인들은 기회가 올 것을 대비해 젊은 시절부터 자신의 역량 향상을 위해

---

[1] Master of Business Administration, 경영학 석사

끊임없이 노력한 것이다.

둘째, 인도인들은 실제 기업에서 판매되는 제품에 집중된 경력을 쌓았다. 즉 각 기업의 제품총괄을 맡았거나 제품사업부 수장으로서 조직 내에서 성장했다. IT 기업의 특성상 제품의 라이프사이클이 굉장히 빠르고 최첨단 혁신을 지속하면서 위험 관리도 해야 하기 때문에 이를 통해 자연스럽게 CEO로서의 능력을 배양하게 된 것이다. 현재 글로벌파운드리의 CEO인 '산자이 자'는 모토로라 근무 당시 삼성 및 노키아를 비롯한 전세계 핸드폰 운영 체제의 50% 이상의 점유율을 차지하고 있던 '심비안'을 버리고 구글의 안드로이드 운영체제를 과감히 받아들였다. 당시 삼성, 노키아와 같은 업계 선두 주자들은 자체 핸드폰 운영체제 개발에 사활을 걸었지만 운영체제를 안드로이드로 결정한 산자이 자는 하드웨어 개발에 주력해서 결국 시장에서 성공을 거두었다. 이것이 계기가 되어 구글이 125억달러에 모토로라를 인수하게 되었다. 이렇듯 시장의 변화를 감지하고 기업이 나아갈 방향을 제시하면서 과감히 실행하는 개인의 능력이 IT 기업들의 명운을 좌지우지 하게 되므로 이런 인물들이 CEO로 임명되는 것은 당연해 보인다.

셋째, 글로벌 기업 CEO로 임명된 인도인들은 소위 말하는 '금수저' 배경이 아니다. 오히려 소박한 성장기와 겸손함이 그들의 무기이자 경쟁력이 됐다. 인도에서 대학을 마친 이들은 미국 사회의 주류 계층이 아닌 어디까지나 이방인이었다. 아무리 미국이 다양한 인종의 융합체이지만 이방인인 이들이 최상위 권력층으로의 이동하는 것은 어려웠다. 일반 엔지니어로 입사한 인도인들은 조직 사회에서 상위 단계로 올라 갔을 때, 미국의 스타 CEO인 빌 게이츠, 스티브 발머Steve Ballmer, 전 마이크로소프트 CEO, 스티브 잡스, 래리 페이지Larry Page, 구글 모기업 알파벳 CEO 등과 달리 직원들을 거칠게 몰아붙이지 않으며 분쟁을 잘 관리했다. 인도 출신 CEO들은 한국에서 흔히 얘기하는 '덕장'으로서 면모를 가진 것이다. 전 세계 천재들과 괴짜들의 모임인 구글에서 순다 피차이는 파편화된 기업문화에서도 합의를 잘 도출하는 능력으로 유명했다. 안드로이드 수장이었던 앤디 루빈Andy Rubin이 갖지 못했던 이런 능력으로 순다 피차이는 결국 크롬에 이어 안드로이드 수장까지 맡게 되었다.

넷째, 영국 식민지 시대 수혜인 영어 교육이다. 90년간 인도는 영국의 식민지로 지내면서 많은 어려움을 겪었지만 공용어로 사용된 영어는 식민지 시대 이후 지금 세대들이 글로벌 무대에서 경쟁우위에 설 수 있는 기반이 됐다. 이 점이 인구 수로는 우월한 중국인들과의 경쟁에서 인도인들이 앞설 수 있는 강점이 되고 있다. 영어를 공용어로 사용하기 때문에 미국 회사의 전화 상담과 같은 업무를 아웃소싱해 인도 내에서 수행할 수도 있었다. 또한 영국 관리 기술을 습득한 인도는 조직화된 방법으로 회사를 운영하고 팀을 이끌며 산업 조직에서 전문가가 되는 법을 알게 되었다. 이는 다른 선진국들이 오랜 시간 동안 수많은 시행 착오를 거치면 체득한 것들을 단시간에 습득할 수 있는 기회가 된 것이다.

신보호주의 장벽

  2016년 6월 영국이 유럽연합EU에서 탈퇴하는 '브렉시트Brexit'² 라는 역사적 사건이 발생했다. 데이비드 캐머런David Cameron 영국 총리는 "2015년 5월 총선에서 승리하면 EU 탈퇴 여부를 묻는 국민투표를 2017년까지 실시하겠다"고 약속했다. 그리고 총선 승리 후 시행된 국민투표에 참여한 영국 국민의 51.9%가 찬성에 표를 던지며 브렉시트는 현실화됐다. 이는 영국이 1973년 EU의 전신인 유럽경제공동체EEC에 가입한지 43년 만의 일이다.

  영국의 EU 탈퇴는 유럽 재정위기로 촉발됐다. 그리스, 이탈리아, 스

---

2 '영국'과 '탈퇴'의 합성어로 영국의 유럽연합 탈퇴를 뜻하는 말.

페인 등 회원국들의 재정악화로 EU에 내야 하는 영국의 분담금은 커졌다. 하지만 EU 내에서의 입지는 독일이 주도했기 때문에 2인자로 전락한 영국인들로서는 경제적 부담뿐만 아니라 자존심에까지 상처를 입었다. 결국 세계화 물결에 동참했지만 득보다 실이 더 많았다고 판단한 영국 국민의 절반은 '그냥 우리는 문 닫고 우리끼리 잘 살래!'라는 마음을 먹게 된 것이다. EU 시절 국경 없이 사람뿐만 아니라 물자가 자유롭게 오고 갔지만 브렉시트 이후 사람들은 유럽 국경 통과 시 비자를 발급 받아야 하고 물건 수출입시 관세가 발생하는 장벽이 생기게 된다. 영국인들은 이런 불편을 감수하고서라도 지금까지와는 달리 '세계화와 반대되는 노선을 걷겠다'는 굳은 의지를 브렉시트를 통해 표현했다. EU에 소속돼 있으면서도 유로화EUR[3]를 사용하지 않고 끝까지 자국 화폐인 '파운드Pound화'를 고집했던 영국인들다운 결정이다.

2016년 11월 대선을 끝낸 미국은 공화당 대선 후보였던 도널드 트럼프Donald Trump와 민주당 대선 후보였던 힐러리 클린턴Hillary Rodham Clinton이 선거 유세 당시 신보호주의 공약을 내세웠다. 즉, 미국이 세계 각국과 맺고 있는 자유무역협정들로 인해 중산층이나 노동자 계층의 어려움이 가중되고 있음을 강조하면서 본인들이 대통령이 되면 이런 자유무역협정에 대대적인 수정을 가하겠다고 공약했다. 이는 대선에서 일자리 문제를 전면에 내세워 국민들의 지지를 얻겠다는 취지였

---

3 EU 결성 후 12개 회원국은 각국 간에 서로 다른 화폐를 사용함으로써 나라 간 무역 등에 어려움이 따르자 이를 해결하기 위해 EU의 법정 화폐인 유로를 유럽 단일 통화를 제정했다

다. 실제 대선 전 여론 조사 결과 열세였던 도널드 트럼프가 이 정책으로 백인 노동자 계층을 집중 공략함으로써 당선되는 결정적인 계기가 되기도 했다. 트럼프는 대통령에 취임하자마자 환태평양경제동반자협정[4]인 TPPTrans-Pacific Partnership 탈퇴를 선언했다. 세계화의 리더 역할을 했던 미국 수장의 이런 국가 정책 노선 변경으로 세계 교역 정세는 급변하고 있다.

이미 한국에서 미국으로 수출하는 세탁기 제품 대한 반덤핑[5] 처분이 2016년 7월 미국에서 내려졌다. 미국 가전업체 월풀Whirlpool이 2015년 12월 "삼성전자와 LG전자가 중국에서 생산한 세탁기를 미국 시장에 낮은 가격에 판매해 미국 세탁기 제조 산업에 피해를 주고 일자리를 위협하고 있다"고 미국 정부에 진정서를 제출한 결과다. 이는 세계 패권을 두고 다툼을 하고 있는 미국과 중국 간 무역분쟁의 연장선이라고 전문가들은 분석하지만 궁극적으로는 신보호주의 시대의 서막인 것이다. 이 뿐만이 아니라 2016년 7월 미국 국제무역위원회ITC는 한국산 철강 제품에 최대 48%의 반덤핑 관세 부과를 확정했다. 그 이면에는 역시 미국의 자국시장 보호 차원 정책이 자리잡고 있다.

미국의 이와 같은 보호무역주의를 외치는 배경에는 국가전략 차원에서 추진하고 있는 리쇼어링Reshoring 정책이 자리잡고 있다. 리쇼어

---

4 환태평양지역에서 미국이 주도하여 결성하려던 아시아·태평양 지역 12개국 간 지역 자유무역협정.
5 국내 산업의 보호를 목적으로 덤핑업체나 덤핑국가의 수출품에 고율의 관세를 부과해 수입을 규제하는 조치. 이때 덤핑 상품에 부과하는 높은 관세를 반덤핑관세라 함. 이는 어떤 국가의 제품이 정상가격보다 낮은 가격으로 수출돼 수입국가의 국내 산업에 피해를 주는 불공정 무역행위를 방지하기 위한 제도

링은 해외에 나가 있는 기업들을 각종 세제 혜택과 규제 완화 등을 통해 자국으로 불러들이는 정책을 말한다. 싼 인건비나 판매시장을 찾아 해외로 생산기지를 옮기는 '오프쇼어링Offshoring'과는 반대되는 개념이다. 리쇼어링은 미국뿐만 아니라 선진국들이 지금 공통적으로 추진하고 있는 정책이다. 미국은 오바마 정권의 가장 큰 핵심 추진 전략이었던 일자리 자석Employment Magnet 정책을 통해 나라의 부강을 도모했다. 부강해진 미국은 곧 세계 패권자로서의 영속적인 자리를 지키는 것으로 귀결되는 것이다. 이를 위해서는 미국 내 일자리 창출이 지속적으로 이뤄져야 한다. 특히 고용 효과가 큰 제조업 공장들이 미국으로 다시 회귀해야 한다. 높은 인건비 등을 감수하고서라도 회귀한 제조 업체들에 대해서 자국 내 값이 싼 수입산 제품들과의 경쟁을 위해서 정부의 방패막이 필요하다. 이를 미국 등 선진국들은 보호무역주의라는 기치를 내걸고 수행하려는 것이다. 국민들이 모두 잘 먹고 잘 살아 행복해지면 이를 달성한 정권에 대한 지지도는 높아질 수 밖에 없다. 이 때문에 대권을 노렸던 미국의 대선 주자들은 중산층의 지지를 이끌어내기 위해 보호무역주의라는 무기를 꺼내 들 수 밖에 없었다. 트럼프는 이미 애플과 같은 고용 효과가 큰 제조 업체에게 미국으로 돌아오지 않으면 각오를 단단히 해야 한다고 으름장을 놓고 있다.

연일 계속되는 북한의 미사일 발사 위협에 대비해 한국과 미국은 고고도미사일 방어THAAD, 사드 체계 배치 결정을 내렸다. 이를 크게 반발하고 있는 중국이 이미 2016년 초반부터 한국산 제품에 대해 시행하고 있는 비관세 장벽을 한층 높여 무역 보복에 나서고 있다. 이 때문에

한 때 크게 각광받으며 중국 수출을 주도했던 화장품, 화학 제품, 제약 관련 회사 주식들이 큰 폭으로 하락했다. 명분이야 어떻든 중국 역시 겉으로는 자유무역을 존중한다고 하지만 최근 들어 보호무역주의를 강화하고 있다.

이 외에도 과거 한국과 무역 마찰이 없었던 베트남, 인도 등과도 2016년 들어 무역 분쟁 건수가 증가하고 있다. 현재까지 지속되어 온 세계화가 보수주의, 자국 우선주의로 인해 국가간 교류에 있어 앞으로 그 자유도가 크게 떨어질 가능성이 높아질 것이라는 방증이다. 수출 주도형 산업으로 국가 발전을 도모하는 한국으로서는 더 큰 위기들이 다가오고 있다는 것을 의미하기도 한다. 우리나라가 지금까지 추진해왔던 기업과 국가의 발전 전략 모습에 대대적인 변화가 필요한 시기다.

Chapter 03

세계 중심으로
전진하는 중국

과거 값싼 노동력을 바탕으로 세계 각국 기업들의 OEM[6] 공장 역할을 하던 중국은 최근 자체 브랜드화의 기치를 내걸고 내수뿐만 아니라 해외 시장으로 눈을 돌리고 있다.

중국은 이미 LCD TV, 자동차, 유조선, 고성능 화학 제품, 스마트폰, 모바일 게임 등 최첨단 유무형의 제품을 자체적으로 생산하고 있다. 과거 조악한 품질 대명사로 'Made in China'는 조롱의 대상이었지만 지금은 애플의 아이폰이 'Made in China'라고 하면 더 이상 조롱하지 못할 것이다. 과거 미국 시장에 첫 발을 내디뎠던 한국산 제품 역시

---

6 Original Equipment Manufacturing. 주문자가 요구하는 제품과 상표명으로 완제품을 생산하는 방식

'Made in China'와 별반 다를 바 없이 조롱 거리였던 것을 감안하면 정말 격세지감이다.

『중국이 세계를 지배하면When China Rules the World』의 저자인 영국 학자 마틴 자크Martin Jacques는 "2030년이 되면 중국 경제 규모가 미국 경제의 2배가 될 것이고 세계 GDP의 3분의 1을 차질할 것"이라 예상했다. 이는 중국이 자본주의 경제를 도입한지 불과 35년 밖에 되지 않는 상황에서 벌어진 결과다.

잠룡에서 승천하는 용으로

중국은 한국을 비롯한 좋은 롤모델이 많기 때문에 경제 성장 계획을 세우기가 수월하다. 예를 들어 과거 한국이 경공업에서 중화학공업 그리고 최첨단 전자 산업에서 바이오 산업까지 거쳐온 경제 성장 정책을 그대로 답습할 수 있다. 한국 역시 과거 일본의 경험을 그대로 받아들였기 때문에 경제 성장 과정에서 발생할 수 있는 시행착오를 줄이고 단시간에 눈부신 경제 발전을 이룰 수 있었다. 중국의 급성장에 따라 한국은 이제 일본과 중국 사이에 끼여 향후 운신의 폭이 점점 좁아질 것이다.

중국은 과거 한국의 경제발전 과정 상황과 다른 점이 한 가지가 있

---

7 Mergers & Acquisitions, 기업의 인수합병

다. 바로 경제 발전을 위해 막대한 자본을 쏟아 붇는 중국 정부의 지원이다. 이런 정부의 지원을 바탕으로 기업들은 해외 우수 인력 수입, 해외 기업들에 대한 M&A[7] 등을 바탕으로 다른 글로벌 기업들이 수십 년에 걸쳐 축적한 노하우를 단 몇 년 만에 체득하고 있다.

쫓아오는 중국을 바라볼 때 한국은 위기감을 느낀다. 하지만 우리가 오해하지 말아야 할 것은 중국은 한국을 결코 경쟁 상대로 생각하지 않는다는 것이다. 단지, 성장 과정 중에 참고할 만한 사례일 뿐이지 중국의 최종 목표는 미국을 제치고 세계 1위 국가로 올라서는 것이다. 그 이면에는 다음과 같은 생각들이 잠재돼 있다.

몇 백 년 전 세계의 패권을 잡았던 중국은 '중화사상[8] 때문에 스스로 몰락했다. 중화사상은 중화 이외에는 이적이라 천시하고 배척하는 관념으로 자신들이 '천하의 중심이며 가장 발달한 문화를 가지고 있다'는 선민 의식을 가지면서 모든 이민족을 교화하여 세상의 질서를 유지한다는 천하국가관을 낳았다. 결국 중국은 그들의 자만심 때문에 스스로 몰락해서 서양 열강들에게 침략을 당하고 한 동안 세계 역사의 뒤안길에 있었다.

중국은 과거 선조들이 했던 실수를 반복하지 않을 것이다. 따라서 공산주의 체제이면서도 자본주의 경제 체제를 받아들이고 다시 비상하기 위한 준비를 긴 호흡을 가지고 하고 있다. 이를 현실화 하기 위해 중국 정부는 자국의 기업들에 대한 투자를 아낌없이 하고 있다.

---

8 中華思想. 통일적인 민족 문화가 형성됐던 춘추전국시대부터 등장해서 한(漢)나라 시대에 체계화된 자문화 중심주의적 사상으로 화이사상(華夷思想)이라고도 함

걸어가는 한국, 뛰어가는 중국

중국 기업들의 한국 기업들에 대한 추격은 현실화 되고 있다. 2016년 7월, 일본의 니혼게이자이 신문이 발표한 '2015년 세계 주요 상품 서비스 점유율 조사'에 따르면 세계 점유율 1위 제품은 미국이 18개 품목으로 가장 많았고, 일본이 11개 품목, 한국과 중국이 각각 8개 품목으로 공동 3위를 차지했다. 중국은 2014년 시장점유율 1위 제품이 6개로 한국에 이어 4위였었는데 2015년 2개를 추가해 한국과 동률을 이뤘다. 조사 대상은 가전, 통신기기, 조선, 의류, 서비스 등 55개 품목이었다.

⟨표⟩ 세계 주요 상품 점유율 조사　　　　　　　　　　2015년 나혼게이자이 신문

국가	세계 시장 점유율 1위 제품
한국	스마트폰, LCD TV, D램, 리튬이온전지, 낸드플래시 등
중국	감시카메라, 풍력발전기, 태양전지, 세탁기, 가정용 에어컨, 냉장고 등
일본	탄소섬유, 산업용 로봇, CMOS, 리튬이온 전지부품 등

중국이 차지한 1위 품목에는 향후 성장 잠재력이 큰 분야와 과거 한국이 1위였던 분야가 골고루 포진해 있다. 일본 기업들이 1위를 차지한 품목은 중국 기업들과 사업 분야가 거의 겹치지 않는다. 한국과 중국 기업들은 많은 품목에서 겹치기 때문에 향후 중국 기업들의 성장에 따라 한국이 현재 세계 점유율 1위를 차지하고 있는 품목의 개수는 줄어들 전망이다.

한국경제연구원이 2016년 발간한 '한중 양국의 기업경쟁력 분석 및 시사점' 보고서에서도 2007년과 2014년을 기준으로 한중 양국의 상장 기업 비교를 통해 중국 기업들의 약진이 수치적으로 나타나고 있다. 이 보고서에서는 성과지표수익성, 성장성, 자산규모, 연구개발 지표연구개발 비중, 특허출원 수, 국제화 지표해외매출비중, 해외 M&A 금액, 생산성 지표노동생산성 등 4개 지표에 속하는 세부 8개 지표로 평가하고 있다. 그 결과 2014 년 중국 전체 상장기업이 8개 지표 중 5개 지표수익성, 성장성, 자산규모, 특허 출원 수, 해외 M&A 금액에서 한국 기업들을 앞서도 있었다. 예를 들어, 2014 년 중국 상장기업의 매출증가율은 7.66%였으나 한국 상장기업의 매출 증가율은 3.39%로 2배 차이를 보였다. 매출액 상위 30대 상장기업의 경쟁력만 보자면 한국이 앞서고 있다. 하지만 중국이 앞서고 있는 지 표가 수익성, 성장성, 해외 M&A 금액이기 때문에 이를 바탕으로 중국 기업이 한국 기업을 추월해 글로벌 1위로서 올라설 수 있는 가능성이 높다.

중국의 기업 문화 역시 과거와 달리 변하고 있다. 최근 중국 기업들 로 이직한 사람들이 얘기하는 공통적인 키워드는 '속도'와 '돈'이다. 중 국 문화 하면 흔히 '만만디Manmandi'라고 하여 느림의 철학으로 일컬어 지지만 최근 중국 민영 기업들의 속도전은 우리 기업들의 예상을 뛰 어 넘는다. 광둥성Guangdong Province 선전Shenzhen시에 위치한 중국 대 표 전기차 기업인 BYD는 매출의 30%가 스마트폰 부품 등 IT 분야에 서 발생하고 있는데 자사의 납품업체 방문차 BYD에 들른 이재용 삼 성전자 부회장이 BYD의 빠른 업무 추진 속도에 놀랐다는 후문이다.

BYD의 가능성을 높게 평가한 삼성은 2016년 7월 5,000억원 자본 투자를 하겠다고 발표하기도 했다. BYD가 삼성전자 및 화웨이와 같이 빠른 모델 출시를 하는 기업에 스마트폰 부품을 납품할 수 있는 배경에는 리더의 빠른 의사 결정과 신속한 조직 개편이 뒷받침되고 있기 때문이다.

중국 조직 구성원들은 연공 서열이 없고 그 대신 철저히 성과에 따른 보상을 받는다. 이렇다 보니, 높은 연봉을 받기 위해서 성과를 내고 본인의 성과를 대접 받고 싶다면 이직도 서슴지 않는다. 이 같은 분야별 중국 기업들의 발전 속도가 빨라지고 있고 특히 신제품 출시 경쟁이 심한 분야의 발전 속도는 아래 사례와 같이 도드라지고 있다.

LCD 분야

2010년 전까지만 하더라도 LCD TV 시장은 일본, 한국, 대만 3파전 형국이었다. 2010년 이후 현재까지 세계 시장 점유율 1, 2위는 삼성전자와 LG전자가 지켜온 만큼 한국은 세계 최대의 LCD TV 생산국이다. 2010년 이후 중국은 국가 기간 산업으로 LCD 분야를 선정하고 중앙 정부와 지방 정부가 적극적으로 LCD 생산 기업을 후원하기 시작했다. 이렇게 등장한 기업 중 한 곳이 'BOE'이다. 2010년 전까지만 해도 LCD TV 조립 공장에 불과했던 BOE는 현재 삼성과 LG를 위협할

---

9 LCD(Liquid Crystal Display) 패널은 LCD TV의 반제품 정도로 이해하면 된다

수 있는 유일한 LCD 패널Panel[9]공급 업체다. BOE를 비롯한 중국 LCD 기업의 생산량은 이미 한국에 이어 2위를 차지했고 전세계 생산량의 40% 정도를 달성할 것으로 전망되고 있다.

달라진 중국 LCD 기업의 위상을 보여주듯 현재 삼성과 BOE는 전세계에서 가장 큰 LCD 생산 공장 건설 경쟁을 펼치고 있다. 설립된 지 10년도 되지 않은 중국 기업이 전세계 LCD TV 점유율 1위 기업과 과감히 경쟁하고 있는 것이다.

시장 조사 기관 SNE 리서치의 2016년 1분기 LCD 패널 출하량 조사 결과에 따르면 LG 디스플레이가 1,260만대로 1위, 1,100만대를 출하한 BOE가 2위, 1,050만대를 출하한 삼성디스플레이가 3위로 발표됐다. 이렇게 단기간에 중국 LCD 기업들이 성장할 수 있었던 배경은 우수한 해외 인력 스카우트와 핵심 기술 보유 기업에 대한 적극적인 M&A였다.

BOE는 한국 LCD 기업이었던 하이디스Hydis를 인수해 단기간에 성장할 수 있었다. 즉, BOE는 LCD 핵심 기술 4,300여건을 하이디스 인수를 통해 사용할 수 있게 된 것이다. 또한 기존 하이디스 인력 외에 LG나 삼성에서 기존 연봉에 3~5배를 약속하고 스카우트 해온 엔지니어들이 중국 전 지역에서 BOE 공장 설립과 운영을 주도했다. 그 결과 과거 한국이 수십 년에 걸쳐 이룩한 LCD 산업 기반을 단 몇 년 만에 BOE는 달성했다. 과거 북경 BOE 공장 한 곳에만 한국 엔지니어가 300명이 넘게 채용되기도 했다.

LCD 공장 한 곳을 건설하는데 비용이 수 조원이 필요하지만 중국 정부의 아낌없는 투자로 BOE는 필요 자금의 20% 미만으로 사업화가 가능했다. 그 결과 BOE는 중국 국토의 동쪽 끝으로는 북경, 서쪽 끝으로는 내몽고에 이르는 각 거점 도시 별 생산 공장을 10년도 안되어 7곳을 가동 중이고 3곳에 건설 진행 중에 있다.

중국 정부의 이런 과감한 투자는 과거 한국의 정부 주도 경제 성장 정책과 같은 맥락으로 투자금의 50% 이상을 정부가 투자함으로써 개별 기업들의 자금 부담을 줄여줬다.

공장 가동 이후에도 기업이 안정화 될 때까지 정부의 지원은 계속된다. BOE는 2016년 1분기 2,320억원의 영업손실을 기록했지만 분기 결산 자료에는 202억원의 경상수익을 올렸다고 되어 있다. 이는 정부로부터 보조금 2,510억원을 받았기 때문이다.

기업의 자립과 시장 경쟁력 향상 지원을 위해 특정 산업에 대한 정부의 이런 지원책은 당분간 중국 기업이 세계 열강 기업들과 경쟁 틈바구니 속에서 자리잡는데 큰 힘이 되어 줄 것이다.

중국의 중앙 정부와 지방 정부는 이 같은 신산업 투자를 통해 고용과 세금 증가라는 기대 효과를 바로 체감할 수 있다. 부대적으로 중국 LCD 공장에 납품하기 위해 전세계 장비 및 재료 회사 관계자들의 방문으로 이들이 현지에서 소비하는 돈은 낙후됐던 도시가 활력을 찾는 효과도 발생했다. 일례로, BOE의 생산 공장이 가장 많은 안휘성Anhui Province의 수도 '허베이Hefei'시는 BOE 공장 설립 전까지만 해도 중국에서 가장 낙후된 지역 중 하나였다. 하지만 지금은 중국 내에서 가장 빠른 GDP 성장률을 기록하는 도시로 변모했다.

자동차 분야

　12억명의 내수 시장을 바탕으로 한 자동차 산업도 중국 정부가 오랫동안 육성하고 있는 분야다. 자동차 산업은 고용 효과가 클 뿐만 아니라 국산화를 통해 수입 대체를 할 수 있어 국부 유출도 막을 수 있는 효자 산업이다. 중국의 자동차 산업에 대한 국가적 육성 정책의 일례가 과거 자전거와 오토바이를 생산하던 '지리Geely 자동차'가 스웨덴의 '볼보Volvo'를 인수한 경우다.

　불과 몇 년 전까지만 하더라도 중국의 자동차 산업은 자국에서 열린 모터쇼에 유명 브랜드 자동차를 본 떠 만든 일명 '짝퉁모조품 자동차' 전시로 세계인의 조롱거리가 될 정도의 낮은 수준이었다. 하지만 지금 중국 상해모터쇼는 세계 3대 모터쇼다. 특히 세계 유수의 자동차 브랜드들이 세계 최초로 신모델을 공개하는 '월드 프리미어World Premiere' 자리로 상해 모터쇼를 선택할 정도다. 중국 자동차 기업들도 이제는 어엿한 자신들의 정체성을 가진 자체 디자인 모델들을 내놓으면서 급성장을 하고 있다. 중국 자동차 산업의 급성장 배경에는 결정적인 이유두 가지가 있다.

　첫째, 풍부한 자금력을 바탕으로 한 적극적인 M&A를 통해 선진 자동차 회사들의 기술과 마케팅 방법을 습득한 것이다. 이는 과거 어려운 환경 속에서 한 단추씩 꿰어 나갔던 한국 자동차 산업 발전과는 전혀 다른 모습이다. 대표적인 사례가 앞서 언급한 볼보를 인수한 지리 자동차, 쌍용 자동차를 인수했던 상하이 자동차일 것이다. 상하이 자동차의 경우 쌍용 자동차의 SUV 기술 핵심만 취하고 회사를 부도 위기까지 몰아갔다는 비판으로 국내 기업의 회사 M&A에 대한 안 좋은 선례를 남기기도 했다.

둘째, 자동차 생산 관련 숙련공들을 단시간에 많이 배출한 것이다. 중국은 수입차에 대해 높은 관세를 부가해 해외 자동차 업체들이 어쩔 수 없이 중국 내 현지 공장 설립을 할 수 밖에 없게 만들었다. 중국 내수 시장에 대한 매력도가 워낙 컸기 때문에 이런 중국의 제안을 손쉽게 뿌리치지 못한 폭스바겐Volkswagen과 아우디Audi는 일찍부터 중국 현지에서 중국 내수 시장만을 위한 자동차를 생산했다. 그 결과 중국 시장 내에서 두 회사는 높은 점유율을 획득했지만 기술 유출은 어쩔 수 없는 선택이었다. 미국의 뷰익Buick은 회사의 존폐 위기에서 중국 시장에 진출해 고급차 시장 공략한 결과 다시 회생할 수 있었다. 현대 자동차와 기아자동차 역시 중국 현지 생산 공장을 운영 중에 있다. 이처럼 글로벌 자동차 기업들의 중국 공장 설립으로 중국 내에 많은 숙련공들이 배출 됐고, 이들은 중국 자동차 산업의 빠른 성장을 견인하고 있다.

중국산 자동차들은 아직 유럽, 미국, 일본, 한국 자동차 기업에 비해 품질적인 측면은 부족하지만 과거 한국 자동차 기업들 역시 단기간에 성장했기 때문에 중국산 자동차의 품질 향상은 이제 시간 문제일 것이다. 품질 보다는 가격적인 부분이 우선시 되는 버스와 같은 상용차 부분에 있어 중국산 제품의 한국 시장 진출은 '선롱버스'가 2014년 그 시작을 알렸다. 한국에서 선롱버스 제품은 25인승 관광 버스나 마을 버스와 같은 용도로 사용이 되고 있으며 한국산 대비 우수한 가격 경쟁력으로 2015년 9월까지 출시 1년 만에 500대 이상 판매됐다. 선롱버스 뒤를 이어 중국 1위 상용차 회사인 포톤Foton 자동차의 한국 판매를 담당하는 시안자동차가 4륜 디젤 픽업트럭인 '툰랜드Tunland'를 2015년 출시했다 출시 당시 계약 물량만 170여대 였다. 판매 가격은 대당 3,300만원으로 국내 픽업 트럭인 쌍용자동차 코란도 스포츠 최고급 모델인 CX7 2,863만원 보다 오히려 400만원 이상 비싸게 출시된 걸 감안하면 대단한 선전이었다. 시안자동차는 이후 15인승 미니버스인 'CS2'도 국내에 들여와 수요가 많은 학원버스, 식당 영업용 등으로 판매 전개를 노리고 있다.

중국 자동차 회사들이 향후 어떤 정책을 추진할 지 아직은 미지수다. 하지만 적어도 위의 사례만 놓고 본다면 '결코 자국 내수 시장에만 안주하지 않겠다'는 굳은 의지를 확인할 수 있다.

일단 품질적인 부분에서 업그레이드 되야 할 시간이 필요하므로 선진국 자동차 시장에 진출하기 전에 러시아, 라틴아메리카, 아프리카, 동남아시아 등 품질 보다는 가격 우선인 시장 진출을 노릴 것이다. 현대자동차는 중국 자동차 회사들의 행보에 대항해 2015년 '제네시스 Genesis'라는 고급 브랜드를 출시하기도 했다.

정체된 한국 내수 시장보다 해외 시장 개척을 통해 기업을 성장시켜야 하는 현대기아차 그룹은 향후 중국 자동차 회사들의 추격을 어떻게 따돌릴 지가 관건이다.

조선 분야

한국은 일본을 제치고 해양 강국으로서 선박 수주 세계 1위 지위를 한동안 누렸었지만 이제 그 지위를 중국에 넘겨주게 될 위기에 처했다. 2016년 4월, 한국 조선업체들이 창사 이래 최초로 월간 수주 0척을 기록한 가운데 중국 조선업체들이 전세계 선박 발주량의 48%를 획득했다. 2016년 상반기 선박 수주량을 보더라도 중국이 점유율 49%, 한국은 5%로 구조조정 한파에 시달리고 있는 한국 조선 업계와 중국 조선 업계가 대조를 이뤘다. 중국은 풍부한 내수 시장 및 세계 유수 기업들과의 전략적 제휴를 통해 세계 선박 수주량 1위 자리를 위협하고 있다. 반면에 IMF 당시에도 끄덕 없었던 한국 조선업 불황의 골은 깊어지고 있다. 한국 대표 선박 제조 기업이었던 대우해양조선, 현대중공업 등은 몇 조 단위의 연간 손실이 발생했고 한 때 급성장했던 STX 조선은 부도를 맞게 됐다.

조선 산업의 역사를 거슬러 올라가보면 18세기부터 1960년대 초까지 250여 년간 영국을 포함한 유럽이 조선 시장을 장악했었다. 1956년부터 약 40년 간 일본이 조선 시장 1위를 차지했고 이후 세계 조선 시장 1위는 한국이 차지했다. 그로부터 20년도 되지 않아 시장 주도권은 다시 중국으로 넘어가고 있다. 영국이나 일본이 조선업에서 주도권을 잃고 나서 다시 회복하기 위해 보조금 등의 정책을 써가며 노력 했으나 스스로의 한계를 깨닫고 결국 포기했었다. 그 한계라 함은 바로 선박 제작과 조립에 투입되는 비용부분이었다. 막대한 노동력이 필요로 하는 조선업 특성상 인건비가 상승하는 선진국에서 이 분야에서 경쟁력을 가져가기란 쉽지 않다. 한국 역시 영국과 일본에 비해 기술력이 부족했음에도 불구하고 초기 조선업 시장에 성공적으로 진입할 수 있었던 것도 결국은 가격 경쟁력 때문이었다. 이런 조선업의 흥망성쇠 역사가 다시 한국과 중국 사이에서 벌어지고 있다. 그렇다면 과거 해양 선진국은 지금 조선업 중 어떤 사업 부분을 영위하고 있을까? 바로 '설계'와 같은 고부가가치 분야에 집중하고 있다. 한국이 선박 다음으로 차세대 조선 산업으로 육성했던 해양플랜트Off-shore Plant[10]는 설계뿐 아니라 부품도 모두 다른 특수성 때문에 제각각 다른 설계도로 제작된다. 이는 유정마다 원유, 가스 매장량과 성분이 모두 다르고 수심, 지반 종류 등도 달라 이를 염두 해 둬야 하기 때문에 진입이 쉽지 않은 분야다. 한국은 해양플랜트를 차세대 육성 산업으로 선정했지만 핵심이 되는 설계 분야는 여전히 해외에 의존하고 있다. 조선업에서 설계가 중요한 이유는 설계 기간 역시 제품 전체 생산 일정에 포함되므로 설계가 늦어질 경우 정해진 생산 기일을 맞출 수가 없기 때문이다. 선박이나 해양플랜트는 납기일이 정해져 있기 때문에 납기 지연이 발생할 경우 발주처로 지연배상금을 제공해야 하므로 수익 감소가 발생한다. 설계 업체가 주도권을 쥐고 있고 진입 난이도가 높기 때문에 조선 선진국과 후진국을 구분하는 경계가 되고 있다.

---

10 바다에 매장돼 있는 석유, 가스와 같은 해양 자원들을 발굴, 시추, 생산해내는 활동을 위한 장비로 해양 생산설비라고도 부름

한국의 해양플랜트 사업 형태만 보면 중국이 한국보다 못할 이유가 없다. 한국과 똑같이 설계도는 해외에서 받아오고 납기일 준수를 위해 한국보다 값싼 노동력을 많이 투입하더라도 한국 업체 대비 저렴하게 납품이 가능하므로 수주할 확률이 높다. 물론, 해양플랜트 생산에 대한 노하우 차이가 있겠지만 한국 역시 처음부터 노하우가 있었던 것은 아니기 때문에 이는 시간이 지남에 따라 격차가 줄어들 문제다.

다른 분야이기는 하지만 제조업에서 중국의 힘을 보여 주는 사례가 있다. 애플은 공장이 없다. 애플은 설계만 하고 생산은 대만 기업인 폭스콘에 주로 맡긴다. 왜 하필 많은 기업 중 폭스콘이 애플의 파트너가 되었을까? 시차로 인해 일하는 시간대가 다르고 언어 장벽도 있어 함께 일하기에는 불편한 아시아 외주 생산 기업을 선택한 애플의 속내를 폭스콘 담당자 면담을 통해 알 수 있었다. 애플은 전 세계를 대상으로 제품을 판매하기 때문에 제품 수요에 대해 예측하기가 힘들고 신제품 출시일에 대해 세계적으로 공표를 하므로 반드시 지켜야 한다. 만약, 생산 파트너가 미국 기업일 경우 이를 지키기가 어렵다. 왜냐하면 생산 일정 단축 시 논리를 가지고 그들과 싸우고 협상해야 하기 때문이다. 하지만 대만 기업이자 중국에 공장이 있는 폭스콘의 경우 애플 업무 시간에 폭스콘 책임자에게 전화 한 통을 걸면 중국 현지 시간은 새벽임에도 불구하고 애플의 요구 조건을 당장 수용한다. 그리고 그 책임자는 기숙사에 자고 있는 노동자들을 깨워 늘어난 생산량과 당겨진 납기 일정을 맞추기 위해 노동자들을 추가 근무에 투입 시킨다. 중국의 생산 유연성을 단적으로 보여 주는 부분이다. 물론 이와 같은 비인간적인 처우 때문에 2010~2011년 폭스콘의 중국 심천 공장 노동자들이 처우 개선을 주장하면서 일주일에 한 명씩 자살을 선택해서 전 세계로부터 애플과 그 생산 기업인 폭스콘에 대한 비난을 일으키기도 했다. 하지만 이런 행태는 과거 한국 경제 발전 단계에서도 보여줬던 모습이고 이를 다시 중국이 반복하고 있는 것이다. 즉, 한국의 경제 발전 모습을 답습하고 있는 중국이 결국 조선 산업에서도 한국을 추월할 것은 당연해 보인다. 그 이유는 과거 한국 조선업과 달리 중국은 충분한 자금력도 확보하고 있고 튼튼한 내수시장을 바탕으로 한 자국 내 선박 수요도 풍부하기 때문이다. 한국 조선업계는 대부분의 선박 수주를 해외에 의존한다. 따라서 세계 경기가 어려워져 물류량이 감소가 발생하면 선박 수주량도 감소한다. 하지만 제조업 위주인 중국은 세계 경기가 어려울수록 값싼 자국 제품을 찾는 수요가 늘어난다. 따라서 자국 물건을 세계로 실어 나르는 선박 수요량은 오히려 늘어난다.

물론 중국 조선업 역시 현재의 위치에 올라서기까지 탄탄대로만 있었던 것은 아니다. 중국에서 조선업이 뜨자 너도나도 모두들 조선업에 뛰어들어 몇 년 전부터 과다 경쟁 체제에 돌입했다. 그 결과 선박을 수주할 때 받는 계약금을 선박 판매 금액의 1% 혹은 전혀 받지 않는 업체들도 생겼다. 한국 업체들이 통상적으로 계약금을 10% 정도 받는 것 대비 파격적이라 할 수 있다. 이는 업체 간 경쟁이 심해지면서 중국 조선업의 건전성에도 큰 해를 끼치기 되었다. 중국 정부는 2013년부터 대대적으로 조선 업계에 대한 구조 조정을 국가 차원에서 단행했다. 부산발전연구원이 2016년 6월 27일 발표한 BDI 정책포커스를 통해 중국의 이러한 조선 업계 구조 조정을 한국은 교훈 삼아야 한다고 주장했다. 조선업 구조조정을 통해 중국 조선업의 메카 장수성의 최고 기술력 보유 기업이었던 정허조선소가 법정 관리에 들어갔고 상해시 민영조선소였던 동팡중공도 파산했다. 이를 계기로 중국 조선업체들도 선박을 무조건 많이 만들기 보다는 경쟁력 있는 조선기술을 많이 확보해서 벌크선Bulk Carrier[11] 중심에서 고부가가치 선박 건조에 목표를 두게 됐다. 중국 정부는 경쟁력 있는 조선 업체 60곳을 선정해 집중 육성하고 중국 내 발주 선박을 중국 업체 우선 배정하는 정책을 펼쳤고 이 과정에서 경쟁력이 없다고 판단되는 기업은 설령 국영기업이라고 해도 과감히 시장에서 퇴출시켰다. 한국보다 먼저 시작된 중국의 이런 조선업 구조 조정은 단시간 내에 효과를 기대할 수 없을지 모른다. 하지만 이런 자구 노력을 바탕으로 중국 조선업의 경쟁력은 향상 될 것이고 이를 바탕으로 향후 세계 조선업 판도에서 분명 중국이 한국과 대등한 위치에 올라설 수 있을 것이다.

스마트폰 분야

LCD, 자동차, 선박 등 그 동안 한국이 경쟁 우위에 있다고 생각했던 산업의 주도권이 점차 중국으로 넘어갔거나 넘어가고 있다. 현재 세계

---

11 Bulker라고도 부르며 포장하지 않은 화물을 그대로 적재할 수 있는 화물전용선을 말한다. 석탄전용선, 광석전용선, 시멘트전용선, 곡물전용선 등이 있다

시장 점유율 1위를 고수하고 있는 한국의 스마트폰과 반도체 역시 중국의 추격으로 조만간 풍전등화의 위기가 닥쳐올 것으로 예상된다. 현재 전세계 스마트폰 시장 점유율 1위인 삼성전자는 2015년 중국 진출 이후 처음으로 시장 1위 자리를 내주더니 연말에는 5위 밖으로 밀리는 수모를 당했다. 그 사이 중국 메이커인 화웨이Huawei, 중국 대표 통신 장비 및 스마트폰 제조사, 샤오미Xiaomi는 삼성전자를 밀어내고 중국 내수 시장 점유율 1, 2위 및 세계 시장 점유율을 끌어 올렸다. 2016년에는 오포Oppo가 화웨이를 밀어 내고 시장 1위로 올라서면서 중국은 현재 스마트폰에 있어 자국 브랜드들의 춘추전국시대를 구가하고 있다.

어느 미래학자 중 한 사람이 "삼성전자가 다음 단계로 성장하기 위해서는 빨리 제조업인 스마트폰 사업을 중국으로 넘겨야 한다"고 주장했던 바가 현실이 될까 우려된다. 이는 중국 기업들의 도약도 원인이 겠지만 전세계 스마트폰 시장 자체의 성장률이 감소하고 있기 때문이기도 하다. 즉, 더 이상 스마트폰 분야가 과거와 같이 황금알을 낳는 시장이 아니라는 것이다. 시장조사업체인 가트너Gartner가 2016년 6월 발표한 2016년 전세계 스마트폰의 예상 판매량은 15억대로 2015년 대비 7% 성장한 규모다. 이는 2015년 스마트폰 시장 성장률 14.4%의 절반에 밖에 이르지 못하고 있다. 2020년에는 스마트폰 시장 규모가 19억대로 늘어날 것으로 전망하고 있으나 이는 과거 두 자리 수 성장과 달리 매년 한 자리수의 시장 성장 밖에 못할 것이라는 예상이다. 이미 주요 스마트폰 시장인 북미, 서유럽, 일본과 아시아태평양 주요 국가들이 90%의 스마트폰 보급률을 기록했다. 더구나 하드웨어와 소프트웨어 성능이 향상 및 안정화돼 과거처럼 성능 업그레이드나 고장 때문에 스마트폰을 주기적으로 교체해야 하는 수요도 점차 줄어들고 있다. 향후 스마트폰 시장 성장이 예상되는 부분은 인도나 아프리카에서 100달러 미만의 저가 제품들이 주종을 이룰 것이기 때문에 누가 중저가폰을 잘 공급할 수 있느냐가 관건이다. 이점에서 중국은 다른 어떤 나라보다 강점을 가지고 있다.

애플 제품만 10년 넘게 OEM했던 대만 기업 홍하이 그룹 산하 폭스콘이 2016년 4월 일본 전자 업계의 자존심이자 세계에서 가장 큰 LCD 생산 공장을 보유한 샤프를 우여곡절 끝에 3조 9,845억원에 66% 지분 확보 통해 인수했다. 샤프는 1912년 설립돼 우리가 잘 알고 있는 필기구 '샤프 펜슬' 최초 개발 기업이다. 이 외에도 계산기와 LCD 그리고 카메라폰까지 세계 최초로 개발한 기업으로 현재까지도 세계에서 가장 좋은 화질의 LCD 패널을 생산하고 있다. 샤프의 LCD 패널은 삼성 TV 및 애플의 아이폰과 아이패드에도 채용되었다. 이에 비해 폭스콘은 1974년 설립된 홍하이 정밀공업의 자회사로 주문자 상표 부착 생산 분야 세계 최대 기업이다. 2015년 SK텔레콤에서 국내에 출시했던 일명 '설현폰' 역시 폭스콘에서 생산된 제품으로 인기를 끌었다. 폭스콘은 스마트폰 OEM에서 벗어나 자체 브랜드 생산을 위한 수직계열화 일환으로 LCD 생산 공장인 샤프를 인수했다. 이어 2016년 5월 미국의 마이크로소프트가 가지고 있던 과거 핸드폰 1위 업체였던 '노키아'의 스마트폰 생산 공장을 인수했고 브랜드 사용권까지 취득했다. 폭스콘으로서는 신생 브랜드를 만드는 것보다 남미나 아프리카, 인도 등에서 아직까지 높은 인지도를 유지하고 있는 노키아 브랜드를 사용하는 것이 시장 진입에 있어 교두보를 쉽게 마련할 수 있다고 판단한 것이다.

중국은 이제 스마트폰을 외국 기업으로부터 위탁 받아 단순 조립·생산하는 체제에서 벗어나 세계 스마트폰 시장 석권을 목표로 중국 브랜드 정체성이 들어간 독자 모델들을 출시하기 시작했다. 2016년 4월 화웨이 소비자부문 최고경영자CEO 위청둥은 신제품 발표 회장에서 "앞으로 4~5년 이내에 전 세계 스마프폰 시장에서 애플과 삼성을 뛰어넘어 세계 1위가 되겠다"라는 포부를 밝혀 업계를 놀라게 했다. 그리고, 화웨이가 보유한 '4G 이동통신 업계 표준 관련' 특허 11건을 삼성이 침해했다고 미국과 중국에서 현금 배상을 요구하는 소송을 제기했다. 소송의 목적이 '글로벌 1위 업체를 상대로 도전장을 냈다'는 것으로 브랜드 위상을 높이기 위한 노이즈 전략일 수도 있다. 하지만 그냥 무시할 수 없는 것이 화웨이는 매년 매출액의 15%92억달러를 연구개발에 투자하고 있으며 2015년 12월 기준 5만 377개의 특허를 보유하고 있다.

〈표〉삼성, 화웨이 스마트폰 판매 실적   2016년 1분기

	스마트폰 판매량(2016년 1분기)	판매량 전년 동기 대비	시장 점유율
삼성	8,190만대	0.6% 감소	24.6 → 24.5%
화웨이	2,750만대	58.4% 증가	5.2 → 8.2%

과거 삼성 역시 처음 스마트폰을 출시했을 때만 해도 세계 시장 점유율이 5% 미만이었다는 것을 감안한다면 앞으로의 화웨이를 비롯한

중국 기업들의 성장은 우리 기업들에게는 큰 위협이 될 것이다. 한국의 스마트폰 수출 감소는 단순히 삼성이나 LG와 같은 기업 한두 곳만의 문제가 아니다. 스마트폰 속에 들어가는 각종 부품을 생산하는 한국의 중소 기업들에게도 영향을 미치고 궁극적으로는 수출의 상당 부분을 차지하는 산업이므로 국가 경제력 약화에도 지대한 영향을 줄 수 있는 중대 사안이다.

반도체 분야

반도체는 미래에도 고성장이 예상되는 산업 분야다. 반도체는 4차 산업혁명의 핵심이 될 인공지능, 사물인터넷, 빅데이터, 가상 & 증강현실 기기, 전기자동차 및 자율주행차 등장으로 그 용도가 점차 확대되고 있기 때문이다. 예를 들어 과거 IT 기기 위주의 반도체 사용 분야가 점차 전자 제품에 가까워지고 있는 자동차 '전장전기·전자 장치 부품'의 핵심을 담당하고 있다. 이에 따라 삼성전자 및 LG전자도 '전장 부품' 사업단을 새로 신설하여 시대 흐름에 부흥하고자 하고 있다.

한국은 현재 반도체 중 D램 분야에서 세계 시장 점유율 1위를 유지하고 있다. 한국 첨단 제조업의 최후 보루로 여겨지는 반도체 산업이 앞으로도 지금과 같은 경쟁력을 유지할 수 있을까?

2016년 7월 중국 푸젠성Fujian Province 산하 기업인 푸젠진화반도체JHICC는 푸젠성 진장에서 D램 공장 착공식을 열었다. 초기 투자금은 약 6조3,000억원으로 2018년부터 32나노 D램을 웨이퍼반도체 원재료인 실리콘 기판 기준으로 월 6만장씩 생산할 계획이다. 푸젠진화반도체는 D 램 제조기술을 세계 3위 파운드리반도체 수탁생산 업체인 대만 UMCUnited Microelectronics Coporation에서 받기로 했다. 이번 중국 D램 생산 공장 착공에는 세계 1위의 파운드리 업체인 대만의 TSMCTaiwan Semiconductor Manufacturing Company도 투자를 한 것으로 알려졌다. 물론 20나노 D램을 생산하는 삼성전자 대비 기술 수준은 낮고 생산량 역시 10분의 1도 되지 않지만 중국 기업들이 그 동안 반도체 산업에 대한 투자 검토만 하다가 실제 사업 시작을 알리는 사건이므로 앞으로의 행보를 주목할 필요가 있다.[12]

이 외에도 중국 XMCWuhan Xlnxin Semiconductor Manufacturing가 사명 변경는 후베이성 우한에 미국 사이프레스Cypress와 손잡고 3D 낸드플래시 라인 건설에 약 28조를 투자하여 착공한다. 2018년 양산을 목표로 웨이퍼 생산량을 현재 월 2만장에서 20만장으로 10배 늘린다는 계획이다. 또, 칭화유니그룹Tsinghua Unigroup Ltd은 메모리반도체 분야에 약 35조원 투자 계획을 밝히면서 향후 5년간 연구개발 분야에만 약 8조8,300억원을 투자한다고 한다. 삼성이 평택에 조성하고 있는 반도체 공장에 대한 투자 금액은 15조7,000억원이므로 이를 바탕으로 중국 기업들의 투자 규모를 확인할 수 있다. 칭화유니그룹은 미국 마이크론Micron과 샌디스크Sandisk 인수를 추진했지만 불발됐고 2015년 SK 하이닉스에게 협력 의사를 타진하기도 했다. 중국 주요 반도체 제조사 중 하나

---

12 2016년 7월 18일자 한국경제

인 중심국제직접회로제조SMIC는 약 634억원에 이탈리아 반도체, 집적 회로 제조사인 L파운드리LFoundry의 지분 70%를 2016년 6월 인수했다.

중심국제직접회로제조는 이를 통해 자동화, 산업전력 등 분야에 반도체 공급을 늘릴 예정이고 이 인수를 통해 자사 생산능력이 13% 향상될 것으로 전망했다. 중국 LCD 생산 메카로 떠오를 안후이성 허베이시에는 일본의 반도체 설계업체인 시노킹테크놀러지가 안후이성 정부와 공동으로 약 8조1,600억원을 투자해 D램 반도체 공장 설립 계획을 밝혔다. 이처럼 중국의 반도체 산업에 대한 굴기가 본격적으로 시작되고 있다.

세계 최대 반도체 소비국인 중국전세계 사용량 40%은 민간 기업뿐만 아니라 중앙 정부와 지방 정부가 나서 반도체 산업 육성에 적극적으로 임하고 있다. 중국은 2020년까지 반도체 산업을 세계 수준으로 끌어올리겠다는 청사진을 밝히고 있다. 지금까지 중국의 반도체 자체 공급율은 전체 소비 물량의 2.6% 불과해서 반도체 산업 육성이 과거 LCD, 자동차에 이어 막대한 수입 대체와 고용 증대 효과를 기대할 수 있다. 이에 중국 정부는 반도체 기금으로 향후 10년간 175조원을 조성해 반도체 산업 육성에 투자하겠다고 발표했다.

중국의 반도체 산업 수준은 한국과의 기술 격차가 10년 이상이라고 전문가들은 평가하고 있지만 과거 중국 LCD 산업 육성과 같은 방법으로 해외 고급 인력 수입을 통한 반도체 산업 육성 방안을 마련한다면 이 격차는 단숨에 줄어들 것이다. 이를 위해 중국 반도체 기업들은 삼성전자와 SK하이닉스의 엔지니어들에게 기존 연봉의 3~5배를 보장하고 최소 5년의 계약 기간을 제시하면서 한국 반도체 고급 인력을 본격적으로 스카우트 준비를 하고 있다. 실제 중국 기업들로부터 의뢰받은 헤드헌터들이 삼성전자와 SK하이닉스 공장 근처에 사무실을 얻고 물밑 접촉을 시작했다고 한다.

핵심 도면이나 기술 자료를 기업으로부터 반출하는 것은 불법이지만 개인이 해외 기업으로 취업하는 것은 막을 방법이 없다. 한국 반도체 고급 인력들의 머리 속에 들어 있는 노하우와 지식 그리고 한국에서 사용했던 동일한 장비를 구매해서 사용 한다면 앞서 얘기한 것처럼 한국과 중국 간의 기술 격차는 단숨에 좁혀질 수 있을 것이다. 더 이상 애국심에 호소해서 개인들의 해외 진출을 막을 수 없으므로 향후 한국의 반도체 산업의 향방이 그리 밝지 만은 않다.

특히 중국은 자국 반도체 산업의 단기간 성장을 위해 자체 개발만을 고집하지 않고 있다. 안후이성 허베이에 건설하는 D램 생산 공장의 경우 칩설계는 일본시노킹테크놀로지, 양산과 공장 운영은 대만폭스콘, 자본 제공은 중국이 담당하여 3국 연합 체제를 구성하여 한국에 대항한다는 것이다.

여기에 한국의 고급 엔지니어들까지 더해진다면 중국의 반도체 산업이 한국 업체들과 경쟁할 수 있는 궤도 권에 올라서는 것은 시간 문제일 수 있다.

드론 분야

최근 드론 강국으로 부상하고 있는 국가는 미국과 중국이다. 중국 매체에 의하면 전세계 유통되는 드론 10대 중 7대가 중국산이라고 한다. 전세계 민간 드론 시장 규모는 1,000억달러로 추정되며 향후 10~20년 안에 드론의 황금시대가 열릴 것으로 예측하고 있다. 드론의 활용도는 항공촬영, 영화 및 뉴스 제작, 야생동물 보호 영역 감시로 점차 확대되고 있다.

드론 분야에 있어 중국 정부와 민간 투자 모두가 활발하다. 공산당 총서기 겸 국가주석인 시진핑과 국무원 총리인 리커창은 기회가 될 때마다 외국 사절들에게 자국의 신성장 동력인 로봇과 드론 산업 분야에 대해 홍보를 하고 있다. 중국은 2015년 광동성 선전시에서 수출한 드론 제품 판매 금액만 약 5,600억원을 기록해서 2014년 대비 720% 폭증세를 보였다. 한국으로 진출도 활발해서 중국 드론 업계 1위인 DJI_{상업용 드론 시장 점유율 70% 이상}은 서울지사를 홍대 인구에 개설해 주목을 받았다. DJI는 여기서 그치지 않고 2016년 8월 경기도 용인시에 중국에도 없는 실내 드론 경기장인 'DJI 아레나'를 열었다.

중국 선전시가 드론 산업의 메카로 부상하게 된 데는 정부의 지원이 결정적인 역할을 했다. 선전시는 지방 정부 차원에서 드론 산업을 중점 육성대상으로 선정하고 드론 산업기지 건설 등을 지원하고 있다. 이를 위해 '선전시 항공우주산업 발전규획_{2013~2020년}'을 제정했다. 또한 산업계 역시 2015년 6~8월 선전시 지역에서 적용할 드론 관련 7개 표준을 마련했다. 이를 통해 향후 국가 및 국제 표준을 추진하겠다는 원대한 포부도 가지고 있다.[13] 한국이 2016년 6월에서야 한강에 민간 드론을 날릴 수 있는 첫 비행장을 개설한 것에 비하면 드론 분야에 있어 중국의 발 빠른 행보는 한국과의 격차를 갈수록 벌릴 것으로 보인다.

중국은 군사용 드론 개발에도 박차를 가하고 있다. 2025년까지 약 18조원을 투자해서 세계 1위의 군사용 드론 생산국으로 등극하겠다는 목표를 세우고 있다. 이미 '익룡'이라고 닉네임이 붙은 군사용 드론 CH-4를 개발해서 장거리 비행 능력을 보여줬고 무인공격기 H-3와 WJ-600도 실전 배치해서 운용하고 있다.[14]

모바일 게임 분야

게임 산업은 컴퓨터와 게임 전용 기기[15]에서 스마트폰이나 태블릿PC와 같은 IT 기기에서 즐길 수 있는 모바일 게임으로 중심축이 이동했다. IT 기기에 애플리케이션 형태로 다운 받을 수 있는 모바일 게임은 과거 어느 게임보다 전세계 사용자들의 접근 편의성을 높였다. 왜냐하면 모바일용 게임은 과거 컴퓨터 게임처럼 비싼 가격을 주고 소프트웨어를 구매하거나 게임 전용 기기처럼 기계와 별도의 소프트웨어 구매

---

13 뉴스핌, 2016년 6월 21일자
14 주간조선, 2016년 5월호
15 닌텐도의 DS, 소니의 플레이 스테이션, 마이크로소프트의 XBOX 등

없이 단 몇 천원에 자신이 가지고 있는 IT기기에 다운 받을 수 있기 때문이다. 이는 사용자들의 편의성이나 경제적 부담 측면에서 과거 여타 게임에 비해 비약적인 발전을 이룬 것이다.

큰 게임 소비 시장을 가진 중국 기업들 역시 이 분야 진출을 노려 왔으나 기존 해외에서 출시된 게임들의 아성에 밀려 모방 게임 정도만 양산해 왔다. 하지만 최근 거대 자본을 등에 업은 중국의 IT기업들이 모바일 게임 시장 진입을 위해 승부를 걸고 있다. 2015년 매출이 18조원으로 마이크로소프트나 소니 보다 많았던 중국의 텐센트Tencent[16]는

---

16 중국 국민 메신저 프로그램 위챗(WeChat)과 QQ메신저 개발사

17 League of Legend. 2009년 10월 서비스가 시작된 온라인 대전게임. 한국에서는 2012년 1월 서비스 개시

'리그오브레전드LoL[17]를 개발한 미국의 라이엇 게임즈Riot Games를 2015년에 인수했고 2016년에는 '클래시 오브 클랜COC, Clash of Clans. 2012년 8월 서비스 개시' 게임으로 유명한 핀란드의 슈퍼셀Supercell까지 인수했다. 당초 슈퍼셀은 지분의 73%를 일본의 소프트뱅크가 보유하고 있었으나 텐센트가 이를 전량 인수했으며 여기에 추가 지분 포함 총 84.3% 지분을 확보했다약 9조9,000원에 해당하는 금액. 슈퍼셀 인수를 통해 텐센트는 PC와 모바일 모두 전세계 1위 게임사로 올라서게 됐다. 10년전만 해도 한국 게임회사 넥슨과 스마일 게이트의 PC 게임을 중국 내수시장에 공급하던 즉, 게임 수입상에 불과했던 텐센트가 단 몇 년 만에 성공 가도를 달려 이처럼 놀랍게 성장한 것이다.

게임회사로 텐센트의 성장 배경에는 국내 중견 게임회사였던 아이덴티티게임즈Eyedentity Games를 인수하면서 기술력을 흡수했던 것이 주요했다. 이처럼 중국 게임 회사들은 세계적인 게임 회사 인수를 통해 모바일 게임 시장에 뛰어 들고 있다. 중국의 작은 게임 회사들조차 한국의 모바일 게임 스타트업 기업을 인수하거나 개발 인력을 스카우트해서 사업을 확장하고 있다. 막강한 내수 시장과 자본력에 이어 기술 경쟁력까지 확보한 중국 게임 회사들이 이제 게임 강국이라 자부해 왔던 한국마저 어느새 추월을 눈앞에 두고 있다. 스마트폰 애플리케이션 시장은 국경도 없고 수출입 장벽도 없는 분야이다. 게임 산업은 제조업과 달리 아이디어와 제품 개발력만 있다면 손쉽게 세계 시장 우위를 점할 수 있고 부가가치와 성장성이 높다. 향후 이 분야에서 중국 기업들의 약진은 멈추지 않을 것이다.

Chapter **04**

희소성에 주목하라

한 동네에서 모든 것을 해결했던 자급자족 시절에는 굳이 다른 동네 일까지 관심 가질 필요가 없었다. 하지만 우리 동네에는 없고 다른 동네에 있는 물건을 얻기 위해 내 것과 남의 것을 교환하기 시작한 물물교환의 규모가 커지면서 유럽인들은 신대륙을 찾아 미국과 인도, 중국에까지 이른다. 이처럼 과거 재화의 이동이 세계화를 부추겼다면 현대는 재화뿐만 아니라 돈, 지식, 정보 등이 실시간으로 세계를 무대로 유통되고 있다.

세계를 여행하다 보면 한국인이 얼마나 좁은 공간에서 서로 아등바등 거리며 살아가는지 알 수 있다. 『경제 지식이 미래의 부를 결정한다』의 저자 김성철은 이를 두고 다음과 같은 의견을 피력했다.

"큰 판으로 옮겨가야 몸 값을 올릴 수 있다. 큰 판으로 옮긴다고 해서 두 배의 노력이 필요한 것은 아니다. 배용준이 일본으로 진출했다고 2배로 몸 관리를 한 것은 아니며, 최홍만 선수가 씨름에서 종합격투기 K1으로 갔다고 해서 두 배로 더 열심히 운동한 것은 아니다. 자신의 희소성을 인정 받을 수 있는 큰 판으로 옮겨 가는 것이 자신의 몸 값을 올릴 수 있는 길이다."

좁은 한국 땅에서만 경쟁하지 말고 경쟁의 무대를 전 지구로 넓히라는 얘기다.

결국, 우리도 희소성 있는 누군가가 돼야 한다. 한국에서 자신의 희소성을 인정 받지 못한다면 해외로 진출하는데 주저하면 안 될 것이다. 그러기 위한 선행 조건에 대해 다음과 같이 생각해 보고자 한다.

세계인과 소통

한국에서 70~80년대 초·중·고등학교 학생들이 해외에 있는 학생들과 펜팔 하는 것이 유행했던 적이 있었다. 요즘 세대들에게는 '펜팔'이라는 용어 자체가 낯설 것이다. 펜팔은 손으로 직접 쓴 편지를 서로 우편으로 주고 받는 것이다. 필자 역시 중학교에 막 입학해 영어를 배우기 시작할 무렵 호주에 사는 또래의 학생과 펜팔을 시작하면서 영어에 대한 흥미를 갖기 시작했다. 이렇게 국제 펜팔은 영어 공부에 대한 자연스러운 동기 유발을 할 수 있는 아주 좋은 방법이었다. 같은 지구

촌에서 살아가지만 피부색, 언어, 문화가 전혀 다른 사람들을 알게 된다는 것은 정말 흥분된 일이 아닐 수 없다.

역사적으로 보더라도 문화는 다른 문화와 융합해 새로운 것을 창출하면서 계속 발전해 왔다. 과거 침략으로 규정된 전쟁이 어두운 면도 있지만, 서로 달랐던 나라가 하나가 되면서 새로운 문화가 창출되는 계기가 되기도 했다. 현대 사회에서는 이처럼 굳이 전쟁을 치르지 않더라도 외국 문화를 접하고 받아들일 수 있는 다양한 길이 열려 있다.

한국 거주 외국인이 300만명을 넘어서고 있다. 다문화 가정이 벌써 30만 가구가 넘어섰고 외국인들이 한국말로 진행하는 케이블 TV 프로그램이 인기다. 이렇게 변화된 환경 때문에 외국에 나가지 않더라도 국내에서 과거보다 외국인 친구를 만드는 것이 보다 수월해 졌다. 외국인 친구를 통해 우리는 직접 그 나라에 가지 않더라도 그 나라의 언어와 문화를 자연스레 습득할 수 있다. 이는 '우물 안 개구리'에서 벗어날 수 있는 좋은 기회가 된다.

한국은 지금까지 세계에서 유래를 찾아 볼 수 없을 정도로 오랜 시간 단일 민족 단일 문화를 유지해 왔다. 경제 발전을 추구하던 시기 애국심에 근간하여 똘똘 뭉칠 수 있는 강점으로 작용했다. 즉, 한민족으로서 국가 발전 목표라는 공감대를 두고 모두 하나가 되어 앞으로 나아갈 수 있었다.

하지만 4차 산업혁명 시대에는 하드웨어적 성장보다는 소프트웨어적 성장이 주목 받는다. 즉, 세계의 문화를 이해하지 않고는 개인이나 국가의 발전에 한계를 맞을 수 밖에 없다. 어린 시절부터 자연스럽게 해외 문화를 경험한 친구들은 해외 진출에도 거리낌이 없다. 한국이 처한 위험은 그 해결책을 한국 내에서 찾는데 한계가 있다. 안에서 답을 못 구할 경우, 우리는 밖에서 안을 들여다 봐야 한다. 그리고 한정된 기회밖에 주어지지 않는 한국 내에서 우리는 서로 경쟁할 필요가 없다. 훨씬 더 넓은 땅에서 우리를 기다리는 수많은 기회가 있기 때문이다. 그 시발점이 바로 세계인들과의 소통이다. 꼭 특정 나라에 가서 직접 친구를 사귀지 않더라도 한국에서 외국인을 접하고 사귀어 가는 과정에서 어떻게 다양성을 받아들여야 하는지를 알게 되는 것으로 출발하면 된다.

소통의 도구

세계인들과 소통할 수 있는 방법은 예전과 비교할 수 없을 정도로 쉬워졌다. 이제 우리는 스마트폰으로 유튜브Youtube, 페이스북facebook 또는 인스타그램Instagram과 같은 애플리케이션만 실행하면 세계인들과 만날 수 있다. 이처럼 해외에서 개발된 소셜네트워크 프로그램을 통해 나라 밖에서 벌어지고 있는 것을 실시간으로 쉽게 접할 수 있다. 반대로 내가 동영상이나 이미지를 올려 주변에서 벌어지는 일을 세계에 알릴 수도 있다. 처음부터 세계 진출을 고려하지 않았던 가수 싸이의 강남스타일이 전세계적으로 선풍적인 인기를 누릴 수 있었던 것도 역시 유튜브의 힘이었다. 바꿔 말하면 내가 가진 무언가를 큰 돈 들이지 않고 언제 어디서든 세계로 알릴 수 있는 수단이 바로 이런 소셜미디어다.

소셜미디어의 중요한 특징은 과거와 달리 쌍방향 소통이 가능하다는 점이다. 즉, 지구 반대편의 사람도 내가 올린 정보에 피드백이 가능한 것이다. 이런 소셜네트워크와 소셜미디어를 통해 우리는 한국이라는 물리적 속박을 벗어버릴 수 있다.

비록 자금은 없지만 좋은 아이디어만 있다면 소셜미디어를 통해 전 세계로부터 투자금도 받을 수도 있다. 바로 '크라우드펀딩Crowd Funding'이라는 것이다. '대중으로부터 자금을 모은다.' 뜻의 크라우드펀딩은 소셜미디어나 인터넷 등의 매체를 활용해 자금을 모으는 새로운 투자 방식이다. 트위터, 페이스북과 같은 SNS를 적극 활용해 홍보하기 때문에 '소셜펀딩'이라고도 불린다. 아이디어는 있지만 자금이 없는 예술가나 사회활동가 등이 자신의 창작 프로젝트나 사회공익프로젝트를 인터넷에 공개하고 익명의 다수에게 투자를 받는다. 다만, 목표액과 모금기간이 정해져 있어 기간 내에 목표액을 달성하지 못하면 후원금이 전달되지 않기 때문에 창작자는 물론 후원자들도 프로젝트 홍보에 적극적이게 된다. 국내 포털사이트 다음Daum에서 운영하고 있는 '스토리펀딩'이 대표 사례라 할 수 있다. 이 때 필요한 것이 세계인들과의 소통이다.

국내에서만 후원금 달성이 부족할 경우 해외에서도 후원을 받을 수 있고 이를 통해 해외 진출 역시 노려볼 수 있는 일석이조의 효과도 있다. 크라우드펀딩은 투자자가 수만원에서 수십만원의 적은 금액으로 투자할 수 있기 때문에 투자자 입장에서도 부담이 없다.

전세계 사람들이 언제든 접속해서 세계적인 화제의 인물이나 명강의를 무료로 볼 수 있는 'TED'라는 프로그램 있다. TED 출연진들을 통해 내가 한국에서 습득하지 못했던 새로운 분야에 대한 정보나 지식 그리고 세계적인 흐름을 알 수 있다. 뿐만 아니라 오염되어 가는 지구, 멸종해 가는 동물들 등 한 국가의 힘만으로 해결이 불가능한 사안에 대해 지구인 모두의 아이디어를 모을 수 있다. TED 강연 현장에는 세계적인 석학이나 CEO들이 참석해서 의견을 교환한다. 일례로 '데이터와 놀아서 좋은 일 몇 가지Good things about playing with it'이라는 제목의 강연으로 미디어 아티스트 민세희씨가 TED 무대에 섰을 때 객석에는 마이크로소프트 창업자 빌 게이츠가 있었다. 이는 우리가 전에 경험해 보지 못했던 세계인들과의 소통 방식이다.

외국어를 배우는 목적

스마트폰용 번역이나 통역 애플리케이션의 성능이 일취월장하고 있다. 과거 단어 정도의 번역에서 이제는 문장을 번역하고 번역된 문장을 발음도 해 준다. 한국어 한 문장을 몇 개국어로 변환도 가능하다. 이 뿐만 아니라 구글 번역기를 이용하면 웬만한 해외 웹사이트 번역에도 문제가 없고 네이버에서 만든 통역 프로그램 파파고는 몇 개국어로 실시간 통역을 해준다. 그 결과 외국어를 못해 제약 받던 해외 여행이나, 해외에서 물건을 사는 '직구' 시 언어적 제약 요인이 점차 사라지고 있다. 즉, 언어로 인한 국가간 장벽은 기술의 발달로 조만간 사라질 것이다.

그럼에도 불구하고 우리가 외국어를 배워야 하는 이유는 무엇일까?

사람은 기계처럼 '0과 1' 밖에 모르는 디지털이 아닌 아날로그적이다. 동시 통역 서비스가 발달하더라도 이는 어디까지나 임시적인 방편일 뿐이다.

과거 영어를 가르치는 호주인 강사로부터 이런 얘기를 들은 적이 있다. 본인이 지도하는 중학생 이하의 학생들은 대화할 때 눈을 마주치는 것에 대해 거부감 없이 자연스럽다고 했다. 반면에 성인들의 경우 본인과 눈을 10초 이상 마주치는 사람이 거의 없다고 했다. 처음에는 자기를 싫어하거나 집중하지 못하는 줄로 알았다고 한다. 하지만 나중에 이는 한국에서 일종의 예의를 바탕으로 한 문화라는 것을 알았다고 했다. 본인처럼 한국 문화를 이해하면 다행이지만, 그렇지 않은 외국인이었다면 한국인들은 무례하거나 산만한 사람으로 치부될 수 있다고 했다.

결국 아무리 동시 통역 서비스가 발달하더라도 사람간의 대화는 결국 서로 눈을 마주보며 얘기해야 관계 형성을 할 수 있다. 그리고 대화는 단순히 언어의 교환이 아니라 대화 과정에서 그 사람의 표정 변화, 몸짓 등 비언어적 표현 방법이 의사 전달의 상당 부분을 차지하고 있기 때문에 기계에 의존한 대화는 제대로 된 대화라 보기 어렵다.

이런 측면에서 본다면 자국민이 아닌 외국인과 친구가 되거나 사업적 파트너가 되기 위해 동시 통역 서비스는 부가적인 서비스는 될 수 있으나 관계 형성의 제일 중요한 공감대 형성에는 큰 도움이 되지 못할 것이다. 이는 기계나 프로그램이 대신해 줄 수 없는 부분이다. 그리고 외국어를 구사하기 위해서는 단순히 언어만을 배우는 것이 아니라 그 국가의 역사, 지리, 문화 등 다채로운 것을 받아들여야만 능숙한 의사 소통이 가능할 것이다. 공감대 형성 없이 지속적이고 깊이 있는 대화를 나누기는 힘들기 때문이다.

발전된 기술은 오히려 다른 방향에서 미래의 외국어 교육에 활용될 수 있을 것이다. 즉, 정보통신기술과 외국어 교육의 만남을 통해 현재보다 쉽게 외국어를 습득할 수 있는 길이 열릴 것이다. 초등학교 때부터 시작된 한국의 영어 교육이 대학교 때까지 이어지지만 정작 외국인을 만나면 입이 얼어버리는 영어 학습법은 지금과는 판이하게 달라져야 할 것이다. 해외 어학 연수나 유학 경험자들에게 그 나라 언어를 빨리 습득하려면 어떻게 해야 하냐고 질문했을 때 공통적으로 얘기하는 것이 하나 있다. 바로 한국인들이 없는 지역으로 가라는 것이다. 이 말인 즉 외국어에 많이 노출될수록 언어 습득이 빨라진다는 것이다.

해외 어학연수나 유학이 불가능한 사람들은 어떻게 해야 할까? 이들에게 필요한 기술이 바로 VR Virtual Reality와 AI 인공지능이다. VR은 가상현실을 구현하는 것을 말하는 것으로 특수 안경을 착용하고 3차원의 가상세계를 경험할 수 있기 때문에 꼭 외국을 가지 않더라도 그 곳에 간 것처럼 느낄 수 있다. 여기에 인공지능을 통해 가상 외국인들을 설정하고 그 사람들과 하루에 얼마씩 대화를 하는 것이다. 즉, VR기기만 착용하고 있다면 무한정한 외국 환경에 노출될 수 있다. 여기에 인공지능 선생님이 내가 하는 언어의 잘못된 문법이나 발음을 일대일로 지도해 주니 지금까지의 어떤 외국어 학습보다도 효과적일 것이다.

신글로벌화를 대비하는 우리에게 필요한 것 중 하나가 '다양성의 포용'이다. 이 다양성을 배우기 위한 가장 좋은 방법이 바로 외국 문화를 경험하는 것이다. 이에 대한 선행 조건이 바로 외국어를 배우는 것이다. 그리고 우리는 지금까지와는 다른 방법으로 외국어를 배우게 될 것이다.

개발도상국 현지 전문가

한국 학생들이 일반적으로 유학을 희망하는 나라는 선진국인 미국, 영국, 일본, 독일 등이다. 선진국 유학은 과거 한국이 가진 역량이 부족했기 때문에 선진 문물을 받아들여 나라와 개인 발전에 기여할 수 있는 좋은 방안이었다. 물론 현재까지도 이는 아직 유효하다.

한국은 미국과 중국에 대한 무역 비중이 절대적으로 높다. 하지만 선진국들이 신보호주의 장벽을 통해 한국과의 교역량이 줄어들게 되면 수출을 통해 경제 발전을 하는 한국은 큰 타격을 받을 수 밖에 없다. 또, 2016년말부터 사드 배치 문제로 중국과 갈등이 생기면서 한국의 대중국 수출에 직접적인 타격이 발생한 것처럼 정치적 이슈가 발생할 때마다 수출 차질은 순식간에 빚어진다. 신보호주의 등장으로 미국과 중국으로의 교역량은 지금보다 획기적으로 늘어나는 것은 한계가 있을 것이다. 따라서 신시장을 개척하지 못할 경우 한국의 대외 무역량은 정체를 맞게 될 것이다.

그렇다면 차세대 한국 무역 시장으로 떠오르는 곳은 어디일까? 한국에서 생산하는 대부분의 품목이 공산품이기 때문에, 그 공산품을 사용할 인구가 많은 곳이어야 한다. 물론 인구 증가와 함께 늘어난 인구들이 충분한 구매력이 있어야 한다. 그런 측면에서 봤을 때 전문가들은 차기 거대 시장으로 떠오를 곳으로 아시아를 지목하고 있다. 인도를 비롯 베트남, 미얀마, 태국, 필리핀 등 젊은 노동 인구와 소비 인구가 공존하는 아시아 대륙이야 말로 향후 미국과 중국 시장의 대안으로 떠오를 것이라는 대해서는 큰 이견이 없다.

우리는 지금까지 우리보다 발전한 나라에서 그 나라를 배우기 위해 유학을 갔다. 우리보다 경제력이 약한 나라에 대해서는 별 관심이 없었다. 하지만 세계의 패권이 변하고 소비 시장이 이동할 미래에 우리는 선진국 말고도 알아야 할 국가들이 많다. 즉, 앞으로는 유학의 목적이 지식 습득이 아닌 해당 국가의 이해로 변화해야 하는 것이다.

앞으로 대미, 대중 의존도를 줄이기 위해서는 한국이 교역량과 교류를 늘려야 할 곳은 개발도상국이 될 것이다. 따라서 이들 국가에 대한 현지 전문가 육성이 필요하다. 예를 들어 한국에서 성공한 외식업체가 해외 진출을 위해 베트남 문을 두드릴 때 베트남 사람보다는 베트남을 잘 아는 한국 사람과 함께 일하고 싶어 한다는 것이다. 하지만 한국은 현재 개발도상국 수준에 머물러 있는 아시아 국가들에 대해서는 현지 전문가 층이 얇다. 앞으로 이런 나라에 진출하기 위해서는 현지인들과 한국을 이어줄 사람이 반드시 필요하다. 한국의 청년들은 현재의 가치보다 미래 가능성을 보고 이런 나라들에 미리 진출해서 현지 전문가로 성장한다면 이들 국가의 발전과 함께 발전할 수 있을 것이다. 이미 선진국들은 이런 아시아 국가들의 가능성을 보고 투자를 시작했으며 특히 중국은 과거 실크로드의 영광을 되살리기 위해 주변 국가로의 투자와 인재 파견을 아끼지 않고 있다.

현지 전문가라 하면 적어도 해당 국가 내에 인적 네트워크를 구성할 수 있어야 한다. 현지 전문가가 되는 가장 좋은 방법은 해당 국가에서 학교를 다니면서 동기나 선후배들과 친분을 쌓은 것이다. 그리고 사회에 진출했을 때 각 분야에서 친분 있는 인맥과 협력 관계에 맺을 수 있을 정도의 사람이 현지 전문가라 할 수 있다. 미래를 향한 눈은 선진국만을 바라볼 것이 아니라 개발 도상국으로도 향해야 한다.

글로벌 물류 디자이너

유엔은 전 세계 인구가 2050년에는 83~109억 명에 이를 것으로 예측하고 있다. 늘어난 인구만큼이나 전 세계 교역량은 현재보다 증가될 것이다. 교역을 위한 운송 방법 중 가장 많은 화물을 실을 수 있는 방법은 해상이지만 제약 요소가 많다. 반드시 컨테이너 선적 및 하역을 할 수 있는 대형 항구가 있어야 하고 태풍과 같은 천재지변 시 운송 지연이 발생한다. 또 상대적으로 운송 기간이 길고 습도와 염분으로 제품에 손상을 가져오기도 한다. 항공은 빠른 속도를 자랑하지만 한 번에 수송 가능한 화물 수량이 제한이 있고 운송비용도 높다. 이 두 가지 운송 방법의 대안으로 육로 운송 특히 그 중에서 철도를 이용한 방법이 최근 다시 조망 받고 있다.

어느 나라든 철도 시설은 완비 되어 있지만 각국의 이해 충돌로 지금까지는 철로로 국경을 넘는 일은 일부 국가를 제외하고 쉽지 않았다. 하지만 국가의 이익을 위해서는 이념 싸움도 잠시 접어두는 시대가 되었다. 최근 각국들이 체결하고 있는 자유무역협정이 이를 대변한다. 자유무역협정이 체결되었다면 다음은 재화가 물 흐르듯 자연스럽게 흐르는 것이다.

여기에 가장 공을 들이고 있는 나라는 중국이다. 중국은 넓은 국토로 인해 러시아와 북한을 비롯한 수많은 국가들과 국경을 맞대고 있다. 국경을 맞댄 국가들과 도로와 철도를 연결해 중국 내 생산 품목을 전 세계로 실어 나르고 있다. 특히 최근 개통된 중국발 유럽행 열차는 기존 한 달이 걸리던 해상 운송 시간을 15일로 단축했다. 중국은 자국 내에서도 거미줄과 같은 철도망을 구축해 각 지방에서 생산되는 제품을 한데 모아 유럽행 열차에 실어 내보내고 있다. 이 때 유럽행 기차는 중앙아시아를 가로지른다. 중앙아시아를 가로지르면서 중국산 제품들은 이곳에도 뿌려진다. 이천년 전 닫혔던 실크로드가 철도를 통해 다시 열고 있는 것이다. 앞으로 중국 내 소비 한계로 갈 곳 없는 중국산 공산품들은 이렇게 신실크로드를 따라 퍼질 것이다. 더불어 해상 대비 철도의 운송 비용이 더 저렴하기 때문에 중국산 제품의 가격 경쟁력은 더 높아질 것이다. 이는 물류 시스템의 혁신을 가져온 중국 물류 디자인 전문가들의 작품이다.

한국도 국내에서 생산되는 제품을 해외로 판매하기 위해 지금 이 순간도 많은 영업 사원들이 전세계에서 활동하고 있다. 거래가 성사된다면 물건을 해외로 보내야 한다. 이때 어떤 경로와 수단으로 물건을 보낼지 물류 전문가들에게 자문을 구한다. 조금이라도 저렴한 경로로 이동해 판매한다면 마진을 높일 수 있기 때문이다. 신흥 도상국들과의 거래량 증가까지 감안한다면 새로운 물류 루트를 개척할 사람들이 필요하다. 배, 비행기, 철도 등 이동 수단은 많다. 하지만 어떤 방법이 가장 효과적이고 저렴할지에 대해서는 끊임 없이 물류 전문가들이 길을 개척해야 한다. 한국은 이런 글로벌 물류 전문가 양성에 관심이 적다. 2017년 2월 세계 10대 해운기업이었던 한진해운이 파산하면서 그나마 보유 중이던 해상 물류 전문가들이 갈 곳을 잃었다. 제품의 생산, 판매 못지 않게 중요한 것이 물류다. 물류 전문가는 현재 정형화된 교육 방법이 없기 때문에 다양한 경로를 통해 양성될 수 있을 것이다. 또한 나라와 한 나라를 잇는 가교 역할을 해야 하기 때문에 가만히 앉아서 이론 교육만으로 글로벌 물류 전문가가 될 수 없다. 물류 전문가가 되기 위해서는 무역법에도 능통해야 하고 새로운 물류 루트 개발을 위한 도전정신도 가지고 있어야 한다. 신글로벌 시대를 맞아 우리에게는 더 많은 물류 전문가들이 필요하다.

4
PART

[환경의 역습]

한국의 계절이 예전과 달리 봄과 가을이 짧아지고 여름과 겨울이 길어지고 있다. 그래서 4~5월 말에도 기온이 많이 상승해서 여름에나 가동하던 에어컨을 사용하기 시작한다.

4~5월 밤에는 그래도 온도와 습도가 여름보다는 낮기 때문에 밤에 잘 때는 창문을 열 수 있다. 하지만 최근 몇 년 전 부터 밤에 창문 열고 자기가 불가능한 날들이 늘어나고 있다. 그 주범은 바로 '미세먼지'다. 이제는 파란 하늘을 볼 수 있는 날도 점차 줄어들고 있다. 아이러니하게도 인류 문명이 발달하고 풍요로워질수록 우리의 자연 환경은 점차 나빠지고 있다. 우리는 환경을 파괴하면서 그 반대 급부로 풍요로움을 누리고 있는 것이다. 결국 가장 좋은 환경 개선은 모든 것을 다 내려 놓고 다시 과거로 되돌아가면 된다. 하지만 인류는 본인들이 획득해 온 것들에 대해 쉽게 포기하지 못한다. 그 결과 드디어 환경은 인류 발전이란 미명 아래 자기를 무시해온 우리에게 대규모 역습을 감행해 왔다.

Chapter 01

불안한 물과 공기

그 동안 한국은 경제 발전에만 매진한 결과 환경 보전이나 보호에 대해서는 항상 뒷전이었다. 개발과 환경 보호가 대립하는 순간 국가나 지방 정부는 일단 개발의 손을 들어줬다. 환경 문제는 1~2년과 같은 단시간 안에 눈으로 보이는 결과가 없기 때문에 더더욱 사람들의 관심 밖으로 밀려 나갔다.

대기오염

필자가 어렸을 때는 '미세먼지' 또는 '오존경보'라는 단어 자체를 들어보지 못했다. 하지만 90년대 후반 이후 오존경보가 도심 전광판에 경고로 뜨기 시작했다. 몇 년 전부터는 미세먼지 경보가 예보되면서 사람들이 마스크를 쓰고 다니는 장면이 더 이상 낯선 풍경이 되질 않았다.

한국의 심각한 미세먼지 수준은 측정 결과로 여실히 드러난다. 2016년 4월 경제협력개발기구OECD가 발표한 '2016년 더 나은 삶 지수Better Life Index'에서 한국은 대기환경 부분에서 34개 회원국을 포함한 조사대상 38개국 중 최하위를 기록했다. 이 보고서에는 한국의 평균 초미세먼지PM 2.5 농도는 29.1㎍/m2로 OECD 평균 14.05㎍/m2의 두 배에 달했으며 세계보건기구WHO 지침인 10㎍/m2의 3배 수준이었다. 참고로 공기가 가장 깨끗한 호주의 미세먼지 측정결과는 5.9㎍/m2이었다.

여기서 평균이란 단어에 함정이 숨어 있다. 우리나라 전 지역을 대상으로 한 공기 중 초미세먼지 측정결과이기 때문에 실제로 우리가 생활하는 환경에서는 이 보다 더 높을 수 있다는 것이다. 이에 대한 결과를 증명하는 연구 결과가 발표됐다. 광주과학기술원GIST 박기홍 교수 초미세먼지 저감 사업단장팀은 "도심 안에서 미세먼지 농도가 급격히 높은 핫스팟고농도 구역이 존재하고 미세먼지를 연중 측정하는 측정소의 농도와 각 개인이 노출되는 곳의 농도는 전혀 다르다"라고 발표했다. 박 교수는 또 "미세먼지의 오염원과 바람의 방향, 건물 등의 지형적 영향에 따라 '고농도 구역'이 존재한다"고 했다.

실제 주택가 근처 미세먼지 핫스팟에서 측정한 결과, 세계보건기구 권고기준25㎍/m2보다 5배 이상 많은 135㎍/m2이었다. 더 큰 문제는 미세먼지를 구성하고 있는 성분들이다. 이번 조사에서 미세먼지의 성분을 분석한 결과 WHO가 정한 대표적인 발암물질인 0.4㎛ 크기의 블랙카본, 황, 칼륨 그리고 카드뮴이 검출됐다. 카드뮴의 경우, 사람 몸에 쉽게 축적돼 호흡곤란과 심폐기능 부진 등 치명적인 부작용을 일으킬 수 있는 독성 금속물질이다.

오존Ozone, O3농도 역시 문제가 되고 있다. 2016년 들어 서울에 총 6차례 오존주의보가 내려졌다2014년 10회, 2015년 3회 오존주의보 발령. 오존주의보는 오존농도가 시간당 0.12ppm 이상일 때 발령이 되고 광역자치단체는 이때 실외활동 자체 요청을 한다.

오존농도가 좋고 나쁨의 기준은 다음과 같다. 일평균 0~0.030ppm은 좋음, 0.031~0.090ppm은 보통, 0.091~0.150ppm은 나쁨, 0.151ppm 이상은 매우 나쁨이다. 오존농도 '좋음'부터 '매우 나쁨'까지를 예보하는 제도는 1997년부터 서울, 부산 등 6대 도시에서 실시되고 있다. 오존은 호흡 곤란, 두통, 기관지염 등 인체에 각종 질병을 일으키는 '광화학 스모그'의 주요 구성 물질이고 디젤 자동차 배기가스가 가장 큰 원인으로 지목되고 있다.

대기권에 있는 오존은 적당량일 경우 강력한 산화력으로 살균, 탈취작용에 도움을 주기 때문에 우리 주변에서 공기정화기, 주방용품 살균장치에 활용된다. 하지만 오존농도가 일정 기준 이상일 때는 안구, 호흡기 질환을 일으키며 농작물 수확량까지 감소시킬 수 있다. 또, 오존농도가 '주의보' 단계 수준에 사람이 1시간 이상 노출되면 눈, 코에 자극을 느끼고 호흡도 가빠지는 증상이 나타날 수 있으며 기침을 자주

하게 된다. 두통과 불안감도 유발할 수 있다.[1]

2016년 봄 OECD는 미세먼지와 지표면 오존 증가로 인한 사회적 비용을 계산한 '대기오염의 경제적 결과The economic consequences of outdoor air pollution' 보고서를 통해 한국의 심각한 대기오염 문제를 경고하면서 적극적인 대응을 촉구했다. 만약 한국이 지금부터라도 대기오염에 대해 제대로 대처하지 않을 경우, 약 40여 년 뒤인 2060년경에는 OECD 회원국 가운데 대기오염으로 인한 조기 사망률이 가장 높고 경제적 피해도 가장 클 것으로 예상했다. OECD는 2060년까지 대기오염으로 인한 조기 사망자 수가 크게 증가할 것으로 예상되는 국가로 한국을 포함 인도, 중국, 우즈베키스탄과 같은 중앙아시아 국가를 꼽았다.

현재 인구 100만 명당 조기 사망률은 일본이 468명으로 가장 많았고 유럽연합 주요 4개국인 영국, 프랑스, 독일, 이탈리아가 412명, 한국이 359명, 미국이 299명이다. 하지만 대기오염을 그대로 방치할 경우 2060년에는 한국이 359명에서 1,109명으로 3.1배 급증할 것으로 보고서는 예상했다. 또한 유럽, 러시아, 미국, 캐나다 등 주요 국가들은 2060년까지 대기오염으로 인한 조기 사망자 수가 크게 늘지 않지만 OECD 회원국 중 한국만이 증가할 것이란 보고서의 전망이다. 공기가 가장 맑은 호주와 뉴질랜드는 2060년에도 95명에 그쳐 대기오염으로 인한 조기 사망률이 한국의 8.6%에 불과했다. OECD 가입 국가가 아닌 개발도상국으로는 인도가 100만 명당 사망자가 508명에서 2,039

---

1 연합뉴스, 2016년 6월 28일자

명으로 4배, 중국은 662명에서 2,052명으로 3배 증가할 것으로 예측했다. OECD는 미국과 서유럽 국가는 청정에너지와 저공해 교통수단 사용 노력으로 조기 사망률이 낮아지는 반면 인도, 중국, 한국 등은 인구 집중, 도시화 등으로 차량과 공장으로부터 배출되는 오염원으로 인해 사망자가 증가할 것으로 분석했다.

대기오염으로 인한 경제적 손실은 의료 비용 증가와 노동생산성 저하로 볼 수 있다. OECD는 대기오염으로 인한 2060년 한국의 연간 GDP 손실은 0.63%로, EU 주요 4개국 손실은 평균 0.11%, 미국은 0.21%, 일본은 0.42%, 중국은 2.63%로 예상했다.

수질오염

심각한 수질오염 사례로 자주 등장하는 것이 일본에서 발생했던 '미나마타병'이다. 1932년 신일본질소비료의 미나마타 공장에서 아세트알데하이드를 생산하기 위해 수은 성분의 촉매를 사용했다. 여기서 부산물로 나온 메틸수은이 함유된 폐수가 정화 처리를 하지 않은 상태로 바다에 버려졌고, 이 메틸수은이 물고기를 통한 생물농축 과정을 거쳐 이들을 섭취한 인근 주민들에게 수은 중독 현상이 나타났다. 수은 중독은 주로 중추신경에 문제를 일으켜 손발이 저려 걷는 것도 힘들게 되고 심한 경우 경련이나 정신착란을 일으켜 결국은 사망에까지 이른다. 증상이 나타난 후 3개월 후에는 중증 환자의 절반이 사망했다. 처음에는 많은 환자가 어부 가정에서 나왔기 때문에 일종의 풍토병이라고 치부했지만 1959년 구마모토 대학 의학부 미나마타병 연구반이 이 증상의 원인을 메틸수은 중독이라고 발표했다. 또한 수은을 배출한 곳이 신일본질소비료 미나마타 공장이라고 지적했으나 회사는 이를 부인했고 이로 인해 대책 마련이 늦어졌다. 일본 정부가 미나마타병과 공장 폐수와의 관계를 인정한 것은 1968년이 되어서였다. 미나마타병 50주년을 맞는 2006년 4월 30일 미나마타병 희생자 314명의 이름이 새겨진 위령비가 세워졌다.[2]

이와 유사한 수질오염 사고가 한국에서도 벌어졌었다. 1991년 3월 14일 경북 구미시 구포동에 위치한 두산전자의 페놀Phenol 원액 저장 탱크에서 페놀수지 생산라인으로 연결된 파이프가 파열되었다. 회사의 관리소홀로 빨리 발견하지 못해 15일 아침까지 30톤의 페놀 원액이 낙동강 지류인 옥계천으로 흘러 들어갔다. 수돗물에서 악취가 난다는 대구시민들의 신고가 빗발쳤고 조사결과 두산전자는 1990년 10월부터 페놀이 함유된 다량의 악성폐수 325톤을 옥계천에 무단 방류해 온 사실도 추가로 드러났다. 당시 분노한 시민들은 두산 제품 불매운동을 벌였고 국회가 진상조사에 나서자 정부는 대구지방환경청 공무원 7명, 두산전자 관계자 6명을 구속하고 관계공무원 11명을 징계하는 등 환경사고로는 유례없는 문책인사를 단행했다. 하지만 환경처는 수출에 지장을 준다는 이유로 같은 해인 4월 8일 두산전자의 조업

---

2 두산백과

재계를 허락해 줬지만 보름 만인 4월 22일 페놀 원액 2톤이 페놀 탱크 송출 파이프 이음새 파열로 다시 유출되는 사건이 발생했다. 이 사건으로 두산그룹 박용곤 회장이 물러났고 환경처 장관이 경질됐으며, 두산은 대구 시민들에게 배상액 10억1,800만원을 배상했다. 당초 배상 청구 건수 1만3,475건, 배상 요청 금액 170억100만원 정부는 이후 각종 특별법 등을 만들었지만 제대로 시행되지 못해 1994년 1월 다시 낙동강 수원지에서 다량의 벤젠과 톨루엔이 검출되고 수돗물에서 악취가 심하게 나는 사건이 발생했다.[3]

미국에 가면 가장 낯선 것 중 하나가 집안 어디에서든 수도꼭지를 틀어 물을 받은 후 바로 마시는 것이다. 현재 한국에서는 상상할 수 없는 광경이다. 하지만 필자가 어린 시절 체육 시간이 끝나고 교실에 들어가기 전 수돗물을 한껏 들이켰던 것이 불과 30년도 되지 않았다고 하면 그 사이 한국의 수질이 얼마나 나빠졌는지 짐작할 수 있다. 당연히 그 당시에는 사먹는 생수라는 것은 상상할 수도 없었다. 물론 현 정부에서는 한국의 수돗물은 충분히 안전하기 때문에 그냥 마실 수 있다고 하지만 그 말을 신뢰하는 국민은 별로 없는 것 같다.

수질오염의 양상은 과거보다 한층 더 복잡해졌다. 대기오염으로 인해 빗물이 대기오염원들을 땅과 강 그리고 바다로 끌어내린다. 땅에 내린 빗물은 다시 지하수로 흘러 들어 우리들의 식수원에 유입되므로 직접적인 오염이 없더라도 이와 같은 현상으로 수질오염은 지속적으

---

3 한국 근현대사 사전

로 증가하고 있다. 매년 환경부에서 조사하고 있는 빗물의 산성화도 증가하고 있는 것이 이를 뒷받침하고 있다. 여기에 추가로 지구온난화까지 겹치면서 한국의 강에서 예전보다 녹조 현상이 많이 발생하고 있다. 녹조 현상이란 부영양화[4]된 유속이 느린 하천에서 녹조류와 남조류[5]가 크게 늘어나 물빛이 녹색이 되는 현상이다. 녹조 발생시 수중생물이 죽어 생태계를 파괴하며 유독 남조류가 독소를 생산할 경우에는 동물 피해도 일어난다. 이는 물 표면에 녹조가 덮이면 수중으로 햇빛이 차단되고 용존 산소가 추가로 유입되지 않아 물고기와 수중생물이 죽고 악취가 나며 그 수역의 생태계가 파괴된다. 가장 심각한 문제는 유독 조류가 생산하는 독소다.

　1878년 호주에서 처음으로 녹조로 인해 동물이 폐사한 사건이 보고되었고 미국, 캐나다, 영국, 일본 등 세계 각지에서 독소 때문에 가축이나 야생동물의 피해가 발생한 적이 있다. 한국에서는 아직 동물 피해는 일어나지 않았지만 최근 상수원으로 이용되는 강이나 호수 등에서 녹조가 자주 발생하므로 앞으로 일어날 위험을 방지하기 위해서는 독성물질을 생산하는 녹조를 제거하고 방지해야 한다. 이를 위한 정부의 환경오염방지 지출액은 1992년 이후 꾸준히 증가하고 있으며 1995년 이후 연평균 10% 이상의 증가를 보이고 있고 금액으로는 2005년 잠정적으로 18조원이 소요된 것으로 추정된다. 수질, 대기 오염 방지 포함 그

---

4 영양 염류가 물속에 포화되어 있는 상태
5 엽록소를 가지고 광합성을 하는 세균

리고 각 가정에서는 오염된 물을 마시지 않기 위해 생수를 사 먹거나 가정에 정수기를 설치함으로써 깨끗한 물을 마시기 위한 비용 지출이 늘어가고 있다.

수질오염은 결국 사람들이 마시는 물과 직접적인 연관 관계가 있다. 따라서 수질 오염을 막기 위해 경제적, 사회적 비용 지출은 갈수록 늘어날 것이다. 환경 오염을 초래한 사람들에게 결국 사회적 비용 증가라는 부메랑이 되어 돌아오고 있다.

Chapter 02

환경 변화를 예측하라

급격한 지구 온난화로 인해 해수면이 상승하면서 현재 육지인 곳 중 일부는 점차 해안가로 변할 것이다. 그 결과 해당 국가는 농작물을 경작할 수 있는 땅이 줄어들게 되어 식량 자급 문제에 봉착할 수 있다. 이에 대한 대응 방안 중 하나가 바닷물로도 재배가 가능한 식물 개발이다.

환경 문제로부터 기인한 지구적 환경 변화는 수 백 년에 걸쳐 지속해온 우리의 농사 방법에 대대적인 변화를 가하고 있다. 이를 예측하지 못하고 적절한 대응을 하지 못할 경우 우리 생존에도 직접적인 영향을 받게 된다.

삶의 터전이 바뀐다

2021년 지구의 기온은 60년 전과 비교해 1℃ 상승할 것으로 예측되고 있다. 1℃ 온도 상승은 1만1,000년 동안 쌓여있던 아프리카 킬리만자로 산 정상 만년설이 완전히 사라질 정도의 큰 변화다.[6] 북극의 빙하 역시 상당 부분 녹아 없어져 해수면 상승을 불러 올 것이다. 그 결과 방글라데시와 같은 나라는 과거에 경험하지 못했던 상습 침수가 일상화될 것이고 비구름을 만드는 기단에도 영향을 줘서 지역별 강수량 차이도 현저히 달라질 것이다. 즉, 지금의 비옥한 땅이 계속 유지가 될지 장담할 수 없게 된다.

지구 온난화로 빙하 밑에 갇혀 있던 메탄가스가 공기 중으로 방출될 수도 있다. 이로 인해 지구 온난화는 더욱 가속화 될 것이다. 그 결과 북극 지대의 빙하가 녹고 기온이 상승해서 러시아와 캐나다의 북부 지방은 그 동안 빙하 밑에 갇혀 있던 비옥한 영토가 나타날 것이고 이 지역 기후는 사람이 살기 좋은 온난한 형태로 변화 할 것이다. 비옥한 토지가 생기기 때문에 이곳에 농사를 지을 사람들이 이주해 오게 될 것이고 대규모 농장 건설로 도시가 형성 될 것이다. 인구 밀도가 낮은 러시아와 캐나다의 경우 비옥해질 국토 활용을 위해 이민자들을 적극적으로 수용할 것이다. 이민자들을 받아들일 경우 비옥한 땅을 가꿀 수 있고, 이로 인해 늘어난 식량 자원은 국가의 부로 축적 될 것이다. 그

---

6 유엔미래보고서 2045, 박영숙/제롬 글렌

리고 유입될 사람들이 낼 세금으로 국가는 부강해 질 것이다.

환경오염으로 인한 지구 온난화로 해수면 상승과 같은 환경 재앙이 닥치게 될 전세계 해안가의 인구 중 일부가 위에서 언급한 것처럼 새로운 삶의 터전을 찾아야 할 것이다. 뿐만 아니라 환경 재앙 중 하나인 잦은 허리케인으로 침수를 겪게 될 미국 뉴욕 맨하탄 지역이나 남부 지역민들도 미국 내륙이나 캐나다 혹은 다른 대륙으로 이주하게 될 것이다. '인구의 수'가 곧 '국가경쟁력'이기 때문에 미래의 국가 순위 역시 이로 인해 바뀌게 될 것이다.

삼면이 바다로 둘러 쌓인 한국과 섬나라인 영국, 일본의 영토 일부 역시 수몰될 위기를 맞게 되고 잃어버린 국토만큼이나 국가 경쟁력 역시 손실이 발생할 것이다. 이처럼 변화될 삶의 터전을 미리 예측해서 준비하지 않는다면 우리의 삶 자체가 송두리째 변화를 맞게 될 것이다.

환경오염의 시대를 넘어

지구 온난화는 장기간의 가뭄도 촉발하고 있다. 2016년 인도는 최악의 가뭄 사태로 수천명의 사상자를 냈다. 영토가 넓은 중국은 이런 가뭄을 막기 위한 준비에 한창이다. 특히 지난 베이징 올림픽을 준비하면서 상공의 대기 오염 물질을 없애기 위해 인공 강우를 실행하기도 했다. 이외에도 2007년 6월 중국 랴오닝Liaoning성에 58년만에 찾아온

최악의 가뭄을 해결하기 위해 인공강우용 로켓 1,500발을 발사해 2억 8,300만 톤의 비가 내리도록 했다.

중국은 인공강우에 대한 실험을 이미 50년 전부터 해왔다. 인공강우에 대한 최초 성공은 미국의 GE에서 빈센트 섀퍼Vincent Schaefer 박사가 안개로 가득 찬 냉장고에 드라이아이스 파편을 떨어뜨리자 작은 얼음 결정이 만들어진다는 사실을 발견하면서였다. 여기에 착안한 그는 구름에 드라이아이스를 뿌리면 눈얼음결정을 만들 수 있겠다는 생각을 했다. 이를 실천하기 위해 실제 비행기를 타고 미국 매사추세츠주 바크처 산맥 4,000m 높이로 올라가 구름에 드라이아이스를 뿌렸다. 그리고 5분 뒤 구름은 눈송이로 변해 땅으로 떨어졌다. 하지만 현재의 기술로는 아직 구름 한 점 없는 곳에서 인공적으로 비를 내리게 할 수 있는 방법은 없다.

지구 온난화로 갈수록 거세지는 자연재해가 인간이 대응할 수 있는 한계점을 점차 넘어서고 있다. 2016년 부산 해운대에 위치한 마린시티는 갑작스런 바닷물의 범람으로 저층이 수몰될 뻔 했다. 해안가 도시는 이런 위험에 앞으로 더 빈번히 노출 될 것이다. 이를 대비하기 위해 지난 2014년 일본에서는 2030년을 목표로 수중 도시 프로젝트를 가동했다. 일본의 한 건설회사가 도쿄 대학교 연구팀과 함께 직경 약 500미터에 달하는 돔 형태의 수중 도시 건설에 착수했다. 이 수중 도시는 약 500명이 동시 거주할 수 있으며 기상이 악화되면 이 돔은 바다 아래로 잠기게 된다. 이 수중 도시는 산업용 3D 프린터를 이용해 제작될 예정이며 예상 건설 비용은 약 250억 달러에 달하는 것으로 추정되고 있다. 이 시도가 성공할 경우 세계 곳곳에서 본격적인 수중 도시 건설이 착수될 것이다.

지구는 자정 작용을 할 수 있기 때문에 인간이 오염시킨 자연을 다시 자연의 품으로 돌려 주고, 인간은 잠시 바다 밑에 산다면 지구가 회복할 수 있는 시간을 벌어 줄 수도 있다.

물론 아직은 먼 얘기로만 들리겠지만 지금 세계 곳곳에서 수중 도시 건설을 위한 준비가 진행 중이다. 이처럼 인간은 주어진 자연환경을 극복하기 위해 최첨단 기술을 동원해 왔다. 사람들은 환경오염으로 인한 자연재해를 극복 가능한 것으로 여겨왔다. 하지만 최근의 자연재해는 인간의 나약함을 그대로 보여주고 있다. 수중도시의 사례처럼 앞으로의 환경재앙에 대한 대비는 자연의 위대함을 인정하고 환경과 공존할 수 있는 방법으로 추진돼야 한다.

Chapter 03
환경 재앙을 극복하라

　2015년 독일의 폭스바겐 자동차에서 배출되는 배기 가스의 양을 자동차 검사 시와 실제 주행 시 조작할 수 있는 장치를 부착하여 판매한 일명 '디젤 게이트'가 발생했다. 한국 정부는 2016년 폭스바겐 사태가 진정되지 않고 있는 상황에서 미세먼지의 주범을 중국 탓만 하고 있다가 다시 말을 번복했다. 미세먼지 주원인에 중국발 오염물질 뿐만 아니라 자동차 매연과 화력발전, 석유화학공장에서 내뿜는 가스도 포함시킨 것이다. 이렇듯 한국 정부는 미세 먼지에 대한 정확한 원인 파악도 못하고 대책도 내놓지 못하고 있다.

　한국의 위기 상황은 단지 경제적인 문제에 국한되지 않는다. 사회기반시설 마련, 환경 오염 문제 등의 해결은 개인이 수행할 수 없는 부문이다. 국가가 나서서 해결하지 않으면 안 되는 문제다. 이런 문제 해결을 위해 국민들은 세금을 내고 정부는 이를 필요한 부분에 재정적 지출을 집행해야 한다. 당장 눈에 보이는 경제적 손실이 없다고 해서 환경 문제는 결코 뒷전으로 미뤄서는 안 된다. 자연의 정화 능력의 한계치에 우리는 얼마나 가까워졌는지 모른다.

환경 문제는 한 국가에만 한정적이지 않다. 미세먼지의 원인도 중국발 오염 물질, 한국 내 노후 경유차, 화력 발전소 오염 물질 배출 등 복합적이다. 따라서 범지구적 해결책을 도출하지 않으면 주변 국가가 함께 공멸할 것이다. 이미 무너지기 시작한 환경에 대해 있는 그대로 인식 시키고 어떻게 하면 자연과 공존할 수 있는지에 대해 어린 시절부터 보고 듣고 느끼게 해줘야 한다. 즉, 인간과 자연은 공존하는 것이지 무조건 자연이 인간에게 베풀지만 않는다는 사실을 말이다. 원인에 대한 정확한 파악이 있어야 해결책도 내놓을 수 있다. 그리고 그 해결책의 실행은 공감대가 형성된 모두로 부터 시작돼야 한다.

환경 교육은 가정에서부터

입시 위주의 교육을 우선하는 한국 교육 현실에서 환경에 대한 교육까지 교육기관에 기대하기는 현재로서는 무리다. 하지만 다음 세대를 살아가야 하는 이들에게 환경에 대한 고찰은 과거처럼 선택사항이 아닌 필수가 될 것이다. 환경의 역습이 이미 인간의 생명이나 삶과 직결

되기 때문이다. 따라서 어린 시절부터 가정에서 환경에 대한 교육은 아이들이 자라난 후 어떤 직업을 갖든 환경에 대한 고려를 자연스럽게 할 수 있는 밑거름이 될 것이다.

환경교육하면 부모들은 일단 거부감이나 어려움부터 느낄 수 있다. 당연하다. 부모도 어디서 누군가에게 환경에 대한 교육을 받아본 적이 없기 때문이다. 지금의 지구를 다음 세대에게 물려줄 부모 세대는 늦었지만 지금부터라도 환경에 대한 공부를 하면서 이를 자연스럽게 아이들과 공유하면 된다. 과거와 달리 지금은 많은 환경보호론자들이 환경을 지킬 수 있는 수많은 방법들을 인터넷 상에 개재하기 때문에 접근성도 좋다.

출발부터 어렵게 할 필요가 없다. 가장 쉬운 접근으로부터 출발하자. 예를 들어 하루에 한 번 또는 일주일에 한 번 집에서 하는 재활용품 분리 수거 활동에 아이들을 참여 시켜보자. 우리 주변을 보면 성인이 되어서도 분리수거에 대한 개념 없이 무분별한 쓰레기 투척을 하는 사람들이 있다. 이렇게 분리 없이 한데 모아진 쓰레기들은 매립이나 소각을 하게 되는데 플라스틱 제품들은 매립 시 썩지 않고 몇 백 년을 우리 땅속에 묻혀 있고 소각 시에는 대기오염을 불러 일으키는 다이옥신 같은 성분을 대기로 내뿜게 된다. 간단히 실천할 수 있는 분리 수거만으로도 환경 보호를 할 수 있고 어렸을 때부터 몸에 밴 습관들이 어른이 된 후 실천의 원동력이 된다. 한국은 유엔에서도 인정한 물 부족 국가이다. 하지만 우리 일상에서 물 사용 습관을 봤을 때 이를 무색하게 할 정도로 물을 아낌없이 사용한다. 집에서 변기 물탱크에 버려진

페트병에 물을 채운 후 넣게 되면 변기 사용 시 물을 절약할 수 있음을 아이들과 함께 행동하면서 보여주자. 아이들은 이를 보며 신기해 할 것이고 이런 활동들이 어떻게 환경을 보호할 수 있는지 설명해주는 것이 바로 가정에서 이뤄질 수 있는 환경 교육의 출발이다.

환경에 대한 고찰과 보호가 필수가 될 미래에는 대학 입시나 회사 입사 시 환경 관련 문제들이 주류를 이룰 가능성이 있다. 예를 들어 '본인이 실천해 본 환경 보호 활동은?' '입사 후 본인이 팀장이 되었다고 가정하고 수행할 수 있는 환경 관련 프로젝트를 간략하게 발표해 본다면' 이런 대비는 진정으로 그런 활동을 해 본 사람들의 경험에서 나오는 것들이 창의적이고 진정성이 있을 것이지 만들어진 답안은 차별화가 되지 않을 것이다.

기후 전문가 육성

환경 재앙은 이미 예견된 수순이다. 결국 발생할 것에 대한 철저한 대비가 피해를 최소화 할 수 있다. 우리가 흔히 생각하는 기후 전문가는 기상청에서 날씨 예보하는 사람 정도로 생각할 것이다. 물론 틀린 얘기는 아니다. 기후는 우리를 둘러싼 모든 것들에 대해 연구가 진행돼야 하고 수만 가지의 경우의 수가 혼재되어 있으므로 계산해서 도출하기가 쉽지 않다. 이런 이유로 국내에 몇 대 없는 슈퍼컴퓨터가 기상청에서 활약하고 있다. 기후는 국지적인 범위에서 발생하는 현상이지만 이 현상의 배경에는 시시각각 변하는 전 지구적 상황이 도사리고 있다. 따라서 기상 전문가는 비단 날씨에 한정해서 연구하기 보다는 전 지구적 환경에 대한 고찰이 필요하다. 하지만 아직 국내에서는 이런 연구 시설이나 교육 기관이 부족하다. 물론 대학에 지구환경공학과가 있지만 아직 국내 연구 기반은 부족하다. 미국처럼 나사NASA, 미국 항공우주국와 연계한 연구가 진행되거나 대규모 국가 예산이 투자되어 진행되는 프로젝트가 없기 때문에 한국에서 기후 전문가 육성이 현재로선 쉽지 않다. 하지만 한국도 이미 자체 인공위성을 여러 대 운영하고 있기 때문에 차츰 연구할 수 있는 여건은 개선되고 있다. 환경 문제에 대해 국가 정책적으로 접근할 수 있는 길이 열린다면 한국도 기후 전문가 육성이 보다 손쉬워 질 것이다.

기후 전문가 부재는 한국 주변 환경 탐구도 제대로 하지 못하는 아쉬움을 낳는다. 2016년 봄 전국적으로 미세먼지가 문제가 되었을 때 이에 대한 원인 조사를 위해 결국 한국은 미국 나사 연구팀에 도움을 청할 수 밖에 없었다. 미국 나사는 자체 운영 중인 비행기를 미국에서 직접 공수해와 한국 주변 상공을 몇 주간 조사해 미세먼지의 원인에 대해 기존 한국에서 발표되었던 것과 상반된 결과물을 도출했다.

미래에 닥쳐올 환경적 재앙의 규모가 지금보다 현저히 더 커질 것이기 때문에 철저히 예측을 통한 대비만이 막대한 인명 피해를 줄일 수 있는 길이다. 기후 관측은 현재 민간 기업이 참여하지 않고 국가가 주체가 되어 하고 있다. 미래에는 이를 담당할 국가 전문 기관도 신설되겠지만 예측 정보를 국가에 돈을 받고 파는 외부 사설 기관도 생길 것이다. 예를 들어 지금도 국가의 여론 조사 등은 외부 기관에 외주를 줘서 실시하고 있기 때문에 충분히 가능한 일이다.

기업들 역시 기후 전문가 육성을 하게 될 것이다. 곡물을 수입하는 회사들이나 원유를 수입하는 회사들은 바다 항로를 이용해 물건을 운송하고 기상 조건에 따라 곡물 값이 요동치기 때문에 이에 대한 대비책으로 기후 전문가들의 의견이 필요하기 때문이다. 이렇듯 대의를 위한 명분이든 이익 추구를 위한 명분이든 닥쳐올 환경 재앙을 미리 예측해서 선제적 대응을 할 수 있는 기후 전문가가 충분히 확보되지 않는다면 한국의 미래는 어두울 것이다.

수학 지식 · 공학 마인드

일부 환경보호론자들은 환경 보호를 위해 '안 먹고 안 입고 안 쓰는 것이 최선'이라 주장한다. 하지만 현실적으로 불가능한 방법보다는 고도로 발전된 우리네 공학적 지식을 이제는 환경 보호에 활용해야 한다. 즉, 공학과 환경 보호라는 주제를 접목한 융합적 사고와 기술을 발전시켜야 한다. 예를 들어 지금까지는 아파트나 건물을 지을 때 어떻게 하면 미관적으로 아름답고 구조적으로 튼튼하게 지을까를 고민했다면 이제는 어떻게 하면 에너지를 아낄 수 있고 투입 되는 자원의 양을 줄이는 친환경적 공법을 구사할 수 있는지 고민해야 하는 것이다. 공산품을 만들 때 역시 마찬가지다. 지금까지는 '어떻게 하면 편리하게 사용될 수 있고 많이 팔릴 수 있는지'에 대한 고민만으로 만들었던 제품들에 대해 생산과정에서 '환경 파괴를 일으킬 만한 제조 방법이 들어가지는 않는지' 폐기 시에도 환경 파괴가 되지 않도록 미리 재료 선택에 신중을 기하는 태도도 필요하다.

환경 보호를 위한 방법 중 하나는 화석 연료를 줄이고 신재생 에너지를 사용하는 것이다. 자연에서 쉽게 구할 수 있는 태양, 바람, 조수 간만의 차, 지열 등 자연 있는 그대로의 에너지원을 활용할 필요가 있다. 하지만 지금까지 한국은 이런 신재생 에너지를 활용할만한 인력들을 양성하지 못했다. 일례로 바람이 많은 한국의 특성상 풍력 발전소 입지가 유리한 지역에 대당 수십억 원의 풍력 발전 설비를 해외에서 수입해서 가동하고 있다. 하지만 풍력 발전 장비 역시 기계인지라 사용하다 보면 고장이 발생하기도 한다. 이 때 고장 난 풍력 발전 장비 수리를 위해서 제조사인 해외에서 인력과 부품을 공수해 올 경우 그 기간 동안 전기를 생산하지 못하고 수리하는 비용도 수억 원이 소모되므로 전기 생산을 위한 비용이 기하 급수적으로 커질 수 밖에 없다. 신재생 에너지 생산 비용을 낮추기 위해서는 신재생 에너지 발전 설비 역시 국산화가 돼야 한다. 그래야 설치와 보수가 쉽고 에너지 생산 단가를 낮춰 실제 일반인들이 지불할 수 있는 에너지원이 되는 것이다. 이를 위해 신재생 에너지 관련 인력 양성이 필요한 것이다. 이는 한 개 대학이 할 수 있는 일도 아니고 에너지 자립을 위해 범국가적 차원에서 수행 되어야 할 프로젝트이다. 이런 견지에서 신재생 에너지 전문가 육성을 위해서는 수학과 공학적 기반을 가진 인재 육성이 필요하다.

천편일률적이고 급속한 선동적인 환경 보호는 부작용을 낳는다. 태양광 발전을 하면 환경 보호를 할 수 있다고 하니 무차별적 태양광 발전 패널을 여기저기 설치하고 났더니 태양광 발전 패널에서 반사 된 빛에 의해 주변 농작물들이 말라 죽고 주변을 지나는 새들이 순간적으로 시야에 방해를 받아 태양광 발전 시설에 부딪혀 죽는 일이 빈번히 발생한 사례도 있다. 이는 신재생 에너지에만 집중했지 주변을 전혀 고려하지 않은 대표적인 사례다. 따라서 환경 보호를 위해 공학적인 접근을 하더라도 좁은 시야로 보기 보다는 주변을 함께 아우를 수 있는 인재 육성이 필요하다.

자급자족을 대비하는 자세로

현재 에너지 생산과 소비를 봤을 때 생산지와 소비지가 각각 다르다. 즉, 전기 발전을 한 곳에서 소비지까지 전기를 배달해야 하는 형태다. 이런 실정 때문에 전국의 산야 곳곳에 대규모 송전탑과 고전압 케이블이 설치돼 있다. 과거 국가적 개발 전략에 따라 설치될 때는 지금과 같은 도시의 확장까지는 미처 고려하지 못했을 것이다. 즉, 과거와 달리 사람들의 거주 지역은 넓어졌고 에너지 수요는 증가했기 때문에 마을을 관통하거나 근처를 지나지 않고서는 전기 송전을 못하는 지경에 이르렀다. 위험 시설에 대한 사람들의 의식 또한 과거와 바뀌었기 때문에 최근 들어 송전탑 건설 시 지역 주민들의 반대로 건설이 지연되는 경우가 비일비재하다. 이는 결코 지역 이기주의라고 단순히 폄하할 수 있는 간단한 문제는 아니기 때문에 전기 생산지와 소비지의 원거리 문제 해결에 지금과는 다른 접근 방법이 필요하다.

　세계는 교통수단의 발달로 국가간 교역량이 증가하고 있지만 미래에는 환경보호를 위해서는 필요한 것들에 대해 자급자족을 추진할 것이다. 그 지역에서 자라고 생산되는 농산물과 에너지를 소비한다면 외부로 운반하면서 발생하는 탄소 가스나 불필요한 에너지 낭비를 줄일 수 있기 때문이다. 이런 자급자족 사회의 출현은 유엔에서도 예측하고 있다. 『유엔미래보고서 2045』에 따르면 이해 관계가 맞는 사람들이 모여 '마이크로 국가'를 건설할 것이라고 예상하고 있다. 이런 마이크로 국가는 자급자족을 통해 그 지역의 생태계를 보존하려는 노력을 할 것이다. 하지만 여기에도 한계는 있다. 지구의 대기는 끊임없이 순환하는 만큼 비록 내가 사는 지역은 깨끗하게 보존하더라도 다른 지역의 오염물질이 흘러 드는 것까지 막을 수 없기 때문이다. 따라서 자급자족을 대비하는 자세를 전세계 누구나 견지해야 한다. 인류의 지구화는 막을 수 없기 때문에 우리는 그 속에서 환경을 보존할 수 있는 하나의 방안으로서 자급자족의 길을 마련해야 한다. 예를 들어 한국은 에너지 생산을 위한 원료를 해외에서 수입해 오고 이 과정에서 발생하는 에너지 소모와 부산물인 탄소 발생이 수반되므로 이를 줄이기 위해 태양광이나 수력, 풍력 등을 활용한다면 100%는 아니어도 수입 에너지의 일부는 대체가 가능할 것이다. 또한 대규모 발전 시설을 건설하기 보다

는 지방자치단체 규모의 발전 설비를 준비해 전력을 멀리 보내지 않고 지역 내에서 생산 및 소비를 할 수 있도록 해야 한다.

앞서 환경 보호와 개선을 위한 인력 양성을 언급했었는데 바로 이런 인력들이 이런 프로젝트에 필수불가결하다. 현재 신재생 에너지를 지자체 단위로 생산해서 각 가정으로 보내더라도 이를 저장할 곳이 마땅치 않다. 단시간에 사용 가능한 에너지는 지금도 저장할 수 있으나 안정적인 사용을 위해서는 대량의 에너지를 저장할 수 있는 장치가 필요하다. 부피 역시 크지 않아야 각 가정에서 보관이 가능할 것이다. 전기 자동차 개발에서 수반된 이차전지와 같은 기술에서 우리는 대량 에너지 저장 기술의 단초를 마련할 수 있다. 대용량 에너지 저장 장치가 저렴한 가격에 생산되어 각 가정으로 보급된다면 소규모 발전 설비가 한 동네 정도를 포용하는데 문제 없을 것이다.

한 지역에서 생산에서 소비할 수 있는 것은 소비하고 남는 것은 외부와 교류하는 자급자족을 보완한 형태는 불필요한 에너지 소비를 줄이고 그 결과 각종 오염 물질 발생을 줄일 수 있다. 이는 멀지 않은 미래에 우리 사회의 보편적인 형태로 자리 잡을 가능성이 크기 때문에 이를 설계할 사람들이 필요할 것이다. 즉, 지금과 다른 자급자족적 도시를 위한 도시 설계 전문가 역시 양성 되어야 한다.

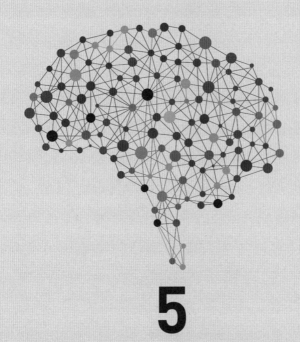

5
PART

[지식 기반 사회의
종말]

━━━━━ 근면성실과 우수한 학습능력이 산업 사회 최고 인재의 조건이었다면 '다가 온 미래'의

인재상은 사회상의 변화와 함께 달라지고 있다. 가장 큰 변화는 머리 속에 담고 다녀야 할 지식

의 양이 너무 많아져 버렸다는 것이다. 특히 독립적으로 살아남을 수 없고 융복합이 요구되는 다

양한 현대 기술의 관련 지식들까지 머리 속에 모두 담기란 불가능해졌다.

휴대용 최신 IT 기기들과 인공지능 비서는 굳이 인간이 머리 속에 많은 것을 암기 하지 않아도

되는 사회를 만들어 주고 있다. '네이버'나 '구글' 등이 지식 공급자로서 궁금한 것은 언제든 대답

해 주기 때문이다. 이에 따라 앞으로는 지식의 많고 적다는 것이 큰 경쟁력이 아닐 수 있다. 결국

자신의 경험에 기반한 창의력으로 차별화해야 할 시기가 도래한 것이다.

지식보다 지혜가 우대 받는 사회로 변신할 세상에서 달라질 사회상과 이를 위해 우리는 무엇을

준비해야 할까?

Chapter 01

변화하는 사회상

산업혁명과 자본주의 등장 이후 이상적인 회사 조직은 계층적이고
분석적이어야 했다. 또한 한 개인의 리더십이 조직을 좌지우지했다.
하지만 21세기 '신자본주의'[1] 가 등장하면서 지식 기반의 경제와 경영
을 중시하게 됐다. 조직도 '소셜Social 디자인 리더십'이라 불리는 네트
워크를 망으로 구성하는 관계적 형태로 변화됐다.[2]

한국 역시 기존의 '사원, 대리, 과장, 부장'과 같은 직급 체계를 타파

---

1 수정 자본주의라고도 불리며 자본주의 체제 자체를 변혁하지 않고 그것에 수정을 가하여 모순을 완
　화하려는 사상이나 정책을 의미.
2 『디자인 씽킹』_ 곤노 노보루

하고 '팀원, 팀장'과 같은 직관적 조직 문화 도입이 확산되고 있다. 하지만 한국 기업에서 구글이나 페이스북과 같은 수평적 조직 문화 정착은 다소 시간 걸릴 것으로 보인다. 한국은 짧은 시간 동안 경제 성장을 목표로 기업들이 일사 분란한 움직임을 위해 추구했던 상명하달上命下達 식의 조직문화를 수십 년에 걸쳐 이어왔기 때문이다. 또한 한국이 가진 장유유서長幼有序 문화의 영향으로 직급이 파괴되더라도 조직 자체의 경직성마저 풀 수는 없다.

같은 유교 문화권의 중국만 하더라도 한국처럼 언어적으로 존칭어가 다양하지 않고 같은 팀원이면 나이에 구애 받지 않고 수평적인 관계를 유지한다. 빠르게 변화하는 사회에 대응하기 위해 조직은 점차 단순하고 슬림화 되고 있는 추세다. 또 다양해 지는 소비자들의 기호를 충족시키기 위해 조직의 형태나 문화 역시 시시각각 카멜레온처럼 변화해야 한다.

다양한 조직 구성원

과거에는 '디자인 팀'이라면 대학에서 '산업디자인'이나 적어도 '미술'을 전공한 사람들이 모이기 마련이었다. 하지만 최근 디자인 팀 구성원의 전공 분야는 다양해졌다. 디자인 자체가 제품의 성패를 좌우할 만큼 중요해지고, 기획 단계부터 디자인이 실제 제품으로 구현 가능한지 검증할 필요성이 생겼기 때문이다. 실제 최근 기업의 디자인 팀은 상품 디자이너뿐만 아니라 GUIGraphic User Interface 디자이너, 유니버셜 Universal 디자인 연구자, 마케팅 기획자, 비즈니스 컨설턴트, 시나리오 작가, 인류학자까지 포함해 물질적 상품뿐 아니라 서비스까지 포함한 넓은 의미의 상품을 만들 수 있게 됐다.

이와 같이 다양한 배경의 조직 구성원들이 모여 시너지 효과를 낸다면 혁신을 이룰 가능성도 높아진다. 대표적인 사례가 미국의 '헨리 포드 웨스트 블룸필드Henry Ford West Bloomfield 병원'이다. 사람들이 가지고 있는 병원에 대한 이미지가 차가운 금속 침대, 소독약 냄새지만 미국 미시간의 이 병원은 리츠칼튼Ritz-Carlton 전 부사장을 CEO로 고용해서 병원에 호텔산업 노하우를 이식했다. 환자와 방문객들에게 호텔처럼 건강한 음식과 최고의 서비스를 제공했고 당뇨병과 같은 특정한 영양을 필요로 하는 질병에 대한 관리법을 환자와 보호자들에게 가르쳤다. 병원 안에 있는 비닐하우스에서는 상주하고 있는 농부가 유기농 제품을 재배해 병원 식당에 공급했다. 이 뿐만 아니라, 수술실은 모두 동일한 디자인으로 설계해서 병원 직원들이 효율적으로 일하고 실수를 줄일 수 있도록 했고 수술실 내부의 밝기도 최적화 했다. 환자의 생명을 다루는 중요한 수술 시 매번 바뀌는 수술실에서 기구의 위치와 동선 때문에 발생할 수 있는 실수를 줄이고자 모든 수술실에 동일한 디자인, 내부 인테리어 색깔, 기구 위치 등을 동일하게 설계 및 구현했다. 또한 호텔에서 고객을 진정시키는 방법을 병원 환자들에게도 적용했으며 병원 내부의 사용된 모든 자재들은 청소하기 쉽고 위생적인 것으로 교체했다. 이런 변화는 헨리 포드 웨스트 블룸필드 병원을 지역 사

회 최고의 병원으로 탈바꿈 시켰다. 이는 병원과 호텔이 공통으로 추구하는 가치이기 때문에 가능했다.[3]

회사에는 가끔 나오세요

수도권에서 서울 시내의 회사로 출퇴근할 때 발생하는 사회경제적 손실에 대해 아직까지 정확한 조사가 이뤄진 적은 없다. 그러나 사회적으로 막대한 비용 손실이 발생하고 있다는 것은 누구나 쉽게 짐작할 수 있다. 여기서 말하는 '손실'이란 출퇴근 거리가 길어 길에서 버리는 시간, 원거리 출퇴근자들로 인한 교통 혼잡으로부터 발생되는 각종 부대 비용교통 체증으로 증가하는 석유 에너지, 방출되는 오염물질 등을 말한다.

수도권에 집중된 직장 과밀화, 이에 따른 집값 및 전세값 상승 등을 견디지 못해 서울을 탈출하는 행렬이 늘어나고 있다. 실제 2016년 5월 서울 인구가 1,000만명 미만으로 줄어들었다. 1988년 주민등록상 서울 인구가 1,000만명이 넘어선지 28년만의 일이다.

경기도로 사람들이 이주하다 보니 서울과 근접한 경기권역의 집값과 전세값 역시 상승했다. 또한 경기권에서 모여드는 차량으로 서울 도심 혼잡은 늘고 대중 교통 속 사람들은 출퇴근하면서 한바탕 전쟁을 치른다. 거주지가 직장에서 점점 멀어지는 직장인들은 출퇴근 시간 중

---

3 『비즈니스 모델의 혁신』 래리 킬리 · 라이언 피겔 · 브라이언 퀸 · 헬렌 월터스

가로 가정에서 보내는 시간, 특히 아이들과 함께 보내는 시간도 줄면서 가치를 환산할 수 없는 기회비용 손실이 늘어나고 있다.

만약, 굳이 회사에 나가지 않고 집에서 회사 일을 한다면 어떨까? 당장 출퇴근 전쟁에 해방되고 더 나아가 지방으로 이사도 고려해 볼 수 있다. 이로 인해 개인들의 주거비 부담이 줄고, 줄어든 주거비 부담으로 소비 시장을 진작 시킬 수 있으므로 침체된 내수 경기를 회복시킬 수 있다. 회복된 내수 경기는 다시 기업의 재투자로 이어지는 경제 발전의 선순환 구조를 만들어 낼 수 있다.

해외에서는 이런 일이 현실화 되고 있다. 일본 최대의 제조 기업인 도요타자동차Toyota Motor Corporation가 생산직 직원을 제외한 2만5,000명의 직원을 대상으로 2016년 8월부터 재택근무제도를 도입했다. 직원들은 일주일에 딱 2시간만 회사에 나가면 되고 나머지 시간에는 집이나 카페 어느 곳이든 가리지 않고 일을 할 수 있는 재량을 줬다. 대상은 인사, 회계, 영업 등 사무직과 개발 업무를 담당하는 기술직이다. 이는 도요타자동차 전 직원 중 약 3분의 1에 해당된다. 물론 입사 5년 이상이라는 일정 자격 조건을 두긴 했지만, 이를 통해 남성의 육아 참여를 늘리고 가정과 일의 병행 때문에 직장을 그만 두는 유능한 여성 인재를 활용할 수 있을 것으로 기대하고 있다. 또한, 초고령 사회로 접어든 일본의 경우 부모의 간병을 위해 회사를 그만두는 직원들도 있었는데, 이 직원들 역시 직장을 그만두지 않고 일과 간병을 병행할 수 있게 됐다.

일본은 재택 등 사외근무를 도입하는 기업이 2,000년 말 2.0%에서

2014년 말 11.5%로 증가했다. 혼다Honda의 경우 육아 및 간병 목적의 사원을 대상으로 월 근무 시간의 4분의 1을 재택근무 할 수 있게 했다. 미쓰이Mitsui도 일본 내 근무하는 전 사원 3,700명을 대상으로 상사가 허락을 하면 재택근무를 허용하고 있다. 일본 마이크로소프트의 경우, 자회사 포함 2,400명 근무 대상자들을 최대 주 5일 사외근무를 가능하게 해줬다.

미국의 아마존은 더 나아가 2016년 하반기부터 기존 연봉은 유지하면서 주 4일 근무제를 도입했다.

많은 해외 기업들은 재택근무로 일의 능률이 향상되는 효과를 확인하면서 본격 도입을 시도하고 있다. 이렇게 일류 기업들이 앞다투어 재택 근무를 도입하는 이유는 4차 산업혁명 시대 달라진 업무 방식이 현재 한계점에 도달한 기업들에게 성장 모멘텀을 가져올 계기가 될 수 있을 것으로 기대를 모으기 때문이다.

실패를 용인하는 사회

조직에 있어서 개개인의 실패는 곧 회사의 손실로 이어진다. 특히, 돈과 관련된 부서의 실패는 회사의 당해 년도 수익에 상당한 영향을 끼친다. 예를 들어, 작년 연말 야심 차게 기획한 한 프로젝트를 이사회의 승인을 받아 예산 100억원을 받았다. 1년 동안 모든 구성원들이 밤낮 없이 일해 연말 드디어 신제품 출시를 할 수 있었다. 하지만 신제품을 출시하자마자 경쟁사로부터 특허 침해 소송을 받아 제품 판매에 대한 유보 결정이 내려진다. 특허 소송 시 승산이 확실해 보이지 않는다. 그리고 혹시 특허 소송에서 질 경우 향후 기업 이미지에도 악영향을 끼칠 것 같다. 그래서 최종적으로 제품 판매 취소를 한다. 그 동안 제품 개발 비용, 초기 마케팅 비용, 전국 매장 홍보와 판매를 위한 시제품 제작 그리고 이 프로젝트를 위해 새로 채용한 인력 및 공장 증설 비용 등 총 손실은 적어도 200억 이상은 될 것 같은 계산이 나왔다. 이 회사는 연간 1,000억원의 순이익을 내는 회사이다. 순이익 1,000억원에서 200억원의 손실이 났기 때문에 남은 800억원으로 직원들의 월급 인상, 인센티브지급, 내년도 투자 개발비 등이 배분된다. 작년보다 배분할 돈이 200억원이 줄어 모든 직원들의 월급 인상, 인센티브 등이 전년보다 감소하게 되었다. 그리고 개발 책임자 및 핵심 관련자들은 프로젝트 실패로 금전적 손해가 난 것에 대한 책임을 지고 퇴사를 하게 되었다.

위 사례는 어디까지나 가정이지만 어느 회사건 충분히 일어난 개연성이 크다. 이런 이유로 현재 한국의 많은 기업 구성원들이 기업가 정신을 가지고 자신의 일에 모험을 걸 생각을 하지 않는다. 즉, 새로운 제품을 개발하는 것보다 현재의 제품을 어떻게 하면 조금 더 불량률을 줄이는 작은 변화를 통해 시장 점유율을 조금씩 높이려 한다. 이런 배경으로 만들어진 제품들은 소비자들에게 식상함만 주기 때문에 획기적인 판매량 증가는 기대할 수 없다. 즉, 회사의 큰 성장은 기대할 수 없는 것이다.

또 다른 사례를 보자면 원재료를 공급하는 국내 회사가 외국산 원재료를 대체할 수 있는 새로운 제품을 개발했다. 고객사에게 '외국산 재료를 대체할 경우, 원가의 20%를 절약할 수 있다'고 설득을 한다. 고객사 담당자는 원재료 변경을 위해서는 상사들에게 차례대로 승인을 받아야 한다. 혹여 신규 원재료를 채용해서 기존 원재료 대비 생산 효율이 낮아지거나 예기치 못한 문제가 발생할 경우, 자신이 모든 책임을 떠 안아야 하기 때문에 충분한 검토를 통해 회사에 기여할 수 있는 방안을 찾기 보다는 지레 포기하고 만다. 이는 실패했을 경우 돌아오는 책임 추궁이 성공 시 돌아오는 보상보다 더 두렵기 때문이다. 만약 성공한다면 다음 해에 월급 인상과 인센티브를 받을 수 있겠지만 실패할 경우 오히려 평생 직장을 잃을 수도 있기 때문이다.

최근 미국의 GE는 '실패한 도전'에 오히려 인사고과를 더 주기로 결정해서 업계로부터 주목을 받고 있다. 이는 GE의 현재 조직 구성원 31만5,000명을 감안할 경우 엄청난 변화가 아닐 수 없다. 한 사람의 실패로 인한 회사 손실이 누적될 경우 조직 구성원이 많은 대기업일수록 그 피해가 막대하기 때문이다.

GE는 미국식 경영의 교과서로 불린다. 따라서 GE가 시도한 새로운 경영기법과 인사제도는 전세계 기업들에게도 영향을 끼친다. GE의 인재상은 과거 제품의 결합을 찾아내고, 생산성을 높이며, 불확실성을 최소화하는 데 능숙한 사람이었다. GE는 '롤모델'에서 '저성과자'에 이르는 다섯 가지 등급의 인사고과 정책을 펼쳐 왔으나 이를 폐기하기로 발표했다. 구체적으로는 매년 한차례 수행하던 성과 평가를 연중평가로 변경하고 이를 통해 연봉 인상과 인센티브 지급이 수시로 이뤄지게 하고 이와는 별도로 관리자가 직원에게 동기를 부여할 수 있는 보상수단을 갖추는 방안도 검토 중에 있다고 한다. 이런 조직 평가 정책 변화를 통해 수평적인 협업이 강조된 조직문화로 탈바꿈하고 '패스트 워크Fast Work'를 통해 경쟁사보다 빨리 제품을 개발해 시장에 출시하고 고객의 반응을 즉각 제품에 반영해 완성도를 높이는 스타트업신생 벤처기업의 경영전략인 '린Lean 스타트업'[4]을 모방하겠다는 것이다.

비브 골드스타인 GE 글로벌 혁신촉진사업부 부사장은 "새로운 전략이 도입 되려면 직원들이 새로운 실험이나 실패를 편안하게 받아들이도록 하는 것이 중요하다"라고 강조했다.[5] 3차 산업혁명에서 4차 산업혁명으로 넘어 가는 이 시점에 브레이크 스루Break Through[6]를 이루기 위해서는 소극적인 접근 방법으로는 살아남기가 힘들어졌다. 현상유지는 곧 퇴보라는 말처럼 위로 올라서지 못하면 도태 될 수 밖에 없는 현실에서 실패와 실수를 용인하지 않는 조직의 획기적인 발전은 요원할 것이다.

---

4 아이디어를 빠르게 최소 요건 제품인 시제품으로 제조한 뒤 시장의 반응을 통해 다음 제품 개선에 반영하는 전략. 일본 도요타자동차의 린 제조 방식을 본 뜬 것으로 미국 실리콘밸리의 벤처기업가 에릭 리스가 개발한 방법.

5 한국경제, 2016년 6월 9일자

6 컴퓨터 시스템의 개발 프로젝트 등에서 기술적으로 어려운 문제를 해결하여 프로젝트를 성공시키는 것

Chapter 02
개인의 행복 추구와
직업 선택의 갈등

2016년 6월 25일 서울시 7~9급 공무원 필기시험에 8만9,631명이 응시해 53.1대 1의 경쟁률을 보였다. 전국의 고시 공무원 선발 시험 등 포함를 준비하는 사람들의 수가 60만명이 넘는다고 집계되고 있지만 실제 회사에 다니면서 시험을 준비하는 사람, 가정 주부이면서 시험을 준비하는 사람 등 집계에 포함 되지 않는 사람들까지 포함한다면 그 숫자는 훨씬 더 클 것이다.

여기에 최근 고등학교 졸업자들이 대학 진학을 포기하고 공무원 시험 준비하는 경우도 늘고 있다. 2016년 4월 9일 치러진 국가직 9급 공무원 시험에 총 16만3,791명이 지원했다. 이들 중 18~19세 지원자가 총 3,156명으로 전체 지원자의 1.9%에 달했다. 2015년 2,160명 대비

46%가 증가한 수치다.

통계청이 2015년 한국의 13~24세 청소년이 선호하는 직장을 조사했을 때 가장 높은 선호도를 보인 직장은 '국가기관'으로 23.7%였다. 대기업이 20%, 공기업이 18.1%로 뒤를 이었지만 결국 청소년 4명 중 1명꼴로 공무원이 되고 싶다는 통계 결과였다.

2016년 6월 온라인 취업포털 '사람인'이 사기업 직장인 1,224명을 대상으로 현재 회사에서 공무원으로 직업 전환할 의향을 물은 결과 80.1%가 '그렇다'라고 대답했다. 그렇다고 답변한 남녀 성별 비율은 여성85%이 남성77.5%보다는 많았다. 공무원으로 직업 전환을 하고 싶은 이유에 대해 '평생 직장으로 삼을 수 있어서69.7%. 복수응답', '연금 등 노후보장이 되어서52.8%', '오래 일할 수 있어서42.5%', '출산 등 경력단절 이후를 대비해서17%', '현재 직업이 적성에 안 맞아서16.2%' 등의 순으로 답변했다. 이는 정말 나라와 국민에게 봉사하고 싶은 간절한 마음이나 공무원이 적성에 맞을 것 같은 이유가 아닌 평생 직장과 노후보장에 초점이 맞춰져 있다. 즉, '일하기 위해 살기' 보다는 '살기 위해 일한다'는 성격이 강한 것이다.

이 중에서 실제로 공무원 준비를 하고 있는 사람의 비율은 23.9%였다. 월 평균 수험 준비 비용으로 21만원을 사용하고 평균 준비 기간은 8개월 최대 2.4년을 공무원 준비로 보낼 예정이라고 한다. 단지, 현재 직장에서 언제 그만두게 될지 몰라 미래가 걱정되고 노후가 걱정된다는 이유만으로 추가적인 사회적 비용 증가는 개인에게도 손해지만 사회 전체적으로도 막대한 비용 손실을 안고 가게 되는 것이다.

우리는 '기회 비용'에 대해서 생각해 볼 필요성이 있다. 즉, 고시라는 것이 정해진 목표 안에 합격하리라는 보장이 없고 합격 후에도 일반 기업 대비 낮은 연봉으로 인해 풍요로운 삶을 살아가지 못할 수도 있다는 생각은 많이 하지 않는다. 그리고 이들이 선택한 고시를 통해 얻을 수 있는 직업이 과연 본인들이 행복을 느끼면서 할 수 일인지를 모르기 때문에 나중에 후회할 확률도 있다. 실제 위 조사 내용 중에서도 공무원 시험 준비를 하면서 불안감을 느끼는 비율이 96.2%였다.

물론 공무원이라는 직업을 비하하거나 직업으로서의 가치가 떨어진다고 말하는 것이 아니다. 분명 공무원이라는 직업을 천직으로 여기고 봉사하는 마음으로 업무를 수행하는 많은 분들도 있기 때문이다. 필자가 문제 제기하는 부분은 너무 많은 대한민국의 젊은이들이 고시 공부에만 매달리고 있다는 것이다. 분명 본인이 가지고 있는 능력이 다른 분야에서 오히려 더 꽃 피울 수 있음에도 불구하고 그런 기회를 생각도 해 보지 또는 시도도 해 보지 않는다는 것이다. 이들에게 필요한 것은 보다 넓은 시야를 가져 보는 것이다. 어쩌면 그들이 지금 당장 공무원 시험에 매달릴 수 밖에 없는 이유가 다른 어떤 세계가 있는지를 모르기 때문일 수도 있다. 본인들에게 주어진 인생이라는 시간이 아직 60년 정도가 있기 때문에 그 중에 몇 년을 소비하더라도 남겨진 시간이 더 많기 때문에 과감히 다른 경험을 해 보라고 조언해 주고 싶다.

Chapter 03
사라지는 직업
생겨나는 직업

　사회의 대변혁이 있을 때마다 사람이 살아가면서 영위하는 직업의 종류들도 없어지거나 새롭게 생겨났다. 주식이 등장하면서 주식거래인이라는 새로운 직업이 등장했고 관련 파생 직업들 역시 생겨났다. 카세트 테이프가 없어지면서 카세트 테이프를 만들던 직업과 카세트 테이프 플레이어 제작 관련 직업이 없어졌다. 사회와 기술의 혁명은 이렇듯 인간 직업의 탄생과 소멸에 직접적인 영향을 주고 있다. 자기가 원하고 적성에 맞는 일을 찾는 것도 중요하지만 앞으로 변화되는 사회를 예측해서 어떤 직업이 사라지고 새로 생겨나는지를 살펴보고 직업을 선택해야 할 것이다. 자기가 정말 좋아하는 일을 하고 싶지만 그에 관련된 직업이 없어진다면 생계를 책임질 수 없기 때문이다.

그럼에도 불구하고 진정 내가 하고 싶은 일을 포기하지 못하겠다면? 그런 경우는 개인 스스로가 직업을 창출하면 된다. 로봇의 발전으로 신발 만드는 일을 모두 도맡아 사람이 더 이상 신발을 만들 필요가 없어져 신발 만드는 직업이 없어졌다고 가정해 보자. 이 경우, 신발 만드는 일이 정말 좋다면 사람이 직접 만든 수제화로 자동 생산된 제품과 차별화하면 될 것이다.

물론 모든 직업을 다 개인이 창조하진 못한다. '난 극장에서 표 파는 일이 정말 좋아 이 일을 하고 싶다'고 해도 영화표 자동발매기가 사람을 모두 대체한다면 이는 하고 싶어도 더 이상 할 수 없는 직업이 되어 버리기 때문이다. 지금 당장은 유망할지 몰라도 미래에는 사라져 버릴 직업과 지금은 유망하지 않지만 혹은 아직 존재하지도 않지만 앞으로 유망한 직업들에는 어떤 것들이 있을까?

현재 유망한 직업들도 시대상의 변화에 따라 과거 유물로 사라질 것이다. 특히 4차 산업혁명과 인공지능의 등장에 따라 과거 어느 때 보다 지식 기반 노동자들의 일자리가 사라질 위기에 처했다. 우리가 전통적으로 생각했던 엘리트 코스를 밟아 올라가던 '~사'로 끝나는 직업들의 명운이 바람 앞의 촛불과 같다. 앞으로는 유망한 직업을 두고 사람과 인공지능을 탑재한 기계간의 본격적 경쟁이 시작 되는 것이다. 따라서 유망 직업에 대한 판단 기준을 지금까지와 달리 '인공지능이나 기계가 진입할 수 있는 분야'의 여부를 첫 번째 기준을 삼아야 할지도 모른다.

사라지는 직업

의사

우리가 병원을 가는 이유는 병의 원인을 찾고 치료를 받기 위해서다. 병의 원인을 찾기 위해 조직 또는 피 검사도 하고, MRI 또는 CT 촬영도 한다. 치료를 위해 약을 먹고 수술도 한다. 이와 같은 의료 행위는 인류가 멸망할 때까지 계속될 것이고 그래서 의사라는 직업은 영원할 것이다. 하지만 의사의 역할을 지금처럼 사람만의 고유한 일이 아닌 시대가 다가오고 있으므로 지금 보다는 더 적은 수의 의사만 필요로 하게 될 것이다.

미래 모습을 잠시 상상해 보자. 일을 마치고 귀가한 40대 가장은 샤워를 하고 잠들었다. 잠들기 전 캡슐 하나를 물과 함께 섭취한다. 이 사람이 잠들면 캡슐 속에 들어 있던 나노 로봇들이 몸 속 곳곳을 찾아다니며 40대 가장의 건강 상태를 체크한다. 이 때 침대에 부착된 전신 스캐너가 나노 로봇과 신호를 주고 받고 이상 부위를 감지한 나노 로봇이 몸 속에서 자신의 색깔을 변화시키고 전신 스캐너를 이를 감지한다. 나노 로봇은 아픈 증상에 따라 다른 색깔로 변신을 한다. 전신 스캐너는 병원에 연결된 의료용 메인 서버와 통신을 해 서버에 쌓인 빅데이터를 통해 정확한 병의 원인과 치료 방법을 알아낸다. 다행히 병의 증세가 심하지 않아 치료 가스 분무를 통해 40대 가장이 숨쉬는 동안 약물을 흡입하게 한다. 하지만 경과를 보기 위해 3일 후 병원을 예약한다. 3일 후 찾아간 병원에서 40대 가장은 더 정밀한 의료용 기계로 진단을 받고 결과지만 받을 뿐 별도의 의사 상담은 없다. 병원에서 40대 가장은 맹장염 때문에 입원한 학교 동창을 오랜만에 만났다. 친구는 로봇이 수술을 집도해 입원 등의 별도 절차 없이 바로 수술 후 나가는 길이라고 했다.

위 사례가 공상 과학 영화에서나 나올법한 얘기 같은가? IBM에서 개발한 인공지능 왓슨Watson은 이미 2016년 말부터 인천 길병원에서 100명 넘는 암환자를 진료했다. 의료진과 왓슨의 처방이 엇갈릴 때 자기 생명이 달린 문제임에도 환자들은 왓슨의 의견을 따랐다. 이 배경에는 왓슨이 미국 유명 암센터 전문의가 진료한 천명의 환자 기록을 분석해 30% 환자에서 의사들이 놓친 치료 방법을 찾아냈기 때문이다. 이미 인공지능 의사의 권위가 사람 의사의 권위를 넘어서기 시작한 것이다. 지금도 우리는 병의 원인을 각종 의료용 장비에게 진단을 맡기고 있다. 사람만이 할 수 있을 것이라 생각했던 수술도 점차 수술용 로봇들이 대체할 것이다. 그 결과 미래에 의사는 설 자리가 점점 좁아질 수 밖에 없는 것이다.

약사

한국에서 의약 분업화 되기 이전 우리는 약국에서 처방전 없이도 약을 조제 받을 수 있었다. 즉, 감기에 걸리면 개인의 선택에 따라 치료를 위해 병원에 가거나 약국에 갔다. 하지만 지금은 범용 제품으로 판매되는 감기약을 구매하는 경우를 제외하고는 감기 치료를 위해 반드시 병원에 가서 의사의 진단을 받고 처방해 준 약을 약국에서 구매한다. 이 과정에서 약사의 의학적 소견은 전혀 반영되지 않는다. 이런 이유로 미국의 5개 대학 병원에서는 환자들이 복용할 약을 로봇이 조제한다. 현재까지 35만건의 약이 조제되었지만 실수는 한 건도 없었다고 한다. 즉, 의사의 처방에 따라 약을 조제하는 로봇은 지시에만 따르면 되기 때문에 인간이 할 수 있는 실수가 사전에 차단되는 것이다. 미래의 약국은 이런 모습을 상상해 볼 수 있다. 개인의 건강 상태는 여러 가지 개인 건강 체크용 센서들이 24시간 내내 확인하기 때문에 몸의 이상 징후가 발견되면 미리 개인에게 이상 부위를 언급해 주고 네트워크를 통해 주변 약국에 필요로 하는 약을 준비시킬 것이다. 환자는 신분증만 들고 가서 필요로 하는 약만 받으면 될 것이다. 미래의 개인 건강은 사후 조치보다는 사전 예방을 통해 유지할 것이기 때문이다. 병원은 특별한 증상에 대한 처치만을 위해 존재할 것이다. 이렇듯 개인 건강은 로봇 건강 진단기에 의한 사전 진단과 처방이 이뤄지고 이에 따른 로봇 약사에 의해 약 조제만 이뤄질 것이다. 즉, 현재 약사의 역할이 모두 로봇에 의해 대체될 것이다. 로봇 약사의 부대 효과로 정확한 조제를 통해 약물의 오남용을 방지할 수 있을 것이다.

그렇다면 지금 약사를 배출하고 있는 약학 대학들의 미래는 어떻게 될까? 약사가 사라지더라도 조제될 약은 계속 개발 및 생산된다. 신약을 개발하고 임상 실험하는 일들은 미래에도 여전히 약학 대학 졸업생들이 해야 할 일들이다. 즉, 점차 예기치 못한 전염병, 증가하는 항생

제 면역력, 신종 질병의 치료를 위한 신약 개발 등 여전히 약학 대학 졸업자들을 필요로 하는 일들은 많을 것이다. 다만, 지금처럼 조제를 전문으로 하는 약사는 사라질 것이고 신약 개발을 위한 약학 대학 졸업생들의 수요는 증가할 것이다.

변호사와 변리사

변호사와 변리사 각각 사람과 특허에 대한 변호를 한다. 주는 공통점이 있다. 이런 변호를 할 때 기존의 판례나 법적 조항들이 법정에서 중요한 판단 잣대가 된다.

우리가 변호사나 변리사에게 많은 비용을 지불하는 이유는 그들이 가지고 있는 법적 지식을 바탕으로 개인 또는 기술을 변호해 줄 근거들을 전문적으로 찾아내기 때문이다. 법정 다툼에서 이기는 가장 확실한 방법은 상대를 누를 수 있는 결정적 단서나 법적 조항 또는 기존 특허들이다. 결국 사건을 맡은 변호사나 변리사가 얼마나 더 많은 정보를 확보하느냐에 따라 법정에서 승패가 달라지는 것이다. 이 때문에 법정 다툼의 승패도 부익부 빈익빈이 될 수 있다.

하지만 인공지능을 기반으로 한 법정 시스템 도입으로 적어도 변호사의 능력 차에 따른 승패는 미래에는 없어질 것이다. 즉, 누구나 공평하게 비싸지 않은 비용으로 인공지능 변호사나 변리사를 고용하고 법정 다툼을 할 것이므로 진정한 법 앞의 평등이 이루어 질 수 있을 것이다. 우리가 비싼 비용의 대가로 지불했던 판례 조사, 법적 조항에 대한 지식 그리고 새로 생겨나는 법적 조항 등은 인공지능의 검색 속도가 사람 변호사나 변리사를 훨씬 더 뛰어넘을 것이다. 인공지능 앞에서는 인간 지식의 양은 그저 한 낱 종잇장에 불과할 것이기 때문이다. 지식을 활용한 고소득 직업 종사자들은 미래에 인공지능에게 그 일자리를 상당부분 빼앗길 것이다. 심지어는 일반 개인들의 법정 다툼도 범용화된 변호 프로그램을 활용하여 스스로 준비할 수도 있을 것이다.

비행기 조종사

비행기는 현재까지 가장 빠른 운송 수단으로 그 이용객 수가 점차 늘고 있다. 앞으로 세계 1일 생활권을 목표로 더 발전하고 있는 항공 산업이지만 항상 위험 요소가 도사리고 있다. 바로 비행기 사고다. 비행기 사고는 확률이 낮지만 일단 발생하면 대형 인명 손실을 유발한다. 따라서 사고 방지를 위해 비행기는 점차 자동화되고 인간의 실수를 방지할 보조 장치들이 늘어나고 있다. 비행기를 타고 가는 동안 우리는 모르지만 실제로 여객기는 조종사가 아닌 자동항법장치로 운전된다. 인공지능과 자동항법장치가 결합하여 발전할수록 인간이 조종관을 잡는 시간이 갈수록 줄어들 것이다. 물론 완전 자동 운전시 발생할 수 있는 여러 가지 사고 위험 요소가 있으나 이는 무인 자동차처럼 데이터 축적될 수 록 점차 사고 확률을 줄여 나갈 것이다.

무인 비행기가 이미 실현되고 있는 곳이 있다. 바로 앞서 얘기한 드론이다. 적지 침투 시 전투기 조종사들은 항상 생명을 담보해야 한다.

한 명의 파일럿을 육성하기까지 막대한 자금과 시간이 투입되므로 파일럿 한 명을 잃는다는 것은 큰 손실이 아닐 수 없다. 전쟁 시 사람이 조정하는 전투기 대신 드론 투입 시 발생할 수 있는 전투기 조종사 손실을 막을 수 있다. 무인 항공기 때문에 파일럿 수요가 줄어들 경우 예비 파일럿들은 직접적인 전투기 조종이 아닌 다른 임무를 부여 받게 될 것이다. 즉, 지상에서 무인 전투기 조정이나 전략 전술의 수립 등 전장 뒤에서 후방 지원하는 임무를 맡게 될 것이다.

무인기가 투입되는 분야는 향후 여객기, 전투기뿐만 아니라 화물기 등 사람이 조정하는 비행기들로 더 이상 조종사가 필요 없어지게 되는 것이다.

트럭, 버스, 택시 운전사

운수업 종사자들에게는 자율 주행 자동차의 등장은 반갑지만은 않은 소식이다. 산업혁명 이후 등장한 자동차는 직간접적으로 관련업계 수많은 종사자들의 일자리를 창출했다. 1960~70년대 한국에 고속도로가 생기고 전국이 1일 생활권으로 바뀌면서 많은 사람들이 고속버스를 이용하게 되었다. 각 버스터미널에는 표를 발권해주는 창구 담당자들이 크게 늘었다. 불과 몇 년 전까지만 하더라도 매표 창구 앞에 길게 줄을 서서 버스표를 발권하는 것은 너무나 당연한 풍경이었다. 하지만 자동발매기 및 인터넷 예매 등이 활성화 되면서 매표 창구에서 표를 발권해 주던 사람들은 직업을 잃게 되었다. 이보다 먼저 각 도시에 시

내 버스가 다니기 시작하면서 버스 내에서 버스표를 수거하는 당시에는 '차장'이라 불리던 직업도 있었다. 주로 여성들이 맡던 일로 목적은 차의 원활한 운행과 승객의 편의 도모였다. 하지만 이 직종도 1980년 대 말에 사라지게 되었다. 이런 자동차 관련 직업들이 생김과 사라짐을 반복하면서 정작 운전대를 잡는 운전사는 영원히 그 자리를 유지할 것 같았다. 하지만 이젠 그마저도 자율 주행 시스템에 의해 사라질 운명에 처했다.

차량은 사고 시 탑승자들에게도 치명적이지만 쌍방 사고일 경우 상대방 차량 탑승자들의 생명까지도 위협 받는다. 즉, 내가 아무리 방어 운전을 하더라도 상대방에 의해 내가 유해를 입을 수 있는 것이 바로 차량 사고이다. 특히 장시간 운전에 노출되는 트럭, 버스, 택시 등은 사고 가능성이 더 높다. 전용 차선 도입을 이미 했거나 할 수 있는 이런 종류의 상용차들은 자율 주행 기능을 보다 쉽게 도입할 수 있다. 그 결과 이런 차량들을 운전했던 운전사들은 자율운전시스템에 의해 더 이상 볼 수 없을 것이다.

증권 분석가, 펀드매니저

우리는 지금 인공지능이 운영하는 펀드 상품에 가입할 수 있다. 일부 인공지능이 운영하는 상품의 수익률이 사람이 운영하는 펀드 대비 평균 이상이라는 결과도 공개 되었다. 다만, 도입된 지 얼마 되지 않았기 때문에 과연 인공지능이 운영하는 펀드 상품의 수익률이 지속적으로 좋을지는 두고 볼 일이다. 증권 분석가나 펀드매니저는 투자 진행에 있어서 금융 지식뿐만 아니라 현 경제상황 그리고 미래의 경제상황, 국내외 정치 변수 등 고려해야 할 일이 한 두 가지가 아니기 때문에 모든 정보를 취합하고 해석하는 능력이 탁월해야 한다. 하지만 아무리 인간이 뛰어나다고 해도 인공지능이 네트워크를 통해 흡수하는 정보의 양에 비하면 제한적일 수 밖에 없다. 또, 사람은 감정적이다 보니 인공지능 대비 객관적 판단을 통한 결정이 중립적이지 않을 수 밖에 없다. 이런 측면에서 투자 성공 가능성은 인공지능이 더 우수할 수 밖에 없을 것이다.

인공지능이 빅데이터와 결합될 경우, 인공지능 증권 분석가나 펀드매니저는 사람 대비 월등한 정보량을 바탕으로 높은 수익률을 올릴 수 있는 방법을 찾아 낼 것이다. 그리고 국내 투자에 제한되지 않고 해외 네트워크망을 통해 해외 자산 투자는 물론 주식만이 아닌 채권이나 부동산 등 한 개인이 수집할 수 없는 범위의 저평가 자산까지 찾아내어 시장 상황에 따라 분산 투자를 할 수도 있다.

사람 대비 비용이 낮기 때문에 투자자들이 부담했던 수수료 역시 낮아지므로 인공지능 증권 분석가나 펀드 매니저를 찾는 사람들이 앞으로는 더 많아질 것이다.

스포츠 심판

지금도 각종 스포츠 경기에서 영상판독장치는 심판을 보조하는 역할을 하고 있다. 영상판독장치와 각종 센서들이 발달할수록 사람보다 더 정확한 눈을 기계들이 갖게 되고 굳이 사람의 판단이 필요 없이 자동으로 점수를 매기고 잘못을 따질 수 있게 될 것이다.

태권도 경기가 가장 선도적으로 센서가 메인 심판 역할을 하고 사람은 오히려 보조적 역할을 한다. 착용한 보호의 타격 정도에 따라 센서에 의해 자동으로 점수가 매겨진다. 이렇게 될 경우, 심판의 공정성에 대해 참여자들은 이견을 달지 않을 것이고 의견 다툼의 소지가 있다면 다시 영상을 판독해 보면 될 것이다.

기계들이 스포츠 경기에서 심판들을 대신한다면 아르헨티나의 축구 영웅 마라도나Diego Armando Maradona Franco가 월드컵에서 선보인 '신의 손'과 같은 장면은 이제 더 이상 보기 힘들게 될 것이다.

생겨나는 직업

송사 도우미

사라지는 직업 중 변호사와 변리사를 앞서 언급했다. 인공지능을 기반으로 한 변호 프로그램은 변호사와 변리사의 역할을 대신할 것이다. 하지만 법정 다툼이라는 것이 준엄한 법의 심판을 받아야 하는 것이기 때문에 생업이 있는 개인이 스스로 준비하는 것도 벅차고 일생에 걸쳐 단 한 두 번 있을까 말까 한 일이므로 개인들에게는 생소한 문제이다.

그리고 인공지능이 변론을 하기 위해서는 변론에 필요한 소소한 항목들까지도 상세하게 입력이 되어야 한다. 인공지능도 결국은 입력된 정보들을 바탕으로 변론을 할 수 있을 것이기 때문이다. 이 때 필요한 직업이 바로 '송사 도우미'이다. 이는 필자가 새롭게 지은 명칭으로 아직 존재하지 않는 직업이다. 현재 이와 유사한 직업이 '법무사'[7]일 것이다. 송사 도우미는 의뢰인과 함께 인공지능 변호사를 활용하는 일을 주로 할 것이다. 특히 지금의 법무사와 달리 송사 도우미는 법적 지식을 꼭 필요로 하지 않아도 되고 오히려 변호를 하게 될 인공지능 프로그램을 얼마나 능숙하게 다루는지에 직업의 초점이 맞춰질 것이다.

도시 농부

농부면 다 농부지 무슨 도시 농부일까? 도시화가 진행되면서 사람들은 점차 도시로 모여들고 있다.

도시로 모여든 사람들의 소득 수준이 높아지면 삶의 질을 생각하게 됐다. 먹거리도 유기농으로 재배된 신선한 농산물을 섭취하고 싶어 한다. 신선한 유기농 농산물을 매일 섭취할 수 있는 가장 좋은 방법은 도시 거주지 근거리에 농장이 있으면 될 것이다. 이 때문에 등장한 것이 바로 도시 농장이다. 도시 농장은 기존 건물의 옥상이나 도시에 버려

---

7 의뢰인으로부터 소정의 보수를 받고 법원이나 검찰청 등에 제출하는 서류를 작성하는 일을 업으로 하는 사람

진 건물을 활용해 도시 내에서 농사를 짓는 것이다. 하지만 이 때 시골에서 농사를 짓는 농부와는 농사 방법이 달라야 한다.

도시농장은 좁은 땅에서 최대한 많이 수확하기 위해서 날씨에 영향을 받지 않아야 하기 때문에 주로 실내에서 농사를 짓게 된다. 이때 공학기술의 도움을 필요로 하게 된다. 즉, 인공 태양을 비롯한 인공으로 조성된 온도, 습도 등 생물이 자라는 환경, 그리고 직접적으로 땅에 심지 않고 수경[8]이나 기타 다른 방법으로 기르는 등 전통적인 농사법과는 확실한 차별화가 필요하다. 따라서 도시 농부는 기존의 농사 방법뿐 아니라 새롭게 도시 안에서 농사를 짓는 방법에 대해서 고민하고 개발 해야 한다.

도시 농사는 단순히 작물을 기르는 것만 해당되지 않고 꿀을 얻을 수 있는 양봉을 한다던 지 수산물을 얻을 수 있는 양식까지도 포함할 수 있다. 그리고 소비자들이 유기농 제품을 원하기 때문에 농약 없이 작물을 키울 수 있는 방법도 함께 개발해야 한다.

이제 자신의 명함에 도시 농부 누구누구라고 새기고 농사를 짓기 위해 지하철을 타고 출근해야 한 날이 조만간 실현될 것이다.

---

8 식물을 물에 꽂아서 키우는 방법. 수경재배가 가능한 식물은 물을 좋아하고 영양분을 많이 필요로 하지 않는 종류

온실가스 관리 컨설턴트

전세계적인 규제 협약에 따라 온실가스를 기업체 별로 관리를 해야 한다. 그리고 점차 그 규제 수위가 높아질 것이기 때문에 기존 온실가스 단순 관리 수준을 넘어서고 있다. 이에 따라 전사적으로 온실가스 생성 단계에서부터 배출까지 전 과정을 모니터하고 줄일 수 있는 전문가가 필요해졌다. 온실가스를 많이 배출해서 할당 받은 온실가스 허용량을 다 사용했다면 온실가스 배출권을 구매해야 하고 이와 같은 비용은 제품 원가에 고스란히 반영되어 시장에서 제품 가격 경쟁력을 떨어뜨리게 된다. 가장 좋은 방법은 온실가스를 처음부터 배출하지 않는 것이기 때문에 현재 발생되고 있는 온실가스의 배출원을 찾아내고 온실가스 발생을 줄일 대체제도 찾아야 한다. 그리고 누군가는 해당 기업이 배출하고 있는 온실가스의 정확한 양을 산출해서 부가 받고 있는 온실가스 양과 비교해서 혹시라도 불이익을 받고 있지 않은지 살펴도 봐야 한다.

지금까지 기업들은 이런 온실가스 발생에 대해서 미온적으로 대처해 왔고 관찰만 할 줄 알았지 줄여나갈 방법에 대해 적극적으로 찾지 않았다. 하지만 미래에는 온실가스 배출량이 기업의 경쟁력을 좌지우지 할 정도로 중요한 요소가 될 것이므로 온실가스 관리 컨설턴트라는 지금까지 없었던 신종 직업군을 만들어 대처해 나가야 할 것이다.

커리어 설계사

　인간의 수명이 늘면서 개인이 평생 한 개의 직업만 갖고 사는 시대가 지나고 있다. 평생 직장의 개념도 점차 희미해 지고 있다. 개인이 직장을 퇴사하는 40, 50대가 되면 재취업을 위해 기존에 종사했던 관련 직종 직업을 찾기가 나이 들었다는 이유로 점차 어려워지고 있다. 그리고 준비 없이 나온 회사이므로 퇴직자들은 단순 업무 또는 단순 노동만 하는 저급여 직업을 얻을 수 밖에 없다. 이런 일을 미연에 방지하기 위해서는 직업 교육 단계나 대학교에 입학하는 순간부터 개인의 커리어가 관리 되야 한다. 이 때 내가 하고 싶은 일 · 꿈 · 적성 등이 고려 되야 하고 관련 직업을 얻기 위해서는 어떤 교육을 받아야 하는지, 향후 얻게 될 직업의 종류까지 전문가의 도움을 받아야 할 것이다. 앞으로는 늘어난 인간의 수명과 맞물려 직업의 생성과 소멸이 과거 어느 때보다 활발할 것이기 때문에 직업 전문가의 예측과 가이드가 필요할 것이다.

　커리어 설계사는 희망하는 직업에 대해 필요한 교육부터 졸업 후 직장까지 연결해 줄 것이다. 왜냐하면 이미 의뢰인의 교육 내용, 숙련도 등의 데이터를 계약과 동시에 확보할 수 있기 때문에 일의 난이도와 필요로 하는 숙련공의 수준까지 감안하여 직업 알선을 해 줄 수 있을 것이기 때문이다. 그리고 직업에 종사하는 와중에도 어느 시점에 다시 새로운 직장을 얻어야 하고 그러기 위해서는 어떤 재교육이 필요할지도 알려주게 될 것이다. 커리어 설계사는 한 사람의 평생 직업 설계를 하게 될 것이고 '직장을 구하는 사람'과 '사람을 구하는 곳' 간에 좋은 가교 역할을 할 것이다.

3D 프린팅 재료 전문가

3D 프린터가 처음 등장했을 때만 하더라도 그 파급 효과가 어느 정도일지 아무도 짐작하지 못했다. 처음에는 크기가 작은 소품을 정교하게 개인이 만들 수 있는 정도의 기계일 것이다 짐작했지만 최근 그 응용 분야가 자동차 차체 제작이나 일류 요리사들의 요리로까지 확대되고 있다. 즉, 3D 프린터의 크기나 응용 분야의 한계가 점차 사라지고 있다.

과거 자동차 부품 하나의 샘플을 만들기 위해서는 시간적, 비용적 부담이 적지 않았다. 쇳물을 녹여 만드는 주물 부품의 경우 모양을 형상하는 몰드Mold 즉 틀부터 만들어야 했고 혹여 부품 설계가 잘못 되면 만들어진 몰드는 폐기하고 다시 만들어야 할 경우 시간적, 비용적 부담이 배가 되었다. 물론 샘플이 한번에 채택된다면 다행이지만 사양이 달라져 다시 샘플을 만드는 반복 작업을 수행해야 했다. 하지만 3D 프린터 등장 이후 몰드 없이 설계와 동시에 샘플을 만들어 볼 수 있고 수정 시 바로 다음 샘플을 만들어 볼 수 있는 편리함이 생기게 되었다.

이는 3D 프린터의 기계적 발전은 비약적이라는 것을 반증하지만 이와 괘를 같이 하기 위해서는 3D 프린터에 사용될 재료 역시 함께 발전해야 한다. 좋은 장비는 있지만 그 장비에 들어갈 좋은 재료가 없다면 그 장비는 무용지물일 것이기 때문이다. 3D 프린터용 재료는 장비 자체가 새롭기 때문에 재료 역시 기존 재료와 달라져야 한다. 3D 프린터는 말 그대로 3차원적 형상을 즉시 만들어 낼 수 있기 때문에 작업이 진행되는 동안 만들어진 형상이 그대로 유지가 돼야 한다. 우리가 익히 알고 있는 프린터 잉크 같은 재료라면 3차원 형상은 형성하지도 못한 채 그대로 흘러내려 버릴 것이다. 이런 이유로 3D 프린터용 재료는 기존에 우리가 흔히 다뤄왔던 재료들과는 차별화 된다. 3D 프린팅이 되는 과정에서 재료가 어느 정도 굳어야 하고 최종 강도 구현을 위해서는 작업이 다 끝난 후 다시 굳어야 한다.

앞으로는 좋은 3D 프린터가 개발 되더라도 마땅한 재료가 없어 구현하고 싶은 제품을 제대로 못 만들 수도 있을 것이다. 즉, 개발되는 3D 프린터용 재료에 따라 3D 프린터가 만들 수 있는 제품의 종류가 결정될 것이다. 3D 프린터로 인공장기를 만들 순 있지만 인체에 이식되었을 때 문제 없을 생체 적합적인 재료가 없다면 이는 단순히 전시용 제품밖에 될 수 없을 것이다. 3D 프린터가 더 대중화 되고 필요로 하는 곳이 많아질수록 3D 프린터용 재료 수요는 점차 증가할 것이고 이런 재료를 개발하는 사람의 수요 역시 덩달아 증가하게 될 것이다.

인공지능 개발자

다가올 미래에는 인공지능의 역할이 갈수록 커질 것이다. 세계적인 기업들은 이미 그 가능성을 보고 관련 기업을 인수합병 하거나 전문가들을 앞다투어 영입하고 있다. 기업들의 이런 선행 투자는 곧 인공지능의 대중화 시대를 앞당기게 될 것이다. 소수의 전유물로만 여겨졌던 컴퓨터가 1인 1컴퓨터로 대중화 되기까지 컴퓨터 하드웨어를 개발하는 사람부터 컴퓨터 운영체제를 개발하는 사람까지 수많은 관련 업종 직업들이 탄생했다. 그 결과 마이크로소프트나 HP와 같은 글로벌 기업이 탄생하기도 했다. 마찬가지로 인공지능이 우리 생활 깊숙한 곳까지 파고든다면 이와 같은 인공지능 관련 글로벌 기업들이 탄생할 것이고 관련 인력 수요도 급증할 것이다.

인공지능이라 함은 사람의 생각과 판단을 기계가 하는 것이므로 단순하게 컴퓨터 프로그램을 만들어내는 것이 인공지능 개발자의 역할의 다가 아니다. 인간과 유사 또는 그 보다 더 뛰어나기 위해서는 심리적인 면, 감성적인 면 등 모든 면을 종합적으로 융합해야 하기 때문에 인공지능 개발 개발자는 프로그래머, 심리학자, 통계학자 등 기존 직업들의 융복합을 해야 탄생할 수 있을 것이다.

드론 조종사

앞서 사라질 직업 중 한 가지가 항공기 조종사라고 했다. 이때 군사용 드론 등장으로 전투기 조종사와 같은 직업이 사라질 것인데 반대로 드론을 조종할 조종사들의 수요는 급격히 증가할 것이다. 군사용 드론 이외에 상업용 드론도 영상 촬영, 구조자 탐색, 와이파이 기지국, 택배 배달 등 활용도가 점차 높아질 것이기 때문에 드론의 쓰임새 증가에 따라 그 조종사들의 수요도 지속적으로 증가할 것이다. 그 결과 현재 자동차 운전면허증처럼 드론도 등급에 따른 조정 면허증 발급이 이루어 질 것이고 지금의 중장비 운전사처럼 개인이 대형 드론을 구매 후 필요로 하는 곳에 가서 프리랜서 활동도 하게도 될 것이다.

웨어러블 센서 창작가

애플이 출시한 손목시계는 착용하고 있는 동안 개인의 심박수 측정이 가능하다. 이는 애플와치에 탑재된 심박 측정용 센서에 의해 가능한 일이다. 반도체의 크기가 줄어들고 있지만 그 성능은 향상 되고 있어 우리가 휴대할 수 있는 기기들의 성능 역시 향상되고 있다. 미래에는 이를 뛰어 넘어 우리가 휴대 즉 들고 다니던 상당 수의 기기들이 무게감 없이 우리 몸에 부착 될 것이다. 시계에 부착하는 심박 센서는 속옷과 같은 옷에 스며들 것이고 공기오염이 갈수록 심해지고 있어 미세먼지가 심한 날은 옷에 부착된 공기오염 측정 센서가 알람을 울려줄 것이다. 고혈압이나 당뇨병이 있는 환자의 경우 옷에 부착된 센서가 주기적으로 혈압과 혈당을 측정하여 약의 복용 시점, 혹은 응급 상황이 닥치면 저장된 긴급 연락처로 연락까지 하게 될 것이다. 옷에 부착된 온도 센서는 날씨에 따라 나노 섬유의 직조 형태를 변화 시켜 춥거나 더워진 날씨에 바로 대응할 수 있을 것이다.

이런 의류에 부착되는 센서는 옷을 만드는 회사에서 만들기는 어렵다. 따라서 의류 회사와 협업collaboration을 할 수 있는 센서 창작가들이 활동 할 것이다. 이들은 용도에 맞는 센서를 의류에 맞게끔 디자인하고 생산은 외주를 줄 것이다. 지금도 반도체 설계만을 전문으로 하는 회사에서는 자기들의 공장 없이 디자인 대가만으로 회사를 꾸려가는 것과 유사할 것이다. 센서 창작가는 단순히 센서만 잘 만드는 것이 아니라 그 센서가 부착되는 곳의 주변 환경이 센서와 잘 결합할 수 있는 것까지 감안해야 하므로 그 전문성이 지금과 같이 단순히 한 분야만은 아닐 것이다. 따라서 해당 분야에 대한 전문가들이 등장할 것이다.

교통 설계 · 관리 전문가

2016년 자율 주행 자동차들의 본격적인 실제 도로 투입이 이뤄졌다. 이로 인해 자율 주행 자동차에 의한 사고도 증가하고 인명사고까지 발생했다. 지금은 자율 주행 자동차가 단독으로 수집한 정보에 의거해 자율 주행이 이뤄진다. 증가하는 자율 주행 자동차들의 교통 흐름을 원활하게 하기 위해서는 지역별 거점 센터에서 이 자율 주행 자동차들과 교통 흐름에 대한 정보를 주고 받아야 한다. 예를 들어, 자율 주행 전 탑승자가 목적지를 입력하면 지금의 네비게이션 안내처럼 자율 주행 자동차를 주행을 시작하겠지만 가는 길에 교통 사고 또는 도로 공사 등으로 혼잡이 예상될 경우 지역 센터에서 정보를 보내 그 구간의 대안 구간을 제시하게 될 것이다. 그리고 자율 주행 자동차간 거리, 교통 혼잡 지역에서 차들의 유도 등 차량 자체가 할 수 있는 의사 결정을 뛰어 넘는 누군가의 가이드가 필요하다. 이 때 지역 거점 교통

센터에서 이런 자율 주행 자동차들의 흐름을 조정하는 역할을 바로 교통 설계 전문가가 할 것이다. 지금은 당장 없는 직업이기 때문에 현실에 와 닿진 않지만 지금의 항공기 관제탑에서 근무하는 사람들과 비슷한 업무를 수행하게 될 것이다.

이들의 업무는 크게 두 가지로 나눠질 수 있는데 한 가지는 위에서 언급한 것처럼 지역 교통 거점 센터에 앉아 교통 흐름을 보고 조정하는 역할, 두 번째는 자율 주행 자동차들이 일반 자동차들과 잘 혼재 되어 주행 할 수 있도록 도로를 설계하고 도로에 각종 보조 장치들을 설치하여 자율 주행 자동차들의 사고를 미연에 방지하는 것이다. 많은 사람들이 모여 살 수 있도록 도시 설계 전문가들이 도시를 설계한다고 하면, 자율 주행이든 사람이 운전하는 자동차든 사고 없이 주행할 수 있는 도로를 만들고 관리하는 것이 바로 교통 설계 전문가들의 몫일 것이다.

생체 보안 전문가

우리의 삶이 상당 부분 인터넷과 연결되면서 인터넷 세상에서 우리를 증명해야 하는 일이 많아졌다. 우리가 남의 집을 방문할 때 초인종을 누르고 나란 것을 증명해야 들어갈 수 있듯이 인터넷 세상에서도 특정 사이트에 입장하기 위해서는 나란 사람을 증명해야 한다. 가장 일반적인 방법이 미리 가입해둔 정보로 발행된 아이디와 비밀번호를 입력하는 것이다. 하지만 매년 끊이지 않고 있는 해킹 사고로 인해 글로벌 인터넷 기업들조차 개인 정보 유출 방어를 하지 못하고 있다. 해킹이란 나란 사람을 증명하고 입장해야 하는데 남이 나임을 증명하고 대신 들어가서 내 소중한 것들을 들고 나오는 것이다. 이 때문에 기존 아이디와 비밀번호만으로는 인터넷 세상에서 나 임을 증명하는 것이 부족하다는 것을 인식하게 되었고 이를 보완할 각종 기술들이 등장하고 있다. 인터넷 세상뿐만 아니라 내가 사용하는 개인 IT기기 역시 사용을 위해 나란 것을 증명하려면 나를 인식시킬 무언가가 필요하다. 과거 007이 주인공으로 등장하는 영화에서나 등장할만한 지문 인식 기능이 이제 많은 사람들의 스마트폰에 장착되어 보안 기능으로 사용되고 있다. 개인 IT기기에도 이 정도의 보안을 요구하는 데 은행 창구나 회사의 중요 장소 등은 어떨까? 그리고 내 소중한 자산이 보관되어 있는 인터넷 은행은 어떨까?

개인을 증명하는데 즉 남과 다름을 인식하는 것 중 가장 확실한 방법은 누구와도 같지 않은 나의 신체적 정보이다. 남과 다르게 생긴 외모, 눈 색깔, 피부 색깔, 심장 박동수 등 나를 남과 차별화하여 인식 시킬 정보는 다양하다. 따라서 보안을 요구하는 인터넷 세상이나 중요 건물 출입 시 앞으로 보안 시스템에 생체 정보를 인식시킬 많은 장치들을 필요로 할 것이다. 그리고 이 생체 인식 보안시스템은 단순히 지금처럼 한 가지만 인식하는 것이 아니라 여러 가지 정보를 동시 다발적으로 확인하여 내가 누구인지를 알아낼 것이다. 이런 이유로 생체 정보를 인식하는 보안용 장치들을 개발할 인력 수요가 급속하게 증가하게 될 것이고 미래 유망 직업 중 하나로 떠 오를 것이다.

지식 큐레이터

매일 기하급수적으로 지식이 새롭게 생겨나고 있다. 그 만큼 우리들이 알아야 할 지식의 양도 늘어나고 있는 것이다. 하지만 우리는 과거와 달리 그 지식들은 모두 외우는 방식의 학습을 하지 않는다. 구글이나 네이버와 같은 검색 사이트로 인해 필요한 지식은 그때그때마다 찾아보게 된다. 즉, 지식에 있어서도 '온디맨드 경제On Demand Economy' 시대가 도래한 것이다. 온디맨드 경제란 온라인 시스템 등을 통해 수요자 요구에 맞춰 필요한 물품과 서비스를 제공하는 것을 말한다. 과거와 달리 공급자가 아니라 수요자가 거래를 주도하는 것이 특징이다. 온디맨드 경제의 대표적인 사례가 음원 사이트인 '멜론'이다. 음악을 듣고 싶을 때 과거에는 한 가수의 앨범을 CD나 카세트 테이프를 사야 했다면 지금은 어떤 가수의 특정 노래, 혹은 기분이 우울할 때 듣는 음악 모음 등 소비자가 그때그때 듣고 싶은 음악을 바로 인터넷 사이트 접속이나 애플리케이션을 통해 들을 수 있다. '카카오 택시' 역시 온디맨드 경제의 대표적인 사례이다. 택시를 타기 위해 택시 승강장까지 찾아가야 하는 것이 아니라 내가 있는 곳의 정보를 근처의 택시 기사들에게 보내서 가장 가까운 곳에 있는 택시를 부르는 서비스는 역시 수요자가 위주의 공급 방식이다.

개인은 구글이나 네이버와 같은 검색 사이트를 통해 본인이 필요로 하는 지식을 충분히 찾아볼 수 있다. 하지만 회사와 같은 특정 집단에서는 검색 사이트를 통해 얻을 수 있는 지식보다 훨씬 더 심층적인 지

식이나 정보를 요구하게 된다. 예를 들어 새로운 사업에 투자하기 위해 해당 분야의 시장, 경쟁사 현황은 검색 사이트를 통해 얻을 수 있는 지식의 양이 제한적이고 최신 동향이 아니기 때문이다. 이 때, 기업의 요구를 받아 해당 분야에 대한 심층적인 지식을 수집하고 분류해서 정리해 줄 '지식 큐레이터'와 같은 사람이 필요하다. 이는 아직 존재하지 않는 직업이기 때문에 필자가 새롭게 명명한 직업의 이름이다.

원래 큐레이터란 자료의 관리자로서 흔히 미술관 자료에 관하여 최종적으로 책임을 지는 사람을 말한다. 보다 구체적으로 큐레이터는 작품의 수집과 보존, 그리고 전시 기술과 더불어 작품의 실물 및 현상에 관련된 도서나 문헌 등에서부터 녹음, 녹화에 이르는 모든 자료에 관한 조사를 토대로 이를 수집, 구입, 교환, 제작, 수여, 기탁과 같은 단계를 거쳐 최종적으로 전시, 보존, 복원, 보호하는 일을 담당한다. 세계 미술용어사전 지식 큐레이터는 자신들이 보유한 데이터 베이스, 인적 네트웍 등을 동원해서 회사로부터 의뢰 받은 특정 분야 조사를 수행해서 보고서 형태로 제공하게 된다.

지식 큐레이터는 한 번 생성된 보고서의 추가적인 활용을 위해 기업들에게 샘플을 제공해 관심 있는 고객을 발굴을 한다. 또는 보고서 리스트에 대해 볼 수 있는 접근 권한을 기업들에게 줘서 그들이 필요로 할 때 제공할 수 있도록 한다.

Chapter 04
무엇을 준비해야 하는가

앞으로 다가올 미래는 3차 산업혁명으로 촉발된 산업 사회와는 비교할 수 없을 정도로 복합되고 융합된 현실이 우리 눈 앞에 펼쳐질 것이다. 이런 복잡다단한 사회에서 살아남기 위해서는 학교 교육만으로는 어렵다.

구글의 공동 창업주인 래리 페이지Larry Page는 이에 대한 경계로 다음과 같은 말을 했다.

"실제로 많은 기업이 점진적으로 변화하는 가운데 늘 하던 일을 편하게 하려는 경향이 있다. 이런 식의 점진주의는 시간이 지나면 낙오하기 마련이다. 특히 기술 분야에서 심하다. 기술의 변화는 발전이 아니라 혁명의 경향을 보이기 때문이다. 그러므로 우리는 스스로를 강제

해 미래에 한 큰 승부를 걸 필요가 있다."

비록 그는 기업의 미래에 대한 준비 자세를 언급한 것이지만 이는 개개인에게도 똑같이 적용될 수 있다. 즉, 자기 혁명이 뒷받침 되지 않는 사람은 미래에 낙오자로 전락할 가능성이 크다는 것을 시사한다.

과거처럼 획일화 된 인재 육성법만을 교육 목표로 여기는 학교나 학원에서는 개성이 강해지고 있는 학생들을 전부 수용하기도 어렵고 개개인의 특성에 맞게 교육하는 것이 점점 더 어려워지고 있다. 여기서 앞으로의 '교육'이라 함은 수학, 영어와 같이 특정 교과목에 담긴 직접적인 지식 전달이 아닌 다양한 경험을 통해 폭넓은 시각을 가질 수 있는 것으로 정의 할 수 있다.

———

학교 우등생 ≠ 사회 우등생

한국의 산업화 과정에서 필요로 했던 인재상은 '근면 성실한 우등생'이었다. 이는 비단 한국뿐만 아니라 산업혁명 이후 전세계의 공통적인 인재상이기도 했다. 기업의 근간이 부실했던 시절이었기 때문에 인재들의 활약상이 곧 해당 기업의 흥망성세를 좌우했다. 이 때문에 기본적으로 기업의 최고경영자뿐만 아니라 생산직 현장의 엔지니어들 모두가 부지런해져야 했다. 또, 산업화 기틀을 마련하기 위해 적극적으로 선진 기술을 습득했어야 하므로 학교에서 우등생이었던 사람들이 사회에서도 역시 우등생이 될 수 있었다. 산업계뿐만 아니라 각종 자격 시험으로 선발되는 의사, 변호사 등 사회 신분 상승의 엘리트 코스 역시 시험을 잘 치르는 우등생에게 유리할 수 밖에 없었다. 직장 내에서도 승진의 기본 요건은 회사가 정한 시험의 통과였다. 지금은 상상도 할 수 없는 과장 승진 시험, 부장 승진 시험 등이 조직 내 승진을 위한 자연스런 통과 의례였다. 이렇듯 당시 사회의 모든 성장 관문 앞에서 시험이라는 것이 존재했으므로 부지런히 공부하는 우등생들에게는 유리한 시절이었다.

앞으로 다가올 시대에도 이는 불변의 법칙일까? '개천에서 용 났다'라는 얘기가 가장 잘 어울리는 사례인 사법고시가 2015년부터 종료되었다. 이제 변호사가 되기 위해서는 법률 전문 대학원을 졸업하고 사법 시험보다 훨씬 완화된 자격 시험을 통과하면 된다. 앞으로는 미국과의 FTA Free Trade Agreement[9] 체결로 해외 변호사들도 국내에서 활동이 가능하게 된다. 법률 전문 대학원으로 국내 법조계 종사자들 숫자도 늘지만 해외로부터 법률 서비스가 가능한 일류 업체들이 한국에 진입해 무한경쟁을 펼친다면 과거처럼 법조인이 된다는 것 자체가 부와 명예를 한꺼번에 손에 쥘 수 있는 시대가 저물고 있는 것이다. 지방의 경우, 사법 시험 최종 합격자들은 출신 학교뿐만 아니라 거주하고 있는 동네, 고향 마을에 이르기까지 플래카드가 곳곳에 붙을 정도로 집안 경사였다.

최근 들어 사법 연수원에 부쩍 대기업 취업 설명회가 자주 열렸다고

---

9 국가 간 물자나 서비스의 자유로운 이동을 위해 모든 무역 장벽을 완화하거나 제거하는 협정.

한다. 과거, 사법 연수원 졸업생들이 법원이나 대형 법률 회사 등에 자리를 못 구하면 간다는 대기업에 이제는 취업 설명회를 열 정도로 관심이 높아졌다. 수요와 공급의 법칙에 따라 과거 변호사를 구하는 대기업이 많아 몸 값이 높았던 것이 비해 요즘은 외부 법률 기관 활용, 기 확보된 변호사들로 인해 변호사들의 대기업 취업문도 점점 좁아져 취업 경쟁률이 높아졌다. 그 결과 대기업들도 신입 변호사들에 대한 대우가 낮아져서 과거 초임 발령 시 과장급에서 현재는 대리급으로 격하되었다. 이렇듯 변호사들간 경쟁이 심해지면서 변호사 사무실이 밀집한 지역의 지하철 역에 가면 변호사 사무실을 선전하는 대형 광고물들을 이제 손쉽게 볼 수 있다. 본인의 얼굴을 간판으로 걸고 무슨 전문 분야 그리고 어떤 방송에 출연 등 본인을 알리기 위한 홍보를 점점 다양하게 하고 있다. 또, 개업 변호사들의 업무들이 점차 대형 로펌에 빼앗기면서 변리사, 공인중개사 등의 분야까지 진출하기 위해 기존 이익단체들과 첨예하게 대립하고 있다. 공인중개사 업무의 경우 이미 변호사들이 시장 진입해 공인중개사에게 몇 백만 원을 중개수수료로 지불해야 했던 수억 원의 주택 전세와 매매 계약 시 정액제로 99만원에 대행해 주고 있다. 이는 과거라면 상상도 할 수 없었던 일이다.

　의사들 역시 과거와 같이 개업만 하면 무조건 돈을 벌 수 있는 시대가 지나고 있다. 매년 의과대학 졸업생들은 그 숫자가 늘어왔으며 해방 이후 부족했던 의사들은 이제 동네 상업 빌딩에 몇 곳이 병원일 정도로 늘어 났다. 병원 개업을 위해 은행에서 몇 억 원의 빚을 내서 의료 장비를 구매 후 병원을 차려도 몇 년 만에 갚을 정도로 개인 병원이 호황일 때가 있었다. 하지만 이제는 은행에서 의사라는 타이틀만 가지고서 돈 빌리는 것조차 쉽지 않게 되었다. 이는 비단 개인 병원이 많아지기도 했지만 한국인들이 대형 병원에 대한 선호도가 높아지면서 각 지역 대학 병원이나 서울 소재 대형 병원들에서는 환자들이 몇 주에서 몇 달씩 대기해야 하지만 지방 소재 개인 병원들은 도산을 하는 곳이 적지 않다. 이렇다 보니 병원들이나 의사들이 연합을 해서 병원의 규모를 키우거나 외부 투자를 통해 대형 병원 설립 후 의사들을 월급쟁이로 고용하기도 한다. 이런 시장에서 살아남기 위해 의대생들은 성형이나 안과 전공으로 몰리고 있지만 이제는 그 시장마저 포화되고 있다. 이런 치열한 경쟁 속에서 의사들은 살아남기 위해 병원 개업 후에도 본인 전공 이외에 수입을 목적으로 타 전공 과목까지 진료를 하고 있어 최근 논쟁이 일고 있다. 즉, 치과 병원에서 피부 주름 개선을 위한 보톡스 시술을 하고 있기 때문에 이런 진료가 과연 합법인지 논란이 일고 있다. 2015년 말에는 성형 외과 의사가 유흥 업소 관계자들과 모의해서 유흥 업소 종사들에게 수천 만원에 해당하는 성형 수술을 미리 해주고 유흥 업소 관계자는 선불금 형태로 병원에 지불 후 성형 수술 받은 당사자가 추후 갚게 하는 행태까지 보여 사회 전체를 충격에 빠뜨리기도 했다.

변호사나 의사는 그나마 명목상 정년 없이 활동할 수 있지만 회사에 취직한 엔지니어들의 경우 50대가 되기 이전 승진 대열에 합류하지 못할 경우 명예 퇴직하는 것이 일반화되었다. 2015 ~ 2016년 1년 동안 삼성그룹이 구조조정을 위해 1만명을 인원 감축한다는 소식이 공표되기도 했지만 발표 되지 않은 사례를 훨씬 더 많다. 그럼에도 불구하고 최근 이공계 대학이 취업 기회가 더 많다는 이유만으로 대학 지원자들이 몰리고 있다. 하지만 한국 내에서 엔지니어들에 대한 처우나 짧은 수명 등은 선진국 대비 여전히 풀어야 할 숙제가 많다.

우등생이 비우등생에 비해 사회에서 부와 명예를 쥘 확률은 여전히 상대적으로 높다. 하지만 과거처럼 무조건 공부 잘하는 우등생이 사회에서 성공하는데 있어 필수 조건은 아니게 되었다.

대학 교육은 선택

2017년부터는 대학 수용 정원이 고등학교 졸업자보다 많아진다고 한다. 과거 고등학교 졸업자보다 대학교 입학 정원이 적을 때는 대학 입학과 졸업이 하나의 특권이었다. 하지만 이제는 대학교는 골라갈 수 있는 하나의 선택지가 되어 버린 것이다. 이미 현실에서 과거와 달리 대학교 졸업장은 결코 밝은 미래를 보장하지 않는다. 즉, "나는 대학보다는 미래를 위해 다른 길을 선택했습니다"라는 얘기가 과거에는 대학에 못간 핑계거리 일 수도 있으나 앞으로는 '그럴 수도 있었겠구나' 하고 수긍하는 사회가 도래할 것이다.

젊은 시절의 1년은 미래의 10년 이상을 좌지우지 한다고 했다. 이런 중요한 젊은 시절에 한국의 일부 젊은이들은 대학에서 의미 없는 시간을 보내버리곤 한다. 한국 전체 대학을 싸잡아 얘기할 순 없지만 이미 대학 교육을 경험한 기성 세대들이 돌이켜 보면 한국 대학 교육이 과연 전문직을 제외하곤 사회 생활에 어떤 영향을 미쳤는지 반문할 수 있을 것이다. 그럼에도 불구하고 아직도 우리는 대학 졸업장에 목을 매고 있다.

선진국에서도 대학 교육의 효용성에 대해 의문을 제기하는 사람들이 많다. 그 대표주자가 미국 실리콘밸리를 움직이는 파워그룹 '페이팔PayPal 마피아'의 대부 피터 필Peter Thiel이다. 그는 스텐포드대학교에서 철학을 전공했고 스텐포드 로스쿨을 졸업하고 1998년 전자결제시스템 회사인 페이팔을 창업해 빠르고 안전한 온라인 상거래 시대를 열었다는 평가를 받고 있다. 이후 그는 투자자로서도 많은 활동을 벌이고 있다. 2004년 그의 첫 투자를 페이스북에 했고 한 동안 이사로서도 활동도 했다. 그가 속한 그룹이 페이팔 마피아라 불리는 이유는 전직 동료들과 함께 성공적인 투자를 통해 많은 스타트업 기업을 육성해서 운영하고 있고 이 회사들이 실리콘밸리에서 자리를 잡아가고 있어 그들의 파워가 나날이 높아져가고 있기 때문이다. 피터 필은 학교 교육보다 학습을 우선하라고 권함으로써 미국 내 논쟁을 불러일으키고 있다. 또한 틸 장학금Thiel Fellowship을 만들어 장학생으로 선정된 학생에게 대학교를 중퇴하고 창업하는 조건으로 10만 달러를 지원하고 있다. 그가 이런 파격적인 지원을 하게 된 계기는 2012년 미국 스텐포드대학교에서 스타트업에 관한 강의를 하면서 대학생들이 몇몇 전공 분야에서는 고도의 전문적 기술을 습득하지만 정작 그 능력으로 사회에 진출해서 무엇을 할 수 있는지에 관해서는 배우고 있지 못하다고 느꼈기 때문이었다. 그래서 당시 그가 진행하는 수업뿐만 아니라 이런 장학금 제도를 마련해 학생들이 학교의 전공이 정해주는 진로를 넘어서 무언가 스스로 만들어 나가고 더 넓은 미래를 볼 수 있도록 도와주고자 했던 것이다.[10]

한 분야의 전문가가 되기 위해서는 '1만 시간의 법칙'이 적용된다. 하루 3시간씩 10년을 투자하면 적어도 그 분야에서 최고의 전문가가 될 수 있는 것이다. 예들 들어 빵을 만드는 것에 흥미가 있어 그 분야로 직업을 선택할 경우, 10대 중후반부터 시작하면 이미 30대 이전에 전문가가 되어 적어도 본인 이름을 그 분야에서 알릴 수 있는 것이다. 유명해지진 않더라도 적어도 먹고 사는 문제는 해결되고 정말 본인이 하고 싶었던 일을 할 수 있기 때문에 자아실현도 할 수 있다. 하지만 본인의 적성과 꿈에 무관하게 대학에 진학할 경우 20대에도 여전히 취업에 대한 고민을 하고 있을 것이다. 천편일률화된 대학에 진학하는 것 보다 본인이 진정 원하는 것을 배울 수 있는 대학에 진학을 하는 것이 낫다.

독일의 바이엔슈테판 맥주대학은 말 그대로 맥주만 가르치는 대학이다. 맥주 제조는 물론이고 맥주 마케팅, 맥주 원료 선별법, 맥주 원재료 구입 등 대학에서 맥주 전문가를 양성하는 것이다. 이 대학은 지역 내 가장 큰 양조장과 산학협력 프로그램을 운영해서 대학에 다니면

10 『제로 투 원』_ 피터 틸 & 블레이크 매스터스

서 실무까지 익힐 수 있도록 해 준다. 학생들은 산학협력 프로그램에 참여함으로써 학비 보조도 받고 실무도 익힐 수 있으므로 일석이조이다. 이런 유사한 대학들이 지역 내에 많기 때문에 굳이 다른 지역으로 유학을 가지 않고 집 근처에서 다닐 수 있어 생활비 부담도 줄일 수 있다. 맥주 회사 입장에서도 대학 졸업 후 실무 경험이 충분한 졸업생들을 바로 채용해서 현장에 투입할 수 있다. 이는 곧 독일이 맥주 강국으로 자리잡고 있는 원동력이 되고 있다. 한국 역시 맥주 전문가가 되고 싶으면 맥주를 가르치는 대학에 진학하는 풍토가 마련 되어야 한다.

미국에서는 대학교 학과별 순위도 발표한다. 즉, 분야별로 우수한 대학교를 별도로 발표하여 학생들의 진학을 돕는다. 학창 시절부터 내가 하고 싶은 분야로 진출을 고민하고 배움의 필요성을 느낀 청소년들은 대학 간판을 보지 않고 학과를 보고 대학에 진학을 하는 것이다. 막상 진학해 보니 본인이 생각했던 것과 다르거나 다른 대학교에 더 좋은 스승이 있다는 것을 알게 될 경우, 교환학생이나 해당 학교로 대학원을 진학하기도 한다.

독일과 미국 모두 배움의 의지가 있는 학생들만 대학에 진학하고 더 이상 배움의 뜻이 없는 학생들은 대학에 진학하지 않고 바로 사회에 진출 한다. 이런 선진국조차 대학 진학은 필수가 아닌 선택 사항으로 생각한다.

늘어나는 대학 자퇴생

한국의 대학 진학률은 2008년 83.8%를 정점으로 2015년 70.8%로 낮아졌지만 여전히 OECD 국가 중 최고 수준을 유지하고 있다. 하지만 대학 학업을 중간에 포기하는 대학생들이 2009년 9만 161명에서 2014년 16만 2723명으로 크게 늘었다.[11] 이런 현상은 사교육 혹은 수동적인 교육의 부작용 중 하나이긴 하지만 그래도 우리 젊은이들이 진로에 대해 각성하는 비율이 점차 늘고 있다는 좋은 현상으로 보여진다. 한국 사회의 경우, 학교 중퇴자들을 보는 시선이 좋진 않지만 해외의 경우, 애플의 창업자 스티브 잡스나 페이스북의 창업자 마크 주커버그 역시 대학을 중퇴하고 세계적인 회사를 창업한 것처럼 자연스런 현상으로 치부된다. 선진국 대비 한국은 이들을 위한 사회 제도적 장치나 대학에서의 보완책이 전혀 없는 상황이다. 결국 본인이 그런 어려움을 스스로 뚫고 나와야 하는 것이다. 우리네 긴 인생을 봤을 때 대학생이 되어서야 본인이 진정 원하는 것을 찾기 위해 발로 뛰는 것도 늦었다 할 수 없다. 하지만 안타까운 것은 이들이 어린 시절부터 부모와의 많은 대화, 경험의 공유가 있었다면 이런 시행 착오를 줄일 수 있지 않았을까?

한국도 뒤 늦게나마 대학 중퇴생을 줄이기 위한 보완책으로 몇 가지 정책을 내 놓고 있다. 먼저, 대학은 신입생 선발 과정에서 자유 전공으

---

11 4년제 기준, 대학 알리미

로 학생들을 선발한다. 대학에 진학해서 충분히 여러 강의를 들어보고 나서 본인의 전공을 택하게 하는 것이다. 다만, 이 제도에도 보완이 필요한 부분이 결국 학생들이 선택하게 되는 전공이 사회에 진출해서 취업이 잘될만한 학과이기 때문이다.

또 다른 보완책은 '갭이어Gap Year' 제도이다. 갭이어란 학업을 잠시 중단하거나 병행하면서 봉사, 여행, 진로 탐색, 교육, 인턴, 창업 등의 활동을 체험하며 자신의 흥미와 적성을 찾고 앞으로의 진로를 설정하는 기간으로 1960년대 영국에서 시작되었다. 이 제도가 영국에서 성공적으로 정착하자 아일랜드에서 이를 전환학년제라는 이름으로 도입하였고 학생들의 참여율, 만족도가 높아 다른 유럽 국가들에서도 도입하기 시작했다. 미국과 캐나다에서는 우수한 학생들이 대학 중도포기에 대한 대책으로 도입되었으며 이 프로그램에 참여한 학생들의 중도 포기율이 급격히 저하되자 대학입학 전에 갭이어 제도를 권장하거나 조건부 입학제도로 운용하고 있다. 아일랜드, 영국, 유럽, 미국, 캐나다, 호주, 뉴질랜드 등이 갭이어를 시행하고 있으며, 일본도 2011년 'JGAP' 이라는 이름으로 갭이어 제도를 도입했다. 한국도 2011년 한국갭이어가 설립되어 관련 프로그램을 통해 학생들의 갭이어 체험을 지원하고 있다. 네이버 지식백과 경험만큼 소중한 자산이 없다고 했다. 학교에 앉아서 일방적으로 전달 받은 지식만으로 자신의 장래와 직업을 정한다는 것이 얼마나 큰 부작용을 일으키는지 알게 된 선진국에서는 일찍부터 이런 정책을 시행하여 학생들의 진로 선택을 돕고 있다.

도전하는 인재가 되기 위해

목표 의식 갖게 하기

과거 필자가 소위 말하는 '강남 3구'의 전교 1등 학생 몇 명을 개인 지도한 경험이 있다. 당시 필자는 학원에도 출강을 하고 있었고 강남 이외의 지역에서도 개인 지도를 하고 있었다. 자연스레 강남 3구의 전교 1등 학생들은 다른 지역구 학생들과 과연 무엇이 다른가에 대해 의문을 갖고 비교해 봤다. 몇 해 동안 관찰한 결과 어느 지역이든 전교 1등 학생과 그렇지 않은 학생들의 가장 큰 차이는 '얼마나 큰 목표를 가지고 그 목표 달성을 위해 계획을 세우고 실천하는 가'였다. 전교 1등 학생들은 학년에 상관 없이 본인의 목표 즉 진학하고자 하는 대학교와 학과가 일찍부터 정해져 있었다. 또, 그 대학에 입학하기 위해서는 어떤 것들을 준비해야 하는지 명확히 알고 있었고 그것을 달성하기 위한 단기, 중기, 장기 계획이 있었다. 그리고, 중간고사나 기말고사처럼 단기 시험 준비 시에도 이미 한 달 전부터 매일, 매시간 계획을 세워 어떤 과목에 어떤 부분을 중점적으로 공부해야 하는지 미리 계획표를 세웠다. 당시 필자의 강의 계획보다 더 치밀하게 세운 전교 1등들의 계획표를 보고 새삼 스스로에게 부끄러웠던 적도 있다. 바로 그런 점이 전교 1등을 할 수 있는 원동력임을 알게 되었다.

아이들이 성장해서 대학과 대학원에 진학하고 다시 취업을 해서 일하는 대부분의 과정에서 목표 수립과 실행은 필수적이다. 어린 시절부터 자신의 꿈에 대한 목표를 세우고 이를 구체화 하는 것을 자연스럽게 체득한 아이들은 성장 과정 중에 꼭 전교 1등은 아니더라도 본인만의 목표를 위해 묵묵히 정진할 수 있는 사람이 될 수 있다. 여기서 중요한 점은 이 '목표'라는 것이 자기 스스로 수립할 수 있느냐 하는 것이다. 자기 스스로 수립한 목표는 달성에 있어서 자발적 동기 부여를 할 수 있다. 그렇기 때문에 전교 1등 학생들이 다른 학생들보다 앞서 나갈 수 있었던 이유는 목표 달성을 위해 본인 스스로에게 채찍질을 할 수 있었기 때문이다. 이 때는 누가 옆에서 말리건 주변에서 무슨 풍파가 일어나든 자기만의 길에 매진할 수 있게 된다. 꼭 공부에 관련된 것이 아니더라도 아이들에게 목표를 갖게 해 주는 것이 어떤 도움보다도 21세기 인재로 거듭나는 데 가장 효과적이다. 예를 들어 아이를 상담하는 TV 프로그램에서 아이가 '레고Lego'[12]에만 빠져 도통 헤어나오지 못해 고민한다는 부모의 사례가 소개되었지만 레고를 취미로 하는 필자가 보았을 때는 상당한 수준의 창작 능력을 보이는 학생이었다. 앞으로 그 학생이 본인의 능력을 더 개발한다면 레고 본사에 창작 디자인을 판매하는 일을 할 수도 있고 아니면 한국인 최초로 덴마크에 있는 레고 본사에 디자이너로서 취직할 수 있는 사람으로 자라날 수도 있을 것이다. 지금부터 어떤 목표를 세워 실행하느냐에 따라 세계에 영향을 끼칠 수도 있는 중요한 인물로 성장을 할 수 있는 것이다. 이는

---

12 1932년 목수 출신 올레 키르크 크리스티얀센이 덴마크 빌룬트 지역에 장난감 공장을 열고 사업 시작. 현재는 전 세계에서 레고 완제품 박스가 1초에 7개씩 판매됨

비단 아이들에게 뿐만 아니라 지금 성인이 된 모든 이들에게도 적용할 수 있는 것으로 현재 70살인 사람이 설령 80살에 죽음이 예견 되어도 앞으로 10년을 위한 목표 수립과 이에 대한 수행을 하더라도 늦은 나이는 아닐 것이다.

자아와 자존감 회복

지금까지 한국은 경제발전이 최우선 목표였기 때문에 개인보다는 늘 회사와 조직이 우선시 되었다. 3차 산업혁명 시대에 이는 유용한 정책이었다. 모두가 한 곳만을 바라보며 일심단결해서 뛰면 결과는 좋은 쪽인 경우가 많았기 때문이다. 하지만 4차 산업혁명 시대에 접어들고 있는 지금 과거와 같은 방식으로는 개인도 사회도 발전에 한계를 맞게 되었다. 우리 사회가 대량 생산, 대량 소비의 시대를 벗어났기 때문이다. 이제는 소가족도 아닌 1인 가족, 결혼 보다는 개인의 삶, 자식 보다는 나 등 사회상과 가치관의 변화가 수반될 사회에는 다수를 아우르는 조직보다 개개인에 초점이 맞춰질 것이다. 이는 대량의 지식이 생산되어 소비되었던 작금의 현실이 변화되고 있음과 일맥 상통한다. 따라서 그 동안 몰개인화에 익숙했던 우리는 자라나는 세대들에게 익숙해질 개인주의적 삶을 어떻게 준비해야 하는지 알려줄 필요가 있다.

일에서 행복을 추구할 때

　매년 전세계 국가를 대상으로 행복 지수 조사를 할 때마다 한국은 하위권에 속해 있다. 2015년 말 케이블 방송인 tvN을 통해 방영 되었던 드라마 '응답하라 1988'은 케이블 TV 프로그램이라는 제약에도 불구하고 평균시청률 18.6%닐슨 코리아, 유료플랫폼 가구, 전국 기준이라는 경이적인 기록을 남겼다. 가히 사회적 열풍이라 할 정도의 선풍적 인기는 단순히 우리의 추억 여행을 통해 향수 자극만을 통해 도달 가능한 시청률 수치였을까? 한국은 현재 1988년보다 경제 규모도 커졌고 국민 소득도 늘었지만 왜 그 때를 회상하며 '그 때는 그래도 저렇게 부족하지만 여유 있고 행복했지!' 하며 미소 짓는 이유가 그 당시 사람 사는 맛이 요즘 느끼기 힘들어서가 아닐까? 드라마 내용 중에 새벽 1시까지 매일 독서실에서 공부하는 아들도 저녁 식사만은 집에 계신 홀어머니와 여동생을 생각해 집에 와서 먹고, 다른 가정 역시 온 가족이 저녁 식사만큼은 한 밥상에 둘러 앉아 먹는 모습을 볼 수 있었다. 이런 장면은 추억 여행을 통해서만 볼 수 있는 생소한 그림이 되어 버린 현실에 현재 우리의 풍요는 우리의 행복과 맞바꾸어 버린 것이 아닐까?

　이제 우리는 직업에 대한 관념을 바꿀 때가 되었다. 연봉이 높은 직업이 좋은 것이 아니라 내가 일에서 행복을 느낄 수 있는 일, 남의 시선을 고려해서 선택하는 직업이 아닌 내가 진정 좋아할 수 있는 일이 좋은 직업이다라는 생각이 저변에 깔려야 한다. 연봉이 높고 남이 부러워할 직업을 갖기 위해 명문 대학에 진학하고, 명문 대학에 진학하기 위해 높은 사교육비를 부담하는 악순환에서 벗어나야 한다. 유럽 연합을 이끌어 가고 있는 독일을 보더라도 대학 진학률은 한국 보다 낮은 40% 미만 수준을 유지하고 있다. 고등학교 시절부터 본인의 적성에 따라 선택한 분야에서 수업 받으며 20대 중반 준전문가 수준에 이르면 한국 대기업 초봉 수준보다 높은 연봉을 받으며 본인들의 일에 대한 만족도를 훨씬 높이고 있다. 노동에 대한 정당한 가치가 인정 받는 사회가 되고 교육 여건을 갖춘다면 우리 아이들이 우등생이냐 아니냐는 판단 잣대가 무의미해 질 것이다. 이를 실천하고 있는 독일은 유럽 연합 국가들이 경제 위기 상황을 겪는 와중에도 오히려 경제 성장률이 증가하며 유럽 연합의 맹주를 유지하고 있다. 그 근간에는 자신의 일에 대해 만족하며 일을 하는 사람들이 주축이 되는 탄탄한 중소 제조업이 뒷받침 되었기 때문이다.

과거 소수의 엘리트 집단이 이끌던 한국 경제 성장 정책에는 한계를 맞았다. 한국이 이 난국을 타파하기 위해서는 다양한 경제 주체들이 등장하여 산업계를 뒷받침 해야 할 것이다. 이를 위해서는 강소 기업들이 많이 등장해야 하는데 굳이 제조업뿐만 아니라 문화 콘텐츠 기업, 디자인 기업, 외식 기업 등 분야도 제한이 없어야 한다. 이런 기업들이 빨리 자리를 잡기 위해서는 결국 개인들의 힘이 관건이다. 과거처럼 국가와 엘리트 집단의 명령을 받아 일사 분란하게 움직이는 것이 아니라 일에서 행복을 찾을 수 있는 능동적 사람들이 대거 등장해야 한다. 현대인들은 갈수록 기업의 부속품처럼 여겨져서 과거 우리 부모 세대만큼 회사에 대한 애사심이나 충성도가 없어졌다고 얘기들 한다.

일을 통한 자아실현 기회도 점차 감소 되고 있다. 즉, 일에 대한 열정 없는 개인주의가 팽배해졌다고 얘기하는 고용주들이 맞는지 우리는 기업의 소모품일 뿐이다라고 치부해 버리는 개인이 맞는지 고민해 볼 필요가 있다.

2015년 한 대기업이 발표한 취업 시 경쟁률은 서류전형부터 최종 합격까지 3,000:1이었다고 한다. 하지만 이렇게 어렵게 입사한 회사에서 1년 내 퇴사하는 비율이 평균 27.7%라고 한다.[13] 한국에서 2012년 1년 내 퇴사 비율이 23.6%에서 2014년 25.2%에 이어 계속 증가 추세이다. 취업포털 '사람인'에서 조기 퇴사자 들을 인터뷰한 결과 사직 이유는 적성에 맞지 않는 직무, 업무 불만족, 근무시간&근무지 불만 순이었다. 이런 높은 조기 퇴사율은 회사로서도 손해지만 국가적인 손실이기도 하다. 일에서 행복을 찾을 수 있고 자아실현을 할 수 있다면 우리 사회는 다시 한 번 부흥기를 맞을 수 있을 것이다. 이의 초석이 되는 것이 어린 시절부터 꿈과 적성을 찾는 일을 지속하고 부모들은 아이들이 이를 실현할 수 있도록 조력해야 할 것이다. 즉, 100세 시대를 맞아 긴 호흡으로 인생 설계를 할 수 있도록 어린 시절부터 준비해야 한다. 남들보다 1~2년 늦는다고 해서 100세 인생에서 차지하는 비중은 겨우 1~2%이다. 시행착오도 겪어보면서 정말 내가 하고자 하는 일을 찾는 것이 다소 시간이 걸리더라도 길어진 우리 인생을 봤을 때 오히려 전화위복이 될 것이다.

---

13 한국경영자 총협회 '2016년 신입사원 채용실태 조사' 결과, 전국 306개 기업 대상

타인의 시선에서 자유롭게

최근 초등학생들이 SNS를 친구들과의 소통의 창으로 이용하는데 SNS에 올리는 게시물에 달리는 '좋아요'가 매일 몇 개냐에 따라 하루 종일 기분이 좌지우지 되고 적게 받으면 그 스트레스 때문에 심각한 고민을 한다고 한다. 이렇게 어린 친구들도 벌써부터 남의 시선을 신경 쓴다는 것은 심각한 현상이 아닐 수 없다. 본인의 자존감을 이런 식으로 확인한다는 것은 향후 성인이 되어서도 문제가 된다. 2016년 봄 인터넷 방송에서 현금화 할 수 있는 '별풍선'이라는 것을 받기 위해 도심에서 광란의 자동차 질주를 하면서 이를 생중계한 사람들이 구속된 사례가 있었다. 이런 행동을 분석한 전문가들에 따르면 이들은 돈 뿐만 아니라 본인들의 자존감 확인을 위해서 즉 남들로부터 인정 받기 위해 이런 무모한 행동을 한다고 한다.

우리가 사회의 구성원으로서 살아가는 한 남의 시선으로부터 자유로울 수는 없다. '남의 시선'의 긍정적인 측면은 실수를 줄이기 위해 긴장 상태를 유지한다던 지, 좀 더 나은 모습으로의 변신을 위해 자기 스스로에게 동기 부여를 하는 것을 생각해 볼 수 있다. 하지만 부정적인 측면에서 보면 이웃의 누구 집 아들이나 딸이 몇 개의 학원을 다닌다고 하면, 그에 지지 않기 위해 자기 아이 역시 비슷한 수준의 학원들 보내려고 한다. 이는 아이의 인·적성을 고려하기 보다는 무조건 남들 시선에 조금 더 잘 보이려는 생각이 기저에 깔려 있다. 대학교나 직장 선택에 있어서도 고려하는 점이 남의 눈에 어떤 것이 더 근사해 보일 지가 선택하는 이유의 큰 부분을 차지한다. 과거 강남 일원에서 자녀가 원해서 인문계 고등학교를 포기하고 직업전문학교에 진학한다고 하면 주변의 수군거림에 견디지 못해 이사를 할 수 밖에 없었다는 부모의 안타까운 글이 아직도 머리에 맴돈다.

본인의 인생이나 아이들의 인생을 결코 주변에서 책임져 주지 않는다. 어떤 동창이 국내 굴지의 대기업에 취직했고 누구 집 아이가 어느 대학에 입학했다라는 것은 결국 주변의 얘기이지 내 얘기가 아니고 내가 영향 받을 일은 아니다. 내가 정말 좋아하는 일이 무엇이기 때문에 이 일을 선택하고 내 아이의 향후 미래를 생각해서 대학교 진학을 하지 않거나 이런 대학에 진학한다는 것은 나 또는 우리 아이의 인생 그 자체인 것이다. '사촌이 땅을 사면 배가 아프다'라는 속담이 전 세계에 통용되는 얘기지만 비단 한국은 다른 나라 대비 특히 더 심하다. 그 단편적인 예가 '무슨 학군'이다라고 해서 교육 환경 여건에 따라 변화되는 한국의 집값이다. 똑같은 아파트임에도 길 하나를 두고 학군이 갈린다고 해서 매매 가격이 1억원씩 차이가 나는 곳은 전 세계를 찾아봐도 한국 밖에 없을 것이다. 여러 요인에 의한 현상이지만 그 기저에 깔린 생각은 결국 남의 시선에 비춰지는 나나 내 아이들의 장래 모습을 신경쓰기 때문에 일어나는 일들일 것이다. 남의 시선을 신경 쓰며 사는 피동적인 삶은 개인과 사회 발전의 정체를 가져왔고 이에 대한 타파 없이 우리는 다가오는 시대에 발전보다는 퇴보를 더 경험하게 될 것이다.

자기 주도적 삶

GE의 전설적인 경영자 잭 웰치는 배움을 통한 끊임 없는 자기 변화의 중요성을 다음과 같이 표현했다.

"현상 유지에 만족하는 사람도 있을 것입니다. 그러면 반드시 위기를 맞게 되어 있습니다. 더 정확히 말해서, 배우지 않으면 언제 무너질지 모릅니다. 끊임없이 배우고, 여러분이 속한 조직과 팀 그리고 여러분의 커리어에 어떤 일이 벌어지고 있는지 주도 면밀하게 파악하는 편이 더 낫지 않겠습니까? 자극이 있어야 성장과 성공을 도모할 수 있을 테니까요."[14]

우리는 오늘보다 나은 내일을 만들기 위해서는 크던 작던 끊임 없이 자기 혁신을 통해 무언가를 창조해 내야 한다. 역사를 통해 이런 반복으로 인류가 계속해서 풍요로워진 것처럼 말이다.

인공지능 '알파고' 아버지의 삶

2016년 한국의 바둑 천재 이세돌 9단을 이겼던 인공지능 알파고를 만든 영국인 데미스 하사비스. 그는 1976년 영국 런던에서 그리스계 아버지와 싱가포르계 어머니 사이에서 2남 2녀 중 장남으로 태어났다. 데미스 하사비스는 13세에 세계 유소년 체스 대회에서 2위에 올랐고

---

14 『잭 웰치의 마지막 강의』_ 잭 웰치 & 수지 웰치 공저

17세에 이미 수백만 카피를 판매한 시뮬레이션 게임 '테마 파크'를 개발했다. 하시비스는 본인의 능력을 더 개발하기 위해 영국 케임브리지 대University of Cambridge 컴퓨터공학과에 진학하여 22세에 졸업하고 1998년 비디오게임 회사인 엘릭서 스튜디오Elixir Studios를 설립했다. 하지만 단순한 컴퓨터 게임이 아닌 보다 높은 단계의 무언가를 추구하기 위해 2009년 영국 유니버시티 칼리지 런던UCL에서 인지신경과학박사 학위를 받고 2010년 딥마인드DeepMind를 창업했다. 창업 이후에도 부족한 본인의 능력을 보완하기 위해 미국 매사추세츠공과대MIT와 하버드대에서 박사 후Post-Doc 과정을 밟았다. 이후 딥마인드는 2014년 구글에 5,000억원 이상에 인수되었다.

데미스 하사비스는 위와 같이 어린 시절부터 성인이 될 때까지 자기 주도적인 삶을 선택했다. 본인이 부족한 부분에 대해 끊임없이 탐구하고 보완하기 위해 필요할 때 마다 상위 학교로 진학을 했다. 그리고 본인이 진정으로 원하는 바를 깊이 고민해 보고 상위 학교에 진학을 했기 때문에 다음 단계로 성장을 할 수 있었다. 그의 진학에 있어서 선택은 대학의 간판이 아닌 본인이 진정 공부하고자 하는 분야의 전문가가 어느 대학교에 있느냐였다. 미국에서 자연과학이나 공학을 전공하는 대학교 학생들을 보면 대학원 진학 시 모교를 선택하지 않는 비중이 꽤 높다. 우리가 알고 있는 명문 대학교 예를 들어 스탠퍼드, 하바드, MIT 등을 졸업하고 석사 학위는 노스웨스턴Northwestern University과 같은 우리에게 잘 알려지지 않은 학교로 진학을 한다. 한국 정서로는 쉽게 이해되지 않는 부분이다. 한국은 오히려 지방 대학교에서 수도권 대학으로 대학원을 진학하는 것이 일반화 되어 있지만 선진국에서는 꼭 그렇지가 않다는 것이다. 이는 학생들에게 진학 시 대학 종합 순위가 중요한 것이 아니라 내가 진정 공부하고자 하는 분야의 최고 권위자가 어느 학교에 있는지가 중요한 것이다. 그리고, 해당 분야의 최고 권위자들 역시 유명 명문 대학만 선호하지 않고 연구 환경과 재정 지원 등 종합적인 분위기를 고려하여 자신이 재직할 학교를 선택한다. 일례로 캘리포니아 산타바바라Santa Barbara 대학은 미국 서부 끝자락의 작은 대학이지만 몇 명의 노벨상 수상자들이 교수로 재직하고 있다.

아이들의 꿈을 찾아서

2016년 6월 이재정 경기도 교육감이 한국일보와 한 인터뷰에서 다음과 같이 얘기를 했다. "아이를 학원에 절대로 보내지 마십시오. 아이들이 상상하게 해야 합니다. 아이를 학원에 보내는 것이 지금 당장은 좋아 보이지만 아이의 미래를 망치는 길이 될 겁니다. 아이들이 자기 시간을 자기가 계획해서 쓰게 해야 합니다. 이게 제대로 된 교육이고 이런 교육이 이뤄져야 한국은 선진국이 될 겁니다." 이는 자기 주도 학습권에 대한 좋은 충고이다.

자기 주도 학습권을 찾아오기 위해서는 현재 한국 사회에 만연한 사교육 문제부터 해결해야 한다. 사교육의 문제는 비단 어제오늘만의 이슈는 아니다. 대학수학능력 평가가 도입 되기 전인 몇 십 년 전에도 존재했었고 앞으로도 존재할 것이다. 지금 이 시점에 우리는 사교육에 기대할 수 있는 것과 사교육 때문에 우리가 희생해야 하는 것들에 대해 생각해 봐야 할 시점이다. 아이들을 좋은 대학에 보내는 것은 한국의 모든 부모가 바라는 것 일 것이다. 그리고 분명 좋은 대학은 좋은 일자리를 얻을 수 있는 확률을 높여 준다. 하지만 사교육 시간 증가로 인해 아이가 진정 원하는 것이 무엇인지를 제대로 파악할 시기는 놓치는 것이 아닐까? 사교육의 최대 목표는 결국 좋은 대학 입학이다.

청소년 시기 자신의 장래에 대해 고민해야 할 바로 그 시기에 오직 사교육이란 틀에 갇혀 명문 대학만을 인생 최대의 목표로 삼고 달려가는 아이들이 그 목표를 이뤘을 경우 다음 목표로 무엇을 삼을 수 있을까? 또, 그 시점이 되면 사회에서 선망 받는 직업을 얻기 위해 달려나갈 것이다. 이렇게 자라난 아이들이 성인이 되어 직업 선택 시 본인의 자아와 꿈을 고려할 수 있을까? 남에게 보여지는 것을 중요하게 생각해서 수동적으로 선택된 직업에 과연 얼마나 행복을 느끼며 열정을 가지고 일을 할 수 있을까? 또 이렇게 아이들에게 무한대의 사교육 기회를 제공하기 위해 우리 부모들은 얼마나 많은 시간을 희생하면서 경제적 지원을 하기 위해 노력해야 하는가?

과도한 사교육은 아이들의 인성 형성에도 부정적인 영향을 끼친다는 조사 결과가 발표되었다. 세종대 박현선 교수는 전국의 초 · 중 · 고등학생 1,000명을 설문 조사해서 분석한 결과를 '아동균형생활시간 지표'라는 연구논문으로 발표했다. 이 논문의 핵심은 학교 밖에서 사교육 등에 많은 시간을 보내는 학생들이 비록 성적은 높고, 생활수준도 좋지만 스스로 만족하고 자신을 존중하는 마음은 부족하다는 것이다.

그 결과, 우울지수 역시 상대적으로 높게 나타났다고 한다. 박교수는 과도한 학습에 시달리는 우리의 아이들이 정신·신체발달과 건강에 부정적인 영향을 받기 때문에 경계해야 한다고 했다.[15]

초등학교 학생들의 하루 평균 야외활동 시간이 34분이라고 한다. 이는 평균 100분이 넘는 미국 등과 같은 선진국 수준의 절반 밖에 되지 않는다. 이로 인해 초등학교 학생들의 80% 이상이 햇빛을 받아야 사람 몸 속에서 생성되는 비타민D 부족을 겪고 있다고 한다. 이렇듯 과도한 사교육은 어린 아이들의 몸과 마음을 병들게 하고 있다.

대학 입시 때 제출하는 '자기소개서'에 능수능란하게 적혀 있는 본인의 꿈, 목표 등이 이런 사교육에 갇혀 있던 아이들 머리 속에서 100% 나왔다고 생각하지는 않는다. 이렇게 꿈과 목표마저도 타의에 의해 만들어져 자란 아이들이 사회에 진출할 때 입사 면접을 해 보면 과연 본인이 정녕 무엇을 하기 위해 자라 왔고 왜 이 회사에 입사해야 하는지 명확히 대답을 하지 못하는 혹은 너무나 정형화된 정답을 외워서 오는 지원자들을 수없이 보아 왔다. 지금 한국의 경쟁력 감소는 바로 이런 사교육 시간 증가와 결코 무관하지 않을 것이다.

한 인간의 인생은 결국 남이 아닌 자기 스스로 설계해서 실천하고 또 그 결과에 대해 받아 들여야 한다. 하지만 현재 우리 아이들이 그런 자기 주도적인 삶은 살고 있을까? 아직 어린 아이들에게 처음부터 그런 삶을 요구할 순 없을 것이다. 하지만 어릴 때부터 자기 주도적인 삶

---

15 연합뉴스, 2016년 5월 16일자

을 살 수 있도록 학교와 부모가 도와줘야 한다.

　이미 초등학교부터 시작되는 입시의 압박은 아이들에게 미래의 꿈을 꿀 시간조차 허락하지 않는다. 그런 아이들이 대학에 입학 후 더 이상 학업에 대한 목표가 사라지면 많은 방황을 하는 것을 지켜봐 왔다. 또, 그렇게 입시에서 목표 달성만을 위해 자란 아이들이 회사에 입사해서 일을 수행함에 있어 얼마나 수동적인 모습을 보였는지 경험으로 봐왔다. 반대로 비록 명문대를 졸업하지 못했으나 자기 주도적인 삶을 살아온 사람들이 성인이 되어 오히려 더 발전하는 모습 역시 봤다. 따라서 지금 우리 아이들에게 필요한 것은 자기 주도적인 삶을 살아가는 그 첫 단추인 꿈을 꾸게 하는 것이다.

1차 교육 기관 '가정'

　2016년 5월 EBS에서 '공부의 배신, 꿈의 자격'이란 프로그램을 방영했다. 경제적으로 풍요로운 가정이 모여 사는 한국의 한 동네 초등학교 교실 뒤 벽에 여학생이 만든 포스터가 걸려 있었다. 포스터에는 부모의 직업 '의사', 장래 희망 '의사'라고 적혀 있었다. 반면 풍요로움과는 약간 거리감이 있는 동네의 한 초등학교 교실 뒤 벽에 남학생이 만든 포스터가 걸려 있었다. 포스터에는 부모의 직업 '자동차 정비공', 장래 희망 '자동차 정비공'이라 적혀 있었다. 이 대비에서 보듯 프로그램에서 진행한 설문 조사 결과 상당수의 초등학교 학생들이 부모의 직업을 동경하거나 미래에 부모처럼 되고 싶다는 결과가 나왔다. 과연 설문 조사에 참여한 초등학생들은 본인이 꿈꾸는 직업을 부모들과 충분히 얘기해 봤을까? 이런 의문점은 단순히 부모의 직업을 이어 받거나 따라 하는 것에 대한 문제 제기가 아니다. 이 프로그램 중 경제적으로 풍족한 사람들이 모여 사는 동네의 초등학교 6학년 학생들에게 진학하고 싶은 고등학교에 대한 질문을 하자 외고, 과학고, 자율형 사립고와 같은 특목고를 언급했다. 이를 위해 학원을 4~6개 최대 7개까지 다니는 초등학교 6학년 학생도 있었다. 반대로 경제적으로 풍요롭지 못한 가정이 모여 있는 아파트 단지 옆에 위치한 초등학교 6학년 학생들은 특목고라고 하는 단어 자체를 생소해 했다. 그리고 다니는 학원 수도 평균 1~2곳이었다. 금수저, 흑수저 계급론의 시작이 벌써 초등학교 시절부터 보이는 것을 알 수 있었다. 이 프로그램에게 필자가 한 가지 바라고 싶었던 것은 두 초등학교의 졸업생들의 30~40년 후의 모습을 추적해서 보여줬으면 하는 것이다. 과연 이 초등학교 학생들이 성인이 되어 살아갈 미래에 부모의 소망대로 계층 구분이 확실이 되어 여전히 잘 사는 그룹과 못 사는 그룹이 초등학교 그 시절과 같을까?

한국이라는 좁은 틈바구니 안에서 경쟁을 통해 대학에 진학하는 한 두 그룹 학생들 중 상당 수가 공부 잘하는 상위 몇 퍼센트 학생들의 들러리 밖에 될 수 없을 것이다. 뻔한 결과 예측을 과감히 뒤집어 엎기 위해서는 지금부터 부모들이 노력이 중요하다. 내 아이가 공부로 전국 상위 3% 안에 들지 못할 것 같다고 한다면 사교육은 밑 빠진 독에 물 붓기가 될 것이다.

이런 아이들은 지금 중학교와 고등학교를 진학해야 하는 것보다 학창 시절에 무엇을 경험하고 이 경험을 바탕으로 성인이 되어 무엇을 하고 싶은지에 대한 얘기가 우선시 되야 한다. 초등학교 6학년 학생을 둔 부모라 하면 이미 사회 생활을 적어도 12년 이상했을 사람들이기 때문에 수많은 경험들을 가지고 있을 것이다. 따라서 아이들이 궁금해 하는 것에 대해 충분히 얘기해 줄 수 있고 아이들이 자신만의 꿈을 가질 수 있도록 이끌어 줄 수 있을 것이다. 이를 위해 부모와 아이들 간 충분한 대화의 장이 마련 되야 할 것이다. 필자가 이 시기의 아이들을 지도해 본 결과 과거와 달리 정신적으로 훨씬 성숙해 있고 많은 생각들을 하고 있음을 알 수 있었다. '자 이제 우리 아이에게 어떤 중요한 시기가 왔기 때문에 이 때부터 심층적인 대화를 하자!' 마음 먹을 부모들도 있겠지만 그 동안 단절된 대화를 한 번에 자연스레 이어 갈 수 없을 것이다. 아이의 꿈을 찾는 것 역시 단기간에 답을 찾을 수 있는 것이 아니므로 아이의 성장과 함께 꿈도 같이 성장할 수 있도록 지속적으로 대화의 장을 이어가야 할 것이다. 그렇지 않는다면 아이들은 그저 눈에 보이는 부모의 직업을 곧 내 미래의 직업으로 생각하는 경향이 커질 것이기 때문이다.

평생학습, 교육의 수급자 겸 공급자

인간의 수명이 지금보다 늘어나고 인간, 로봇, 인공지능이 공존하는 세상이 오면 사람이 평생 갖는 직업의 개수가 지금보다 많아질 것이다. 미래에는 은퇴 연령이 점점 빨라지고 평생 직장의 의미도 퇴색될 것이다. 개인의 삶과 가치 추구가 우선시 되면서 자신의 인생 목표와 가치관에 반하면서까지 기존 직장을 유지하려 하지 않을 것이다. 따라서 잦은 직업 변경을 위해서는 필요에 따라 단기 또는 중기에 걸쳐 직업 선택 시 필요로 하는 '마이크로 교육'이 대세를 이룰 전망이다.

개인별 맞춤 직업 훈련

회사는 이익을 추구하는 곳이기 때문에 입사 후 바로 현장에서 뛸 수 있는 사람을 선호한다. 최근 들어 기업들의 수익성이 악화되면서 신입 사원보다 경력 사원을 선호 하는 것은 바로 이 때문이다. 신입사원을 현장에 투입 가능할 만큼 능숙하게 만들기 위해서는 기업에서 시간적, 경제적으로 지속적인 투자를 해야 한다. 반면 취업을 준비하는 사람들은 자신이 원하는 분야 직업 교육을 받기가 쉽지 않다. 어디서 어떻게 받아야 하는지도 모르지만 교육 비용 역시 만만치 않다. 전문적인 기술을 요하는 제빵, 커피 바리스타, 미용 등은 전문 교육 기관이 쉽게 떠오르지만 고공크레인 기사, 용광로 관리사, 핸드폰 판매원, 비서, 자동차 판매원 등과 같은 직업 교육은 어디서 받아야 할까?

미래에 그 해답은 VR가상현실에 있다. IT 기기와 연결 될 수 있는 저렴한 VR 기기를 구매하고 해당 교육 프로그램의 콘텐츠만 별도 구매하면 된다. 물론 이 교육용 소프트웨어는 공인 기관에서 만들 것이고 단계별 평가가 있어 점수가 취업 시 반영될 수 있어 입사 시험을 별도로 봐야 하는 번거로움도 덜 수 있다. 즉, 교육용 소프트웨어가 인증 프로그램이 되는 것이다. 평가 시 감독관은 다른 기기에서 네트워크로 접속해서 관찰도 할 수 있을 것이다. 간단한 장비만으로 교육이 가능하기 때문에 교육을 받는 사람은 시간과 장소에 구애 받지 않게 된다. 가상현실을 통해 이론 교육뿐만 아니라 실습까지 진행하기 때문에 기업에서 필요로 하는 즉 현장에 바로 투입이 가능한 실질적인 인재로 거듭날 수 있다. 교육 과정에서 본인 적성 등을 다시 한 번 확인해 볼 수 있어 잘못된 직업 선택도 줄어들게 될 것이다.

물론 기업이 이 VR용 교육 소프트웨어를 직접 만들 수 있다. 최근 몇몇 대학들과 기업들 사이 취업을 전제로 기업이 원하는 과목을 대학교에서 개설하여 맞춤형 인재 육성 프로그램을 진행하고 있다. 이와 유사하게 기업에서는 본인들이 원하는 VR 프로그램을 만들어서 그것을 수강하는 취업 준비생들이 이행한 정도를 보고 선발을 할 수도 있게 된다. 기업이 직접 제작한 VR용 프로그램이므로 취업 후에도 바로 현장 투입이 가능하다.

전 세계 유명 대학의 강의도 직접 방문하지 않고도 원하는 사람들은 VR을 통해 수강할 수 있게 될 것이다. 대학 입장에서는 VR용 교육 콘텐츠 판매를 통해 수익을 올릴 수 있고 교육 수급자는 전 세계 유명 학자들을 바로 눈 앞에 있는 것처럼 강의를 듣고 질의 응답도 할 수 있다.

교육 공급자

인공지능이 무에서 유를 창조하는 데에는 상당 시간이 소요 될 것이다. 따라서 개인별 맞춤 교육을 제공하는 콘텐츠 제작은 결국 사람이 담당해야 한다. 이 콘텐츠 제작자는 해당 분야에서 오랜 기간 동안 경험을 쌓아 후학을 가르칠 정도의 노하우가 있는 사람이어야 한다. 즉, 내가 직장을 10년쯤 다니다 은퇴했다면 10년 동안 쌓은 해당 분야의 노하우를 교육 콘텐츠 생산에 활용할 수 있다.

우리는 누구나 누군가의 선생님이 될 수 있다. 나는 비록 이 분야에서 은퇴하지만 나보다 이 분야를 모르는 누군가는 해당 분야에 대해 알려줄 선생님이 필요하다. 이런 사람들에게 내 노하우를 전파할 수 있다면 나는 교육 콘텐츠 생산을 통해 수입을 올릴 수 있고 교육 수급자는 해당 분야의 노하우를 단시간에 익힐 수 있는 상생 교육이 되는 것이다. 예를 들어 나이가 들어 현장 근무보다는 내근직으로 옮기고 싶은 고공크레인 기사 20년차 전문가는 고공크레인 시뮬레이션 제작에 많은 도움을 줄 수 있고 교육을 수행하는 사람들에게 역시 자신의 노하우를 전달 할 수 있을 것이다. 또한 내근직으로 옮기고 싶은 20년차 고공크레인 전문가는 필요한 교육을 가상현실을 통해 받을 수 있다. 즉, 이 사람이 교육의 생산자이자 소비자가 된다.

- 위기의 한국 사회 리포트 -

아이들이
불행하면
미래도
불안하다

6·25 전쟁 이후 전 세계로부터 원조를 받았던 한국은 반세기 만에 GDP 기준 세계 11위의 경제 대국으로 급성장했다. 하지만 초일류국가를 앞두고 한국은 현재 도약과 퇴보의 기로에 서 있다. 앞만 보고 달려온 한국은 함께 성장해 온 위기 요인들을 수면 아래로 항상 던져 놓았었다. 문제는 수면 아래 있던 위험 요소들이 꿈틀거리면서 우리 사회의 위기감이 증폭되고 있다는 점이다.

청년층의 위기감을 중심으로 한국 사회의 미래 불안 요인을 분석했다.

❶ 위기의 한국 호

2016년 바둑 최고수가 인공 지능에게 진 사건은 단순한 충격적인 이벤트가 아닌 우리가 앞으로 나아가야 할 모습에 화두를 던졌다. 미래 어느 시점에 이번 사건을 돌이켜 보면 오히려 '전화위복'의 사례로 회자 될 것이다. 인공지능이 특정 분야에서 인간의 일자리를 대체하기 전에 한국은 지금 난국을 어떻게 타개해야 할지 고민해 봐야 하는 시점이다. 위험 요소는 한국 내부의 문제와 한국 밖에서 벌어지는 일들이 얽히고 설켜 우리에게 복합적으로 영향을 주고 있다. 그리고 이 위기 상황은 지금의 청년층들에게 취업난이란 직격탄을 날렸고 자라나고 있는 세대들에게도 무거운 짐을 안겨주고 있다. 한국의 위기 타파는 결국 자라나는 세대의 몫이 되었고 이들은 선대가 가지지 못했던 접근 방법으로 이를 해결해야 할 것이다.

인류는 산업 혁명 시대를 거치면서 이전 몇 천년 동안 이루지 못했던 눈부신 경제 성장을 단 시간에 달성했다. 한국은 이 산업 혁명 과정을 어느 국가보다 함축해서 경험했기 때문에 지금 선진 국가들이 시행착오를 통해 얻었던 그 해결책들을 단시간에 내놓지 못하고 있다. 과거 한국은 롤모델이었던 일본의 자취만 따라가면 되는 정책을 구가했지만 '잃어버린 20년'을 겪은 일본의 모습마저도 닮아가려고 하는 위기 사항에 처해 있다. 일본은 과거 미국과 함께 주요 2개국G2 지위에까지 올랐었지만 지금은 중국에 자리를 내주고 말았다. 가깝고도 먼 일본의 실패 사례를 본보기로 뭔가 더 나은 모습으로 나아가야 할 우리는 지금 치열하게 고민하지 않으면 지난 10년간 2만 달러대의 국민소득을 영원히 벗어나지 못할 것이다.

저성장의 늪

최근 전 세계의 유래 없는 장기 불황을 '저성장' 기조로 봐야 한다고 주장하는 사람들이 있다. 그 대표적인 사람이 매년 '트렌드 코리아Trend Korea'를 지필하고 있는 서울대학교 김난도 교수이다. 교수는 그의 저서에서 세계 경제성장률이 하향 조정되고 선진국의 수요 회복이 서비스 산업 중심으로 이루어지고 있기 때문에 한국의 수출 증대 회복이 당분간 어려울 것으로 보았다. 이러한 저성장 국면에서는 정부의 재정정책이나 부양책의 효과에 따라 국면 전환이 될 가능성은 있지만 일시적 정책보다는 저성장의 터널을 무사히 지날 수 있는 근본적인 체질 개선이 요구된다고 했다. 2016년 7월 1일 발간된 서울대 경제연구소 '경제논집'에 김세직 교수가 발표한 '한국경제: 성장위기와 구조개혁'이라는 정책 논문에서 한국은 지난 20년 동안 경제성장의 장기 성장률이 5년마다 1%포인트씩 하락하면서 현재 2%로 추락했다고 설명했다.

〈표〉 각 정권별 장기 경제 성장률

시기	김영삼 정부	김대중 정부	노무현 정부	이명박 정부	박근혜 정부
장기성장률(%)	6.8	5.1	4.4	3.4	2.×

한국은 경제 발전 기간 동안 구조개혁 없이 경기 부양에만 의존한 결과 과잉 투자의 부작용이 성장률 추락 현상 모습으로 나타났고 성장률이 장기간에 걸쳐 지속적으로 추락했다. 이 때문에 사람들이 쉽게 체감하지 못하다가 사회적으로 조선업과 같은 한계기업[1], 청년실업 문제들이 조명되기 시작하면서 비로서 사람들의 피부에 와 닿기 시작한 것이다.

어느 미래학자의 경고

2016년 6월 말 안타까운 소식이 들려왔다. 세계적인 미래학 석학인 미국의 앨빈 토플러Alvin Toffler 별세 소식이었다. 그는 2001년 6월 30일 김대중 대통령에게 '위기를 넘어서: 21세기 한국의 비전'이라는 보고서 전달을 통해 당시 한국이 나아가야 할 방향에 대해서 다음과 같이 제안 했었다.

• 신경제와 한국경제의 미래

15년 전 당시 한국은 선택의 기로에 서 있었다. 저임금 경제를 바탕으로 한 종속국가Dependent Country로 남을지 아니면 경쟁력을 확보해서 세계경제에서 주도적인 역할을 수행할 선도국가Leading Country가 될 것인지에 대한 기로였다. 앨빈 토플러는 장차 지식기반경제 또는 신경제로의 전환 여부가 한국경제의 미래를 결정할 것이고 생산의 핵심요소가 '지식'이 되어야 하며 전자화폐 활성화로 금융 및 투자 흐름이 가속화 되야 한다고 주장했다. '창조경제'에 대해 이미 앨빈 토플러는 15년 전에 제안을 했으며 그나마 현재 우리 경제의 활력을 불어 넣고 있는 '핀테크[2]' 역시 이미 그는 15년전에 예견했었다. 추가로 정보통신기술 발전이 생물학을 혁신시키고 생물학이 다시 정보통신기술을 혁신시켜 경제 전체를 혁신 시키는 새로운 국면 전환이 일어날 것이라 한 예견은 지금 강조되고 있는 기술간 '융합'에 대한 예측이기도 했다.

---

1 임금상승 등과 같은 경제적인 여건의 변화로 경쟁력을 잃어 더 이상의 성장하는 것이 어려울 것으로 예상되는 기업

2 Fintech, 금융과 기술의 합성어로 예금, 대출, 자산 관리, 결제, 송금 등 다양한 금융 서비스가 IT, 모바일 기술과 결합된 새로운 유형의 금융 서비스

• 한국의 지향 모델은 지식기반 경제

앨빈 토플러는 자신의 저서에 언급된 '제3의 물결' 흐름에서 한국이 쫓아갈 검증된 모델은 존재하지 않기 때문에 스스로 미래 번영을 위한 전략적 모형을 구상해야 한다고 제안했다. 한국의 롤모델이었던 일본은 수출주도형 제조업에 과감히 집중하고 IT 기술을 경제 전반에 확산시키는 데 실패함으로써 제3의 물결로의 경제전환에 실패다. 한국은 일본의 사례를 반면교사 삼아 정보통신 인프라를 사회의 각 영역에 잘 활용될 수 있도록 먼저 정부가 앞장서야 한다고 했다. 한국 정부는 최근에서야 '3년의 혁신, 30년의 성장'을 모토로 '정부 3.0' 정책을 실행하고 있다. 또, 그는 정부든 기업이든 지식기반 경제로의 회귀를 위해 조직의 유연화 및 수평적 조직으로의 탈바꿈을 주장했다.

• 기회의 창, BT

앨빈 토플러는 건강관련 기술, 서비스 영역에서 시장의 폭발적 성장과 직업창출이 기대되는 분야이므로 "한국은 BT바이오기술의 가장 중요한 수요자이자 수출 주도자로서 잠재력이 있다."고 평가했다. 이를 위해 민간기업, 대학과 손잡고 '바이오 벤처기금'을 조성해 미국, 유럽, 중국 등 100개 중소규모의 유망한 BT 선도기업에 투자하기를 권고했다. 시장조사기관에 따르면 세계 바이오 의약품 시장 규모는 향후 매년 8.7%씩 성장해 2020년에는 규모가 반도체, 화학제품 그리고 자동차 시장규모와 맞먹는 2,780억 달러에 이를 것으로 전망하고 있다.

2010년 이후에야 한국은 바이오 산업에 본격 관심을 갖기 시작했고 2014년부터 충북경제자유구역에 조성되고 있는 '오송 바이오폴리스', 2015년 '한미약품', '셀트리온' 등과 같은 기업의 실적 공개를 통해 현실화

되었다. 삼성그룹 역시 미래 신사업의 큰 축으로 바이오 산업을 선정해서 투자를 늘려가고 있다. 삼성바이오직스는 2조원을 들여 공장 2곳을 건설한 것에 이어 2015년 제 3공장 건설에 총 8,500억원을 투자했다. 바이오 반도체 사업과 유사하게 초기 대규모 투자가 필요하고 기술 확보 시 경쟁 사들이 쉽게 모방하기도 어렵다. 특히 시장안착 뒤 안정적으로 고수익을 거둘 수 있기 때문에 한국 실정에 맞는 산업이다. 특히 일본, 한국, 중국이 모두 시간차를 두고 고령화 사회에 접어들 경우 각종 의약품과 의료 용품에 대한 수요 증가가 예상되기 때문에 미래 성장성 역시 어떤 산업 분야보다도 높다고 할 수 있다.

• 굴뚝 경제 시대 교육제도 개혁

앨빈 토플러는 당시 한국의 교육체계는 반복 작업하의 굴뚝 경제체제에 기초한 형태로 발전되었고 학생들을 교육시켜왔다고 주장했다. 즉, 공장에서 공산품을 찍어내듯 일종의 '교육공장' 형태를 유지해오고 있다는 것이었다.

21세기 교육시스템은 학생들이 어느 곳에서나 혁신적이고 독립적으로 생각할 수 있는 능력을 배양해 새로운 환경에 적응할 수 있도록 길러줘야 한다는 것이 그의 생각이었다. 즉 전통적인 교육의 산실인 학교만이 교육 기관으로서의 절대 지위를 누리는 시대가 저물었음을 주장한 것이다. 학교 밖 교육을 위해 은퇴한 간호사나 회계사, 컴퓨터 프로그래머, 전기기술자를 비롯한 수백만 명의 잠재교사들은 가장 중요한 교육적 자원이며 이를 낭비해서는 안 된다고도 조언했다.

일본의 경우, 이 본보기로서 미카타시에서 운영되는 시니어 소호[3] 보급 커뮤니티 '미타가'라는 사이트에서 정보기술 활용에 능숙한 사람들이 그

268 ·미래 수업

렇지 못한 시니어들을 교육하는 사업을 벌이고 있다. 이는 일본 전역에 퍼져 있는 사업형 NPO법인사회적 기업의 대표적 운영 사례이다. 시니어 소호는 1999년 도쿄 게이오대Keio University 컴퓨터학과 졸업생 10여명이 주축이 되어 지역 시니어들에게 무료로 컴퓨터 강습을 하면서 시작됐다. 이메일 사용법이나 홈페이지 제작 등 간단한 컴퓨터 활용 교육부터 컴퓨터 수리, 정보처리기사, IT 어드바이저 등 전문기능과 자격증 취득 과정까지 가르친다. 미국 역시 은퇴한 시니어들이 지역 초등학생들에게 1:1로 방과 후 읽기나 쓰기 교육을 도와주는 사업을 진행하고 있다.

그는 한국의 공교육과 사교육의 문제점에 대해 인식하고 있었으며 입시를 위한 교육보다는 보다 현실에 맞는 교육 제도 개편이 필요하다고 생각한 것이다. 또한, 베이비붐 세대[4] 은퇴 시점에 이들을 단순히 사장시키기보다는 훌륭한 실무 선생님으로서 활용에 대해 추천했으며 이들의 경험과 노하우가 단순히 묻혀 버린다는 것은 국가적은 큰 손실이 아닐 수 없음을 생각한 것이다. 이는 광의의 임금 피크제 적용을 통해 노인 실업 문제와 개인 노후 문제를 해결할 수 있는 방안이고 독일의 '도제 제도'와 같은 것을 한국에도 정착하게 만들어 제조업 또는 서비스업 장인을 육성할 수 있는 좋은 방안일 것이다.

---

3 SOHO, Small Office Home Office의 머리글자를 따서 만든 신조어로서 소규모 자영업을 뜻하며 보통은 컴퓨터와 정보기술의 발달 덕분에 가능해진 개인 사업을 뜻하는 것으로 쓰임

4 Baby Boom Generation, 전쟁 후 또는 혹독한 불경기를 겪은 후 사회적·경제적 안정 속에서 태어난 세대를 지칭

늘어나지 않는 양질의 일자리

한국 청년층 실업 문제는 정부 발표에서도 드러나고 있다. 통계청이 발표한 2016년 5월 전체 취업자 수는 2,645만명으로 2015년 같은 기간보다 26만 1,000명 증가하는 데 그쳤다. 2015년 평균 취업자가 약 34만명 증가한 것에 비하면 낮은 수준이다. 특히, 제조업 취업자는 5만명 증가에 그치며 2016년 초 10만명대 증가를 기록했던 것에 비해 절반 수준이다. 이는 한국의 수출부진이 장기화 되면서 그 여파가 제조업 생산 감소로 이어졌고 이는 또 고용시장에 영향을 미치게 된 것이다.

〈표〉 연령대별 취업 증가율   2016년 상반기

연령대	30대	40대	50대	60대
취업 증가율(%)	-2.0	-3.7	8.3	16.2

생계와 가정을 책임져야 하는 청년층 혹은 30~40대의 낮은 취업률 지표가 현재 한국 노동 시장의 건전성이 얼마나 크게 훼손 되었는지 단적으로 보여주는 사례다. 동시에 발표된 청년실업률은 9.7%로 2,000년 월간 집계가 이뤄진 이후 가장 높은 수치이다.

더 큰 문제는 일자리의 질에 있어서도 정규직이 아닌 비정규직 증가로 떨어지고 있다는 것이다. 통계청이 2016년 5월 발표한 '경제활동인구조사 근로 형태별 부가조사 결과'에 따르면 2016년 3월 기준 비정규직 근로자는 615만 6,000명으로 2015년 3월보다 14만 4,000명2.4%이 늘어났다. 즉, 임금근로자 3명 중 1명꼴인 32%가 비정규직 근로자인 셈이다. 고학력 인력임에도 비정규직을 갖는 근로자는 200만 5,000명으로 전체 비정규직 10

명 중 3명32.6%이 대졸 이상이었고 고졸이 271만 5,000명44.1%으로 가장 많았다. 비정규직의 양산은 향후 한국 경제 전반에 악형향을 끼치게 될 것이다. 비정규직들은 언제 계약이 끝날지 모르는 신분이므로 일단 소비를 줄이게 되고 시장에서 공급자이자 소비자인 이들의 지갑이 닫히게 되므로 서비스 및 제조업 성장도 더뎌지게 된다. 시장이 악화되니 기업들도 신규 채용 역시 줄이거나 채용을 하더라도 비정규직 형태가 늘어나게 된다. 이들이 저축한 돈도 작고 불안한 미래 때문에 결혼을 미루게 되므로 결혼 관련 산업과 주택 경기 역시 냉각되게 만든다. 장기적으로는 출산 인구 감소로 경제 활동 인구 역시 감소하게 되므로 궁극적으로 기업과 국가 경쟁력 저하를 불러일으키게 된다.

실업률 조사에 있어서도 통계청 발표와 실제 실업자나 취업 준비생들이 체감하는 정도에 차이를 보이고 있다. 이에 대한 원인에 대해 현대경제연구원은 다음과 같은 분석 사례를 발표했다. 실업자였던 A씨가 그냥 놀 수만 없어 1년 계약직으로 취직했다. 하지만 1년 후 재계약 가능성이 거의 없고 좋은 직장을 구하기 전까지 생활비라도 벌어야 해서 아르바이트 성격의 일을 하고 있지만 통계청은 A씨와 같은 '비자발적 비정규직'을 취업자로 규정했고 현대경제연구원은 이들을 미취업자로 분류해야 한다고 주장했다. 이와 같은 현대경제연구원의 논리를 따르면 실제 청년들이 느끼는 체감실업률은 34.2%에 달한다고 한다. 이는 2015년 8월 기준 통계청이 발표한 청년층 실업률 8%와 거의 4배가 차이가 난다. 당연히 통계청은 이러한 현대경제연구원의 발표는 국제적 웃음거리의 터무니 없는 분석 결과라고 일축했다. 하지만 일부 청년층의 의견은 현대경제연구원의 논리는 충분히 현실을 반영한 결과라고 동조하고 있다. 물론 현실 세계의 수치만을 가지고 통계를 내는 통계청의 논리 역시 부정할 수 없다. 현대경제연구원에서 발표한 지표는 통계청 보조 자료로서 활용할 필요성은 있어 보인다.

이런 청년층의 높은 실업률을 정치권으로만 그 책임을 돌려야 할까? 일자리라는 것이 정부만 나선다고 생기는 것도 아니고 실제 채용은 결국 기업이 인원을 늘려야 해결될 수 있는 문제이다. '사람이 미래다'라는 신선한 광고 카피로 회자 되었던 국내 모 기업이 2016년 초반 신입사원까지 명예퇴직 신청을 받으면서 큰 홍역을 치렀다. 과연 무엇이 문제였을까?

간단한 예를 들어 보자. 내가 자본금 5억원을 가지고 편의점을 개업했다. 24시간 운영되는 편의점의 특성상 최소 2명의 아르바이트생을 고용해야 했다. 물론 인건비 부담을 줄이기 위해 주인 본인도 같이 일해야 하는 상황이다. 개업 2년이 지나고 주변에 창업 당시 없었던 다른 브랜드의 편의점 2곳이 더 생겼다. 그 사이 최저 시급 인상으로 아르바이트생의 인건비는 올랐지만 주변 편의점들과 경쟁으로 인해 매출은 반토막이 나서 창업 초기 월 500만원이었던 순수익이 지금은 월 200만원도 어렵다. 인건비라도 줄여보고자 밤 12시 이후에는 아르바이트생을 내보내고 주인이 스스로 일을 하다 보니 매일 근무 시간이 18시간이 넘어서고 있다. 편의점을 닫자니 당장 생계가 막막하고도 어렵다. 본사와 맺은 계약으로 계약 기간을 채우지 못할 경우 위약금으로 수 천만원을 지불해야 하므로 쉽게 문을 닫지도 못한다. 자영업자로서 성공을 기대하면서 모아 두었던 돈과 퇴직금 모두 투자한 주인은 절망에 빠져 들었다.

사례가 어떤 상황인지 충분히 이해가 되었는가? 이 편의점 사장의 고민을 일거에 타파할 수 있는 방안은 딱 한가지가 있다. 바로 매출이 증가하면 된다. 즉, 유래 없는 1인 가구의 증가로 편의점 도시락이 날개 돋친 듯 팔리고 천 원짜리 편의점 커피 출시로 주변 직장인들에게 선풍적인 인기를 끌면서 커피 추출 기계가 쉴 틈 없이 돌아간다. 이로 인해 하루 매출이 몇 십만 원이 증가하게 되었고 월간 매출 역시 기존 대비 2배 가까이 증가하게 되었다. 순수익이 증가 되어 아르바이트생들에게 보너스도 주고 손님들이 많아서 기존 아르바이트생도 2명에서 4명으로 늘렸다. 즉, 편의점의 매출 증가를 통해 비정규직이지만 일자리 2개가 늘어난 것이다.

이를 통해 우리가 알 수 있는 것은 아무리 작은 사업체라고 하더라도 매출 증가를 통해 사장도 행복해지고 일자리도 늘게 되었다는 점이다. 기업 역시 마찬가지이다. 기업도 매출을 증가 시킬 수 있는 신제품이 꾸준히 출시 되어야만 성장하고 이로 인해 신규 일자리 창출도 할 수 있다. 하지만 위에서 언급했던 것처럼 현재 한국 내 여러 산업 자체가 이미 위기 상황에 처했기 때문에 오히려 운영비를 줄이기 위해 현재 인력마저도 줄여 나가고 있다. 기업은 매출 규모도 중요하지만 기본적으로 이익을 내야 하기 때문에 직원을 줄여 줄어든 인건비만큼 이익을 늘리는 것이다. 과거, 한국 섬유 산업이 한창 호황일 때는 지방 한 공장에 고용 인원이 오천 명이 넘기도 했다. 섬유, 조선, 자동차와 같은 노동집약적 산업이 우리 부모 세대에게 양질의 일자리를 제공했다면 현재는 LCD, 반도체, 스마트폰과 같은 최첨단 산업이 그 자리를 대신 하고 있다. 하지만 한국 산업계의 위기 상황은 곧 양질의 일자리를 점차 죽여가고 있다.

지금의 한국 상황만 본다면 우리 후배 세대들에게 양질의 일자리를 제공해 줄 새로운 산업이 등장하지 않고 있다. 한국의 성장을 이끌었던 대기업들은 기존의 문어발식 경영에서 잘 할 수 있는 분야에만 집중을 하기 위해 몸집을 점차 줄이고 있다. 또, 생산성 향상을 위해 기존에 사람이 수행하던 업무를 공장 자동화를 통해 인력을 줄이고 있다. 뿐만 아니라, 한국이 경쟁력을 보유하고 있던 노동집약적 제조 산업의 주도권은 이미 중국으로 넘어간 상태다.

청춘의 딜레마

지금의 한국은 활기 잃은 망망대해의 배처럼 노를 저어야 할 젊은이들 부재로 앞으로 나아가지 못하고 있다. 열정은 나이에 상관없이 발현 된다 지만 패기 넘치는 청춘들이 현장에서 뛰어줘야만 경제의 활기를 불어 넣을 수 있다. 하지만 생산자이자 소비자로서 지금 한국 청춘들은 어떤가?

• 대학이란 덫 I : 입학해도 고민

지금의 청년층은 부모 세대들의 적극적인 지원 아래 초중고를 쉼 없이 달려 대학에 입학했다. 하지만 과거와 달리 대학 등록금은 이미 중산층 가정에서 감당하기에도 너무 올라 버렸다. 등록금의 절대적인 금액이 상승한 것도 있지만 각 가정에서 아이들이 자라면서 대학 학비를 준비할 여력이 없어졌기 때문이다. 한국은 가구 당 평균 소득이 꾸준히 증가해 왔지만 소득 대비 더 늘어난 주거비 부담과 사교육비 증가로 오히려 자녀 대학 학비 마련이 더 힘들어지게 되었다. 한 조사에 의하면 현재 자녀 1명을 대학에 보내기 전까지 들어가는 양육비 총액은 3억 896만원라고 한다. 양육비는 20년에 걸쳐 조금씩 지출이 되었다면 대학 학비는 한 번에 목돈이 들어가기 때문에 미리 준비하지 않는다면 부담스러울 수 밖에 없다.

교육부와 한국대학교육협의회가 2016년 전국의 4년제 일반대학 334개 가운데 180개 학교를 대상으로 1년 수업료 현황을 조사해 대학 알리미www.academyinfo.go.kr 사이트에 공시한 결과를 보면 연간 평균 667만 5,000원으로 집계됐다. 특히, 상위 15개 대학 기준 1년 수업료는 다음과 같이 연간 1,000만원에 근접하고 있다.

〈표〉수업료 상위 6개 대학 2016년

대학교	연세대	중앙대	이화여대	한양대	성균관대	고려대
수업료(만원)	890	857	847	844	834	821

　　과거 등록금이 비싼 사립대를 포기하고 국립대에 간다고 했을 정도로 상대적으로 저렴했던 국립대의 1년 수업료를 보더라도 KAIST 686만원, 서울대 596만원, 부산대 428만원 등 사립대 1년 수업료의 50%를 넘어서며 결코 부담이 없다고 할 수 있는 수준이 아니다. 특히, 대학에 합격해서 처음 납부하는 입학 등록금의 경우, 500만원을 넘어서고 있다.

〈표〉입학 등록금 상위 6개 대학 2016년

대학교	연세대	중앙대	한양대	이화여대	고려대	성균관대
입학등록금(만원)	543	526	519	518	513	511

　　경제적으로 어려운 가정에서 부모의 도움마저도 바랄 수 없는 학생들은 아르바이트로 생활비와 등록금을 감당해야 한다. 산술적으로 계산했을 때 대학 1년 수업료가 900만원이라 가정한다면 매월 75만원씩 모아야 한다. 하루 평균 2만 5,000원을 벌어야 한다는 계산으로 2016년 최저 시급 6,030원을 감안하면 한달 내내 매일 4시간 이상을 일해야 모을 수 있는 돈이다. 이는 순수하게 수업료만 감안했을 때이고 여기에 생활비까지 고려한다면 학생들은 하루 삼분의 일 이상을 돈을 모으는데 할애해야 한다는 계산이 나온다. 지방 출신으로 수도권에 있는 대학에 입학할 경우, 전세나 월세와 같은 주거비 비용을 더 부담해야 한다. 문제는 입학금이나 수업료는 선불이기 때문에 학교 다니기 전 혹은 학기 시작 전 이미 만들어져 있어야 한다

는 것이다.

이런 이유로 학생들은 학자금 대출을 받는다. 대출조차 안 되는 학생들의 경우 아르바이트와 학업을 병행하니 공부에 대한 능률도 오르지 않고 수업료 마련을 위해 휴학해 학업 단절을 가져 오기도 한다. 한 조사에 의하면 대학생 중 66%가 학비나 생활비를 위해 아르바이트를 하고 있다고 한다. 아르바이트는 사회 생활을 미리 경험해 볼 수 있고 다양한 직업 경험을 통해 청년층에게는 장점도 많다. 하지만 아르바이트의 영어 표현인 'Part-time Job'처럼 말 그대로 하루 일과 중 잠시 시간을 내서 해야 하는 일인데 한국 청년층에게는 마치 생업처럼 임해야 하는 것이 문제다. 결국 학업에 매진해야 할 가장 중요한 시기에 한국의 청년들은 돈벌기에 급급하다. 이렇게 삶이 힘들다 보니 대학에서 내가 무엇을 얻어야 하고 배워야 하는지에 대한 고민은 해보지도 못하는 경우가 많다.

• 대학이란 덫 II : 졸업해도 고민

요즘 청춘들은 어려운 환경을 뚫고 대학을 졸업해도 남는 것 '빚' 뿐이라고 한탄한다. 그 이유는 대학 졸업 후 1인당 평균 1,589만원의 대출금을 보유 하고 있기 때문이다. 다행히 대학 졸업 후 곧바로 직업을 찾은 청춘들은 대출금 상환을 시작할 수 있지만 그렇지 못한 청년들은 아르바이트를 해서라도 원금 상환을 시작해야 한다. 취업을 못했다고 원금과 이자에 대한 상환을 유예하지 않기 때문이다. 학자금 대출에 대한 원금이나 이자 상환을 제때 하지 못할 경우 신용불량자가 되어 취업 기회가 있어도 채용되지 못하는 불상사가 발생할 수도 있다. 대학 졸업 후 취업 준비만으로도 벅찬 시기에 여전히 학자금 대출 상환과 생활비를 벌기 위해 아르바이트를 병행하는 청춘들은 이런 걱정을 할 필요가 없는 청춘들과의 경쟁에서 뒤쳐질 수 밖에 없다. 이런 이유로 요즘 '흙수저, 금수저'와 같은 계급론이 끊임없이 회자되고 있다.

청춘들은 '수저 계급론'의 등장으로 취업의 가장 큰 경쟁력이 바로 '가정의 경쟁력'이라고 말들 한다. 부모가 수도권에 거주하고 경제적 지원을 해주는 가정의 청춘들은 오롯이 취업 준비에 전념할 수 있지만 지방 출신 학생들은 일단 스스로 주거 문제를 먼저 해결하고 생활비 마련과 취업 준비를 병행해야 하는 어려움이 있다. 비록 경제적 지원이 가능한 가정이라도 취업 준비생들에게 평균 매월 75만원씩 추가 지출을 하게 되는데 이미 은퇴를 했거나 은퇴 예정인 부모들에게도 부담스러운 금액이다. 경제적으로 지원이 되든 안되든 취업 준비 기간이 길어질 수록 금전적, 심적 부담이 생길 수 밖에 없는 청춘들은 본인의 꿈을 위해 준비하던 직장을 계속 준비하기 보다는 일단 어디든 들어가야 한다는 강박 관념이 생겨 결국 본인의 꿈과는 멀어질 수 밖에 없다.

미국은 한국보다 대학 1년 수업료가 수 배에 달하기 때문에 미국 대학 졸업생들 역시 졸업 후 평균 4,000만원의 빚을 진다고 한다. 해가 갈수록 이 빚의 양은 계속 늘고 있으며 현재도 미국 전체 부채의 10%를 차지하고 있다. 하지만 미국은 이런 빚에 대한 부담을 나라가 함께 질 수 있는 정책들을 실행하고 있다. 예를 들어 미국에서도 인구가 적어 고령화가 시작된 시골의 경우 지방 정부에서 대학 졸업생 빚의 일부를 탕감해 주고 정식 일자리까지 제공해서 도시에서 시골로 젊은 세대들을 끌어들이는 '벽지 이주 정책'을 펼치고 있다. 제공되는 일자리 역시 공립학교 교감 등 결코 나쁘지 않은 정규직으로 해당 분야에 관심 있는 학생들에게는 아주 좋은 기회가 되고 있다. 또, 계약 기간이 끝나고 본인의 꿈과 맞지 않다고 생각하면 언제든 떠날 수 있는 제도적 장치를 마련하고 있다.

• 뫼비우스의 띠

한국의 청년들은 대학 입학과 동시에 자신을 둘러싼 환경과 마치 뫼비우스 띠처럼 끊기지 않는 악순환을 반복하고 있다. 그 끈이 어디서 시작되고 어디서 끊기는지 알지 못하고 어떻게 그 악순환의 고리를 끊어야 하는지 모른 체 오늘도 뫼비우스 띠에 갇혀 있다. 이 악순환의 고리가 점차 늘어나 이제 한국 전체로 퍼지고 있다.

취업할 때 남들과 차별화하기에 가장 좋은 스펙은 일단 대학교 학점이다. 좋은 학점을 따기 위해 학생들은 전공과 상관 없이 학점을 좋게 받을 수 있는 교양 과목 수업에 몰린다. 하지만 기업도 이런 현상에 대해 잘 알고 있기 때문에 입사 후 처음부터 다시 가르쳐야 하는 이런 학생들은 뽑지 않는다. 이미 서류 면접에서 제출된 성적표를 보고 이런 학생들을 쉽게 걸러낸다.

이런 현실을 깨닫지 못하는 대학 재학생들은 취업에 어려움을 겪고 있는 선배들의 전처를 그대로 밟는다. 좋은 학점을 받았음에도 불구하고 직장을 구하지 못한 대학 졸업자들은 너나 할 것 없이 취업 스펙을 달성하기 위해 대학까지 졸업했는데 다시 토익 학원을 다니면서 스펙 올리기 작업을 한다.

그래도 어느 정도 형편이 되는 집에서는 이런 자녀들을 위해 경제적 도움을 준다. 이로 인해 가정의 씀씀이는 줄어들게 되고 그 결과 각 가정의 지갑이 닫히기 때문에 젊은이들도 소비하지 못하고 장년층도 소비를 줄인다. 이로 인해 경제의 한 축인 소비 시장이 위축되고 소비 시장이 줄어들어 기업들은 이익을 내지 못해 다시 고용 인원을 줄이거나 신규 취업자 수를 줄인다. 젊은이들의 미취업 기간은 점점 길어진다. 미취업으로 인해 결혼이 늦어지고 심지어 결혼을 포기하는 사람들도 늘어난다. 늦게라도 결혼을 오랜 취업 준비 기간으로 인해 모아 놓은 돈이 없다 보니 부모가 결국 결혼 자금의 일부를 부담할 수 밖에 없다. 일부 기관 조사 결과 노후 자금의 절반 정도를 자녀 결혼을 위해 희생한다고 하니 부모의 노년은 소비 지출을 최소화 해야 한다. 결혼이 늦어지고 아이를 나아 키울 만한 환경이 되지 않으니 결혼을 하고도 아이를 갖지 않거나 한 명 정도만 갖는다. 이로 인해 경제 활동 가능 인구가 기하 급수적으로 줄어 들게 되고 급격한 노령화에 따른 노인 인구 증가에 따라 연금 지출은 늘어나지만 이를 감당해야 할 젊은 세대들이 줄어 들어 결국 노인들에 대한 연금 지급일을 늦추거나 금액을 낮춰야 하는 일이 발생할 것이다.

이런 사례는 뭔가 풀지 못하는 답답한 실타래 같지 않은가? 영화나 드라마에나 등장할 만한 얘기인가? 마치 뫼비우스 띠처럼 돌고 도는 이런 상황은 현재 한국 사회의 현실을 반영한 것이다. 상황이 이 지경이 될 때까지 방치한 또는 해결책을 내지 못한 그 누군가에게 책임을 묻고 싶지만 그 대상이 너무나도 많다. 그리고 우리 스스로도 그런 책임에서 자유롭지 못하다. 누군가에게 이런 상황을 해결해 달라고 호소하고 싶고 화도 내고 싶지만 우리 스스로가 일단 이 상황을 타파하기 위한 방안을 마련해야 한다.

세계는 한국의 상황과는 상관 없이 끊임없이 변화하고 있다. 1784년 증기기관이 이끈 1차 산업 혁명, 1870년 전기를 이용해 대량생산이 본격화된 2차 산업혁명, 인터넷과 컴퓨터의 확산으로 생산시스템의 효율성을 강조한 3차 산업혁명, 그리고 인공지능과 로봇 등 ICT 기술을 기반으로 한 4차 산업혁명 시대가 도래했다. 세계경제포럼다보스포럼의 창립자이자 회장인 클라우스 슈밥Klaus Schwab 교수는 "제 4차 산업혁명으로 인한 세상의 변화가 우리도 느끼지 못하는 사이에 이미 불현듯 시작됐다."라고 역설했다.

과거 한국은 세계 변화의 흐름을 쫓아 카멜레온처럼 잘 변신한 결과 지금의 위치에 오를 수 있었다. 하지만 21세기 한국의 변화는 무뎌지고 있다. 성장의 날개가 꺾인 나라들의 말로를 과거 역사를 돌이켜 보면 알 수 있다. 찬란한 번영을 누렸던 어느 국가 또는 문명도 꺾여 버린 성장 곡선으로 천 년을 구가하지 못했다. 세계를 호령하는 미국도 지금의 지위를 유지한지 백 년도 되지 않았다. 이는 한 때 G2로 여겨졌던 일본이 2차 세계대전 이후 급속 성장을 바탕으로 수십 년의 영화를 누린 후 경제 성장의 한계에 다다르자 추락한 것을 보면 더욱 실감이 날 것이다.

공급 우위의 세계

한국의 눈부신 경제 성장은 1970~80년대 전세계적으로 공산품에 대한 수요가 공급보다 항상 많았기 때문에 가능할 일이었다. 물건을 공장에서 만드는 즉시 전세계로 날개 도친 듯 팔려 나갔기 때문에 '어떻게 팔아야 하나?' 즉 마케팅과 영업을 고민할 필요가 없었다. 기업들도 생산 물량 증대만을 목표로 했기 때문에 지금까지도 어떻게 하면 불량품 없이 단시간에 많은 물량을 생산할 수 있을까에 대한 효율성 측면만 고민해왔다. 또, 그렇게 생산 효율을 높여 제품 가격을 낮추는 것이 경쟁사와의 경쟁에서 이기는 길이기도 했다. 이후 너도나도 생산의 효율을 극대화 해서 생산량을 늘리다 보니 시장에서 수요를 뛰어 넘는 공급이 다방면에서 이뤄지고 있다.

선배 한 분이 과거 설탕 영업 사례를 들려주었다. 지금도 그렇지만 과거 국내에 설탕을 만드는 공장이 많지 않다 보니 늘 설탕 공장 앞에는 생산된 설탕을 가져가려는 도소매 업자들이 줄을 서서 기다리는 진풍경이 펼쳐졌다고 한다. 즉, 판매자와 생산자의 갑을 관계가 바뀌어 설탕을 생산해서 납품하는 '을'인 회사가 오히려 생산량에 따라 '갑'에게 배분량을 조절하니 갑의 입장에서는 어떻게든 더 많은 수량을 배정 받기 위해 '을' 담당자에게 잘 보이는 수 밖에 없었다. 공급자 '을'의 담당자는 너무나 많은 '갑'들의 요청을 피해 도망 다녀야 하는 웃지 못할 상황에까지 처했다고 한다. 당시에는 설탕이 명절 선물로 서로 주고 받을 정도로 귀한 대접을 받던 시기였기 때문이다.

이는 한국의 섬유 산업 수출 호황기에도 똑같이 나타났던 현상으로 옷을 만드는 원사Yarn와 원단Fabric을 생산하는 공장 앞에 원사와 원단을 배분 받기 위해 '갑' 담당자들이 몇 일이고 날을 새며 기다리는 날이 부지기수라 했다. 가끔 술자리에서 그 때의 호시절을 추억 삼아 술잔을 기울이는 선배들을 보며 지금은 어떻게든 소비자들에게 좋은 눈 높이에서 선택을 받기 위해 영업 담당자가 매일 아침 마트에 출근해서 본인 회사 제품이 어디에 놓여 있는지 확인해야하는 격세지변의 시대에 살고 있음을 느낀다. 이는 과거와 비교해서 수요 대비 공급이 많아져서 만들어진 제품을 어떻게 해야 잘 파는지를 고민하는 시대가 되었다는 반증이다. 모든 것이 넘쳐나는 풍요의 시기 물건을 싸게 판매하는 아울렛의 등장이 과연 소비자에게 싼 제품을 공급하게 등장한 것인지 공급사의 재고 처분을 위해 등장한 것인지에 대해 한번쯤 생각해 볼 필요가 있다.

제조업을 근간으로 발전해 온 한국은 제조업의 위기가 곧 국가의 위기로 다가왔다. 이는 공급 증가가 곧 수요 증가로 이어졌던 장미 빛 시절만 생각했기 때문이다.

옮겨지는 세계 공장의 허브

한국은 부존 자원의 부족으로 원료를 수입해 와서 그것을 가공하여 공산품으로 만든 후 다시 수출하는 형태로 경제를 발전시켜 왔다. 즉, 원료를 가공해서 부가 가치를 높임으로서 그 이득을 취했던 것이다. 한국은 전 세계적으로도 손기술이 좋은 국가로 꼽힌다. 그래서 한국산 제품은 1970~80년대 전세계 공산품 중 가격대비 우수한 품질로 인기를 끌며 자리를 잡았다.

하지만 경제 성장에 따라 한국 국민들의 노동력 가치가 올라갔고 더 이상 한국에서 생산해서는 가격 경쟁력을 가질 수 없었던 가발, 의류, 신발 등 경공업 제품은 차츰 중국으로 생산 거점을 옮겨 가게 되었다. 지금은 다시 베트남을 비롯한 동남아시아로 그 생산 공장이 이동하고 있는 상황이다. 과거 대비 제조업은 자동화 설비 및 기계들의 성능이 비약적으로 발전함에 따라 손기술이 제품의 품질을 좌지우지 하지 않는 시대가 도래했기 때문이다. 사용하는 기계에 대한 기본적인 교육만으로도 전세계 어디에서나 동일한 품질의 공산품 생산이 가능하게 된 것이라 할 수 있다.

본격적인 경제 성장 이후 한국 제조업의 위기는 늘 얘기되어 왔던 화두였다. 세계화가 급속히 진행되어 각국의 무역 장벽이 점차 허물어져 가고 물류의 편의성이 점점 높아져 감에 따라 한 국가에서 생산하던 공산품의 경쟁력이 영원할 순 없고 선발 주자들은 후발 주자들에게 그 지위를 물려줄 수 밖에 없기 때문이다. 다행히 한국은 이런 위기가 찾아 왔을 때마다 카멜레온처럼 산업 구조의 변신을 잘해 왔다. 바로 이 점이 한국이 단시간에 눈부신 경제 발전을 이룬 원동력이었고 전세계가 놀라움을 금치 못하는 점이다. 지금까지 한국의 수출 효자 상품은 운동화, 섬유, 가발과 같은 경공업 제품에서 석유화학제품, 철강 등 중화학공업 제품으로 그리고 다시 TV, 반도체, 스마트폰 등의 최첨단 전자제품과 자동차로 변해왔다. 즉, 한국의 기업들은 경제 성장에 걸맞은 상품들을 개발해서 판매를 해오고 있는 것이다.

여전히 한국은 수출에 대한 의존도가 절대적이고 제조업에 대한 의존도가 높아 수출 효자 상품이었던 TV, 자동차, 선박, 화학, 스마트폰 제품 수출이 최근 휘청거리자 한국 경제 역시 같이 휘청거리고 있다. 그나마 반도체 산업이 흔들림 없이 뒷받침을 하고 새로운 성장 동력인 화장품 산업이 부족한 부분을 메우고 있지만 이마저도 몇 년 후 중국에게 따라 잡힐지 모르는 상황이다. 여러 가지 이유로 국내 대기업 제조 공장들은 탈한국을 하고 있다. 삼성전자가 베트남에 전 세계에서 가장 큰 휴대폰 조립 공장을 두 개나 가지고 있다는 사실을 아는 국민들은 많지 않다. 국내 대기업들이 궁극적으로 해외로 공장을 이동할 수 밖에 없는 이유는 과거 한국에 값싼 노동력을 찾아 선진국의 제조업 공장들이 진출 했던 이유와 같다. 공산품은 품질과 가격으로 시장에서 경쟁하기 때문에 품질 관리만 일정 수준 이상이면 값싼 노동력이 존재하는 시장으로 제조업 공장들은 이동할 수 밖에 없기 때문이다. 물론, 관세나 물류 비용 절약 등을 감안해서 설립한 현지 공장들도 있겠지만 최근 홈쇼핑에서 판매되는 상품들의 가장 큰 홍보 포인트 중 한 가지가 '한국 생산Made in Korea'이라는 것을 보면 한국에서 만들어 가격 경쟁력을 확보하는 것이 얼마나 어려운지를 단적으로 보여주는 사례라 할 수 있다. 오죽했으면 국내 대표 홈쇼핑 채널에서 중국산 옷을 라벨만 교체하여 한국산 제품으로 판매하다가 발각된 이슈로 사회가 떠들썩 했겠는가?

한국의 제조 기업뿐만 아니라 세계적인 제조업체들도 이미 중국에 공장을 건설 후 제품을 생산하고 있다. 글로벌 전기자동차 기업으로 등극한 미국의 '테슬라 모터스'[5]도 그들의 신규 공장을 중국 상하이에 건설하기 위해 상하이시 소유의 진차오 그룹과 생산시설 설립 관련 양해각서MOU를 체결했다. 전체 투자금액은 약 10조 4,000억원으로 양사가 각각 절반씩 분담할 계획이라고 한다. 이를 통해 테슬라 모터스는 중국에서 직접 전기자동차를 생산하면서 수입차에 붙는 25%의 수입관세를 내지 않아도 되기 때문에 중국 내 판매 호조를 기대하고 있다. 미국 포드자동차Ford Motor 역시 중국 충칭시Chongqing, 重慶에 위치한 장안자동차와 합작을 이미 하고 있고 일본 닛산자동차Nissan Motor 역시 중국 후베이성Hubei Province에서 동펑자동차와 협력을 하고 있다. 중국 내 인건비 상승으로 중국 내 추가 투자를 통한 공장 증설보다 인건비가 더 저렴한 인도로 옮기기로 한 기업도 있다. 바로 애플 아이폰을 생산하고 있는 대만 기업인 홍하이정밀공업Hon Hai Precision

---

5 Tesla Motors, 2003년 7월 마틴 에버하드(Martin Eberhard)와 마크 타페닝(Marc Tarpenning)이 세운 전기자동차 회사로 1988년 교류 유도전동기를 발명한 전기공학자 니콜라 테슬라(Nikola Tesla)의 이름을 따서 회사 이름을 지음. 2004년 전자결제 회사 페이팔의 최고경영자였던 엘론 머스크가 최대주주로 합류

Industry의 자회사인 '폭스콘Foxconn'이다. 폭스콘은 이미 인도 정부와 합의해 인도 서부지역 마하라슈트라 주에 100억 달러를 투자해 애플 아이폰과 아이패드를 생산할 수 있는 공장을 짓기로 했다고 외신들은 전하고 있다.

한국 경제의 롤모델이 사라지다

2006년 이후 처음으로 한국의 경제 성장률이 경제협력개발기구OECD 회원국 중 10위권 밖으로 밀려났다. OECD에 따르면 2015년 한국의 경제 성장률은 2.6%로 OECD 회원국 중 12위를 기록했다.

〈표〉OECD국가 중 한국경제성장률 순위　　　　　　　　　2006년~2014년

연도	2006	2007	2008	2009	2010	2011	2012	2013	2014
경제 성장률 순위	11위	8위	6위	4위	2위	7위	8위	6위	5위

경제 성장률 순위가 떨어진 것과 함께 성장률 자체의 절대값 역시 하락하고 있다. 2006년 경제 성장률 11위를 기록했을 당시 경제 성장률은 5.2%였지만 2015년 경제 성장률은 2006년의 절반 수준이다.

과거 한국은 경제 성장을 위한 좋은 롤모델이 있었다. 바로 이웃나라 '일본'이다. 한국은 그저 일본이 앞서간 길을 잘 따라가면 선진국 반열에 올라갈 수 있다는 희망이 있었다. 하지만, 지금의 일본 모습은 어떠한가? 과거 미국과 'G2' 즉 2강으로 불리며 전 세계를 호령했던 그 기세는 어디 가고 지금은 중국과 영토 다툼에서도 정치적 이슈가 아닌 경제적 이슈로 한 발짝 물러 서는 약한 모습을 보여 주고 있다. 중국명 댜오위다오Diaoyu, 일본

명 센카쿠 섬을 가지고 벌이던 영토 분쟁이 중국의 대일본 희토류 금속[6]수출 금지 선언에 일본은 강경책을 접어야 했다.

앞으로는 미국과 중국으로 대변되는 G2 그리고 갈수록 복잡해 지고 있는 세계 역학 관계 속에서 한국이 선진국으로 도약할 수 있는 방법은 그 어디에도 표준 답안이 존재하지 않는다. 이제는 우리가 스스로 그 답안을 만들어 가야 하는 상황에 처했다. 과연 그 답안을 찾아낼 수 있는 사람은 누구일까? 과거 근면성으로 무장했던 베이붐 세대는 이제 은퇴하지만 다음 세대에게 적어도 밟고 일어설 수 있는 기반을 마련해 주었다. 그 바통을 이어 받은 세대는 전 세대의 모습만 답습해서는 한국은 결코 성장할 수 없다. 과거 경제 성장 모델은 지금의 한국보다는 중국이나 인도 혹은 동남아시아와 같은 개발도상국에 보다 적합하기 때문이다. 이제 한국은 과거와 같이 한 국가 경제 성장 정책을 모사하기 보다 현재 우리 실정에 맞는 모델을 새롭게 만들어야 한다. 이를 위해 선진국 각 국가들의 장점을 취해 우리만의 방식으로 성장을 도모해야 한다.

희미한 한국의 경쟁력

우리가 명품을 구매하는 이유는 명품에 들어간 재료가 일반 공산품 재료 대비 10배 또는 100배 비싸기 때문이 아니다. 그 명품에 서려 있는 역사와 가치를 인정하기 때문에 기꺼이 비싼 비용을 지불하더라도 구매하려 한다. 한국의 공산품은 이미 명품 반열에 올라섰다고 해도 과언이 아니다. 과거 해외에서 'Made in Korea'는 그저 가성비가격 대비 성능비가 좋은 제품

---

6 반도체 제작에 필수인 자원

으로 인식 되었지만 스마트폰은 삼성, 가전 제품은 삼성과 LG, 반도체는 삼성과 하이디스, 선박은 대우조선해양과 현대중공업, 철강은 포스코와 같은 세계 일류 기업이 있어 이제는 전 세계인들이 명품 공산품으로서 믿고 구매한다.

2016년 2월 1일, 브랜드 파이낸스BF가 발표한 '세계에서 가장 가치 있는 브랜드 순위'에서 1위가 애플, 2위가 구글, 3위가 삼성전자가치 831억 8,500만달러가 차지했다. 6 · 25 전쟁 이후 1인당 연간 국민 소득이 60달러가 되지 않았던 나라에서 70년만에 이룬 엄청난 성과가 아닐 수 없다. 이는 베이붐 세대의 근면성실함을 기반으로 단시간에 외국에서 전수 받은 기술들을 우리만의 방식으로 변화시켜 그 노하우를 축적해 특정 분야에서는 기술을 전수해 준 기업들을 오히려 앞선 결과물이다. 경제 성장기에는 누구나 열심히 일하면 성공할 수 있는 길이 열려 있었다. 새로운 산업이 창출되고 새로운 제품들이 매일 쏟아져 나와 사회 곳곳에서는 일할 사람들을 필요로 했다. 특히, 초기 산업 발전 형태가 노동 집약적 산업이었기 때문에 당시 한국은 취업률에 대해 고민할 필요가 없었다. 은행 저축 이자율이 15%가 넘던 시절이어서 열심히 일하고 받은 돈을 아껴 저축하면서 내 집 마련도 오래 걸리지 않았다. 많지 않은 월급에도 강제적으로 갹출했던 연금은 오히려 현재 노년에 빛을 발하고 있다.

호시절이 지나고 전 세계가 유무형적으로 연결 되기 시작하면서 세계의 경제 위기가 곧 한국의 경제 위기로 찾아 왔다. 특히, 수출 의존형 한국 경제는 세계 경기 장기 침체로 수출 물량이 감소하면서 곧바로 실물 경제에 큰 타격을 받았다. 과거와 달리 더 이상 만들기만 하면 즉시 팔리지 않는 시대로 돌입한 것이다. 과거 빚을 내서라도 사업 확장을 하면 이자 비용 대비 수익이 높았기 때문에 앞다퉈 돈을 빌려가던 기업도 더 이상 은행에서 무리하게 빚을 내지 않게 되었다. IMF를 경험하면서 기업들은 부채에 대한 경각심을 갖게 되면서 기업의 규모를 감안하지 않는 무리한 확장을 하지 않게 되었다. 빌려줄 곳이 없어진 은행의 돈은 저축 이자율 감소로 이어졌고 이자 소득과 근로 소득이 감소하게 되어 가계로 들어간 돈은 밖으로 나오지 않게 되고 이는 소비 감소로 이어져 기업 성장이 더뎌지는 악순환의 고리가 시작 되었다. 기업의 규모가 성장하지 않다 보니 기업의 채용 인원은 줄고 이로 인해 젊은 층의 취업률은 떨어지고 신규 소비 시장을 창출해야 할 젊은 세대가 지갑을 열지 못하니 소비가 더더욱 감소하는 현상이 심화되고 있다.

이런 현상 이면에는 앞서 언급한 세계 공장 허브 이동과도 상관이 있다. 급속한 공장 자동화로 인해 수요 노동력의 감소가 필연적이기는 하지만 그래도 여전히 제조업은 노동집약적인 산업이다. 하지만 가격 경쟁력이 필수인 모든 상품의 특성상 제조업의 경쟁력을 높이기 위해서는 결국 인건비를 줄여야 하고 싼 인건비를 위해 한국의 공장들이 중국이나 동남아시아로 옮겨 가면서 국내 노동력에 대한 수요는 매년 감소하고 있다. 외국으로 떠나지 않고 한국에 남은 제조업 공장들은 생산 원가를 줄이기 위해 직원들에 대한 연봉을 줄이거나 종업원 수를 줄여 가는 생존을 위한 정책을 펼치고 있다. 한국 젊은이들은 중소 제조업체에서 제공하는 연봉으로는 주거비와 사교육비 부담으로 한국에서 살아가기 힘들다는 판단 하에 대기업 위주의 취업을 선호한다. 때문에 중소 제조업체들은 부족한 노동력 보충을 위해 외국이 노동자들을 채용할 수 밖에 없다. 우수한 인력을 채용하지 못해 경쟁력을 잃어버린 한국의 중소기업들은 중국의 값싼 제품들과 비교해 가격 경쟁력까지 잃어버려서 힘겨운 싸움을 지속하다가 결국 도산을 하기도 한다. 이렇게 불안한 중소기업 환경에 젊음을 내던질 용기가 없는 젊은

이들은 대기업 또는 낮은 연봉이지만 미래 노후가 연금으로 보장된 공무원을 준비하게 되고 우수한 자원을 확보하지 못한 기업들은 경쟁력을 키울 수 없는 악순환을 또 반복하게 된다.

어느 고리부터 잘못 끼워졌는지 하나씩 살펴봐야겠지만 분명한 점은 과거 성장 일로에 있던 한국이 그 영화에서 점차 벗어나고 있다는 것은 분명하다.

대기업 위주의 경제 성장 정책

선진국 대비 단시간에 경제 성장을 이뤄야 했던 한국으로서는 국가 및 대기업 주도의 경제 성장 정책은 필수불가결했다. 하지만, 최근 이런 대기업 위주의 경제 성장 정책에 빨간 불이 들어 왔다. 대기업들의 수익은 지속적으로 증가하지만 이익을 재투자하지 않고 사내 유보금 형태로 계속해서 쌓아 두고 있는 반면 협력 업체인 중소 기업들은 대기업들이 받는 이익에 대한 수혜를 충분히 받고 있지 못하고 있다. 국내 총생산GDP의 상당 부분을 차지하는 상위 몇 개 대기업들의 실적이 결국 한국 경제 발전과 궤를 같이 하기 때문에 정부 역시 대기업에게 유리한 정책을 펼칠 수 밖에 없다. 이는 곧 상위 대기업 몇 곳이 어려워지면 한국 경제 자체가 도미노처럼 흔들릴 수 밖에 없음을 의미한다. 대기업 실적 부진으로 인해 받을 협력 업체인 중소기업들의 후폭풍은 더 심할 것이다.

선진국들처럼 산업계가 안정적인 피라미드 형태로 구성되어 상위 대기업을 떠 받치는 중소기업들이 튼튼해야 한국 경제 역시 외풍에 크게 흔들리지 않을 것이다. 최근 5년간 중소기업은 227만명 이상을 인력을 채용하면서 국내 일자리 창출의 90%를 담당하고 있다. 같은 기간 대기업의 고용 인원은 28만 8,000명이 늘었다. 2016년 5월 중소기업중앙회가 발간한 '2016 중소기업 위상지표' 보고서에 의하면 한국 중소 기업 수는 354만 2,350개로 전체 사업체의 99.9%를 구성하고 있고 2009년 대비 15.5% 늘어난 숫자라고 한다. 2009년 중소 기업 수 306만 6,484개 중소 기업 종사자 수는 1,402만 7,636명으로 전체 고용의 87.9%를 차지한다고 한다.

따라서 중소 기업들의 어려움은 곧 채용 시장의 냉각을 가져온다. 중소 기업 부흥을 위해서는 우수한 인력들의 중소 기업 채용을 적극 장려해야 하지만 현실은 그렇질 못하다. 2015년 국내 근로자의 월평균 임금은 중소 기업이 293만 8,000원, 대기업이 484만 9,000이었다. 중소 기업 임금 수준은 2009년 대기업의 61.4%에서 2015년 60.6% 수준으로 줄었고 특히 제조업 부문 임금 수준의 경우 같은 기간 대기업의 57.6%에서 54.1%로 줄었다고 한다. 이는 유독 한국만의 현상으로 독일과 같은 경우 중소 기업과 대기업의 임금 격차가 나지 않기 때문에 취업자들이 굳이 대기업 선호도가 없다고 한다. 해외 선진국들과 같이 좋은 인력들이 중소 기업에 취직해서 중소 기업을 발전 시켜야 산업 근간이 튼튼해 지고 중소 기업의 우수한 제품 납품을 통해 대기업 역시 동반 성장할 수 있다.

고속 성장의 부작용

2015년 말부터 한국의 조선 업계가 심상치 않은 소식들로 요동치기 시작했다. 급기야 2016년 봄 한국 조선 업계의 구조 조정 및 파산 위기설이 수면 위로 급부상했다. 불과 얼마 전까지만 해도 이런 조선업의 어려움을 단순히 '세계 경기 하락에 따른 교역량 감소로 한시적인 대형 선박 발주 유보에 기인한 세계적인 현상이다'라고 치부했었다. 따라서 '잠시 바람이 지나가길 기다리자' 라는 것이 업계와 정부의 해결책이었다. 분명 외부적인 요인도 있었지만 더 큰 문제는 내부에 있었다. 즉, 정부와 조선업 관계사들의 방만한 경영이 스스로 위기를 자초해 이제 스스로 해결할 수 있는 범위를 넘어서자 '나는 해결이 불가하니 정부가 다시 한 번 나서서 공적 자금을 투입해 우리를 살려 주세요!'라고 긴급 구호요청을 보냈다.

혈세 낭비라는 전 국민적 비난을 감안하여 조선 업체들도 자구 안을 들고 나왔다. 대우조선해양의 경우 직원 급여 삭감, 무급 휴가 실시 등과 함께 2019년까지 3,000명을 내보내는 인력 구조조정도 단행한다고 한다. 현대중공업도 연·월차 사용 촉진, 휴일 근무 최소화, 급여 삭감 등을 추진하고 있다. 하지만 이런 자구책들이 설령 효용을 거둔다고 해도 조선 업계 전반에 퍼져 있는 부도덕한 경영은 조선업의 시한부 생명을 부채질하고 있다. 이미 조선업 갱생을 위한 정책 마련에서 사태가 이 지경이 될 때까지 벌어진 일에 대한 수사로 형태가 반전되고 있기 때문이다. 2006년부터 2015년까지 대우조선해양이 저지른 분식회계 규모가 5조원이 넘는다는 사실이 검찰 조사를 통해 밝혀졌고 이를 통해 금융기관으로부터 수조원대의 사기 대출을 받은 혐의를 추가 조사하고 있다. 이를 관리 감독했어야 하는 산업은행은 오히려 2006년부터 2015년까지 일반 대출 2조 4,000억원, 경영 정상화 금융 지원액 3조 2,000억원 등 모두 5조 6,000억원을 지원해줬다. 이와 중에 대우조선해양의 직원은 2012년 1월부터 2015년 10월까지 동안 2,700회 이상 허위 거래명세표를 작성해 180억원을 빼돌려 검찰에 구속됐다. 기업 경영의 투명성과 건전성이 살아나지 않고 이렇게 소 잃고 외양간 고치는 격의 처방이 계속되는 한 한국의 위기는 계속될 수밖에 없다.

이는 비단 조선업만의 문제가 아닐 것이다. 다만, 조선업의 적자 규모와 비리 규모가 너무 크다 보니 수면으로 올라왔을 뿐이다. 세계 10위 규모의 경제권으로 성장한 한국은 이제 한 번의 실수가 큰 나락으로 떨어질 수 있다. 경차와 대형 세단은 차량 수리비를 비교했을 때 수배의 금액과 수리 기간의 차이를 보인다. 미연에 방지할 수 있는 실수나 실패는 경제 규모에 맞게 줄여 나가야 한다.

③ 변화에 뒤쳐지는 한국의 교육

한국이 인재 선발과 육성에 있어서 올바른 길을 걷고 있는지 다음 사례를 통해 반추해 보자. 2015년 가을 서울대 의대 수시전형에 탈락하고도 하버드대Harvard University, 예일대Yale University, 스텐퍼드대Stanford University, 캘리포니아공대California Institute of Technology을 비롯한 미국 명문대학 11곳에 합격한 용인외대 부설 고등학교 '박정연' 양의 얘기가 소개되어 화제가 되었다. 그녀는 미국 대학입학자격시험SAT도 만점을 받았다. 이런 인재를 왜 서울대는 못 알아본 것일까? 우리의 인재 선발의 잣대가 과연 어떻게 되어 있길래 해외에서 인정하는 인재를 놓치는 것일까. 만약 그녀가 해외 유수 대학에 합격하지 않았다면 서울대에 불합격한 사실만을 가지고 의기 소침해져서 본인을 책망하거나 미래에 대한 희망을 놓았다고 하면 이는 일개 개인의 손해뿐만 아니라 사회적인 손해가 아닐 수 없다. 이렇게 밝혀진 경우가 아닌 수많은 소개 되지 않은 사례를 보더라도 한국의 인재 육성 및 발굴에는 문제가 있다. 교육 환경 내외부의 문제점들에서 아래와 같이 살펴보고자 한다.

작금의 한국 교육 현실은 결코 창조 경제를 이끌 수 있는 인재 육성에 한참 미치지 못하는 것 같다. 미래 학자들이 얘기하는 '신성장 동력의 재원은 결국 창조적 인재들을 기반으로 한다'고 입을 모으고 있지만 정작 지금 한국에서 창조적 교육을 학교나 학원 혹은 가정에서 충분히 실행하고 있는지 모르겠다. 우리의 아이들을 다가오는 미래에 요구되는 인재로 육성하기 위해선 과거처럼 학교나 학원에만 의존할 수 없다.

농경 사회에서 산업 사회에 이르기까지 인재의 형태는 정형화되어 있었고 한 개개인이 알아야 할 혹은 수용해야 할 지식의 양 또한 제한적이었다. 그렇기 때문에 정형화된 인재상에 부합 되기 위해서는 과거 이미 수립된 기준에 잘 맞춰나가기만 하면 되었다. 이런 구시대적 교육 방식이 유지되는 한국 현실은 다가오는 시대를 준비해야 하는 미래 세대들에게 제대로 된 준비를 시키지 못하고 있다.

'이름값'이 대학 진학의 목표

한국에서 소위 말하는 엘리트 코스는 어느 중학교와 어느 고등학교를 거쳐 서울대학교에 진학하는 것으로 고착되어 있다. 학과도 별로 중요하지 않고 어떻게든 서울대에 들어가기만 하면 된다. 전국 고등학교의 서열도 오직 서울대 진학률에 의해 좌지우지 된다. 학부모들도 당해 년도에 그 고등학교에서 서울대학교를 몇 명 진학시켰는지가 명문 고등학교를 가늠하는 잣대로 활용한다. 우리가 선망해 마지 않는 서울대학교의 전세계 순위는 86위다.[7] 1위는 미국의 캘리포니아공대이고 2위는 영국의 옥스퍼드대, 우

---

[7] 2015년 기준, 영국 타임스 고등교육 THE 매거진 발표

리가 잘 알고 있는 하버드대는 6위를 기록했다. 아시아권에서는 싱가포르 국립대가 26위, 중국의 베이징대가 42위, 일본 도쿄대가 43위, 홍콩대 44위, 중국의 칭와대가 47위를 차지했다. 한국에서는 서울대학교가 최고인줄 알고 있지만 전 세계 대학별 순위를 보지 않고 아시아권만 보더라도 한국보다 작은 국가인 싱가포르에 있는 대학보다 못한 순위를 기록하고 있다.

필자를 포함한 현 세대도 그랬지만 여전히 우리 아이들도 어려서부터 서울대학교를 포함한 명문 대학 진학을 인생 목표로 살아간다. 하지만 대학 진학 이후의 삶에 대해서는 별로 얘기하지 않는다. 학업에 힘들어 하는 아이들을 위해서도 '일단 대학교만 들어가면 너 마음대로 하고 살아도 좋아!'라고 달랜다. 가정이든 학교에서든 본인의 적성과 꿈에 대해서 고려하지 않고 일단 턱걸이라도 해서 명문 대학교에 발을 들여 놓으라고 강요한다.

사회적 분위기가 이렇다 보니 명문 대학 진학에 실패한 학생들은 차선책으로 편입을 선택한다. 어떤 측면에서는 재수를 하는 것보다 오히려 편입이 더 수월할 것이라는 생각하기 때문이다. 전 세계 어느 나라를 보더라도 한국처럼 편입 학원이 활성화 되어 있는 곳은 없다. 물론 본인이 뒤 늦게 발견한 적성과 꿈을 위해 편입을 결심하는 학생들도 있겠지만 명문 대학 혹은 취업이 잘 되는 학과로 옮기기 위한 방법으로만 편입을 선택하는 학생들도 적지 않다.

그렇다면 명문 대학교에만 진학하면 모든 것이 해결될까? 1년 정원이 3,000명 내외인 서울대학교만 졸업하면 인생이 탄탄대로로 들어설까? 이미 사회 생활을 하고 있는 현 부모 세대들은 과거 부모 세대와 달리 그렇지 않다는 현실을 깨달았을 텐데도 여전히 한국 내 명문 대학 진학에 더더욱 사활을 걸고 있다. 과거처럼 학연, 지연이 사회 생활에 중요한 역할을 하던 시기가 지나고 있음에도 말이다.

한국 교육의 병폐

이미 일부 영역에서 컴퓨터는 사람의 능력을 앞서고 있다. 특히 지식 검색에서 위력은 인간의 추종을 불허한다. 요즘 우리가 일상에서 흔히 궁금한 것을 접하거나 일의 진행이 막힐 때 사용하는 가장 흔한 표현은 '네이버에게 물어봐!'이다. 혹은 전 세계를 대상으로는 '구글링Googling, 구글로 검색하기란 신조어'으로 표기 될 수 있다. 즉, 내 손안의 컴퓨터인 스마트폰이 대중화된 이후 이제 장소, 시간에 구애 받지 않고 본인이 원하는 정보와 지식을 획득할 수 있다. 과거 이런 환경이 구축되지 않았을 때는 각 개인이 보유한 지식의 가치가 독보적이었으므로 누가 많이 알고 즉 외우고 있느냐가 개인간의 경쟁력의 중요한 잣대로 여겨졌었다. 그래서 과거 교육의 미덕은 암기 기반이었다. 물론 암기라는 것 자체가 무의미한 교육이라는 것은 아니다. 분명 어떤 것을 검색하려고 해도 개인이 보유한 기본 지식이 있어야 보다 심화된 것에 대한 탐구가 가능하기 때문이다.

한국은 과거 일본식 교육 잔재인 '학력고사' 제도를 청산하고 미래 인재 육성을 위해 1995년 '대학수학능력평가'를 도입했다. 미국의 대학입학자격시험인 SAT와 비슷한 시험으로 도입 초기만 해도 학생 개개인의 지식의 정도뿐만 아니라 창의력, 논리력 등을 평가하기 위해 도입했다고 당시 교육부는 발표했었다. 하지만 대학수학능력평가 도입 후 20년이 지났지만 아직도 학교와 학원에서 학생들은 암기나 주입식 교육 위주의 일방적 전달 교육을 받고 있다. 얼마 전, 대학수학능력평가 외국어영역 고득점을 위해 시중에 돌고 있던 해법이 EBS 교육 방송 영어 교재 본문을 한국어로 해석된 독해 판을 모두 외우면 유사 지문이 수능에 출제되므로 고득점이 가능하다는 것을 듣고 학생들이 영어 지문 독해본을 가지고 무조건 외우는 것을 보고 아연실색 하지 않을 수 없었다.

　이런 일방적인 전달 위주 교육의 문제는 비단 대학 입시 과열만 부추기는 것이 아니라 미래를 짊어져야 할 다음 세대 학생들의 상상력과 창의력을 말살한다는 것이다. 상상력과 창의력을 키우기 위한 다양한 방법이 있겠지만 필자는 기본적으로 어린 시절부터 마음껏 뛰어 놀고, 운동하고, 자유롭게 생각하고, 친구들과 얘기해야 한다고 생각한다. 하지만 초등학교 시절부터 방과 후 밤 12시까지 학원에 있는 것이 일상화되어 고등학교 3학년까지 똑같은 생활 패턴으로 12년을 보낸 우리의 아이들이 그 와중에 어떤 자유로운 생각을 할 수 있을까? 자기 스스로 계획을 세우고 실천하는 것이 아니라 선생님이 부모님이 만들어 놓은 일정표에 갇혀 그저 공부하는 기계로 육성이 되는 것이다. 정부의 각종 사교육 완화 정책이 발표되고 있지만 실제 교육 현장에서는 사교육비가 오히려 증가하는 현상을 보며 단시일 안에 한국 교육의 병폐가 고쳐질 것 같지 않아 심히 우려가 된다.

늘어나는 사교육

　2016년 봄 신문에 은기수 서울대 국제대학원 교수의 '청소년 학습 시간 연구'에서 초등학교 6학년이 고3보다 사교육을 더 많이 받는다고 발표했다. 이 보고서는 초등학교 6학년인 12세 학생은 하루 평균 173.8분이라 했다. 또, 아버지가 중학교 졸업 이하의 학력인 경우 고등학생 자녀의 사교육 시간은 평균 125.6분, 아버지가 대학교 졸업 이상일 경우 235.5분이었고 가구 소득이 월 200만원 미만일 경우 사교육 시간은 평균 125.6분, 600만원 이상일 경우 230.2분이었다.

　물론 고등학교 3학년은 학교에 머무르는 시간이 길기 때문에 사교육 시간이 고등학교 1~2학년보다 적을 수 밖에 없지만 초등학교 6학년이 고등학교 3학교과 사교육 시간이 비슷하다는 것은 우리 사교육의 현 주소를 보여주는 단편이다. 그리고 이 보고서에는 부모 세대가 고학력이거나 고소득자일 경우 더더욱 사교육에 더 투자하는 것을 보여주고 있다.

아이들이 하루 3시간 이상에 해당되는 시간을 사교육 기관에 머무른다는 것은 결국 저녁 시간을 오롯이 학원에서 수업 받으며 보낸다는 것이다.

미래는 오늘의 선택으로 결정된다

● 사회는 결국 개인이 모여서 구성된다. 개인의 변화와 발전 없이는 그 사회 역시 발전을 기대할 수 없다.

지금까지 우리는 우리가 정말 하고 싶은 것을 추구하지 않았고 때론 누군가의 기대에, 때론 누군가가 잘 만들어 놓은 인생 계획에 조정되고, 때론 그저 사회의 흐름에 따라 성장했다. 우리는 앞으로 100년 인생을 산다고 했을 때 이제 막 인생의 반환점에 도달했을 수도 있고 아직 그 반환점에 도달하기까지 상당 시간이 남았을 수도 있다.

당신의 아이들은 이제 막 그 출발점에 섰다. 이제라도 우리는 우리 주도의 삶으로 전환해야 한다. 이제 정말 누구의 눈치도 보지 않고 정말 내가 하고 싶은 일을 해야 할 때이고 우리 아이들은 우리가 살았던 그런 피동적 삶을 물려 주지 않게 하기 위해 필자는 다음과 같은 제안을 하고자 한다.

글을 읽는 것으로 그저 동의하는 것으로 끝나서는 안 되고 반드시 실천이 뒤 따라야 한다. 하지만 필자가 제안하는 방법들은 그 동안 우리가 살아왔던 방식과 비슷한 부분도 있고 전혀 다른 부분도 있다. 지금까지 당신이 살아왔던 방식과 비교해 낯설 수도 있다. 이 낯섦을 당연시 여기자.

사학자이자 인류학자인 마이클 셔머Michael Shermer는 "인간은 세상을 이해하기 위해 패턴을 찾고 스토리텔링 하는 동물이다"라고 말했다.

낯선 것에 대한 인간 본연의 습성은 인류가 천년 동안 사자나 호랑이, 하이에나 같은 육식동물에게 잡아 먹히는 것을 어떻게 피할 수 있었는지를 설명해 준다.[1]

그럼에도 불구하고 당신이 이 글을 읽고도 여전히 주저한다면 다음의 글귀를 떠올리길 바란다.

"당신과 당신 아이들의 미래는 내일이 아닌 오늘 당신이 하는 선택으로 결정된다."[2]

저성장 기조에 돌입한 한국은 지금 성장과 퇴보의 경계에 서 있다. 다시 한 번 한국이 성장 곡선을 그리기 위해서는, 아니 적어도 퇴보로 진입하는 것을 막기 위해서는 이제 그 몫은 지금의 젊은 세대에게 달려있다 해도 과언이 아니다.

---

1 「비즈니스 모델의 혁신」 래리 킬리, 라이언 피겔, 브라이언 퀸, 헬렌 월터스
2 「부자아빠 가난한 아빠」 로버트 기요사키, 샤론 레흐트

당분간 더딘 성장을 반복한다 해도 우리는 다음 세대들에게 희망을 걸고 그들을 키우고 변화시켜 미래의 전사가 될 수 있도록 도와줘야 한다. 우리와 다음 세대는 결코 단절될 수 없는 사이다. 점차 바닥나고 있는 국민연금과 의료 보험 재정 등은 결국 다음 세대가 지탱해야만 현 세대가 은퇴 후 혜택을 볼 수 있기 때문이다.

현 세대가 근면 성실을 최우선 덕목으로 여기는 한국인으로서 키워졌다면 다음 세대는 스스로 성장할 수 있는 자기 주도적 삶을 살아가야 한다. 지금까지의 한국이 국가 및 대기업 주도의 경제 성장을 통해 발전해 왔다면 이제는 그 노선을 다양화 해서 각 개인들도 주체가 되어 스스로 발전할 수 있는 길을 찾아 나서야 할 때이다.

이런 자기 주도적 성장을 위해서는 지금까지와 달리 이들에게 필요한 것은 무엇일까? 현 세대 역시 현재 자신의 모습을 반추해 보고 우리가 겪었던 실수들을 후세는 하지 않도록 경험담을 들려줘야 하고 미래의 모습을 미리 예견해서 미래 시대에 맞는 인재로 자랄 수 있게 해주고 미래를 미리 대비할 수 있도록 도와줘야 한다.

변화시키기 위한 준비가 필요하다

● 우리의 후손은 현재의 우리보다 행복하고 잘 살아야 한다. 역사적으로 지금까지 후세대가 앞선 세대 보다 잘 살아왔지만 지금 우리 세대도 과연 그럴지 의문이 든다.

과거부터 현재까지 항상 젊은 세대는 고뇌의 시간을 거치고 혹자는 그것을 "젊은이의 특권이 아니냐"고 말한다. 하지만 요즘 젊은 세대들은 '흙수저'로 표현된 본인의 처지를 비관하며 상대적인 개념의 '금수저' 계급으로 오를 기회 조차 전혀 없다고 괴로워한다.

『21세기 자본Capital in the Twenty-First Century』의 저자인 프랑스의 경제학자 토마 피케티Thomas Piketty는 "부가 분배되는 과정에는 양극화나 높은 수준의 불평등을 불러오는 강력한 요인이 있다"며 "경제가 정체될 때

이전 세대에 축적된 자본의 영향력이 늘어난다"고 예측했다. 그리고 "상속된 부에 따라 결정되는 계층 구조를 지닌 사회는 낮은 성장 체제에서만 생겨나고 존속될 수 있다"고도 했다.

한국은 이미 고도의 경제성장 시기를 지나 저성장 시대로 진입했다. 따라서 새로운 성장 동력을 통해 저성장 기조를 탈출하지 못하면 계급론 타파는 불가능할 것이다. 현 세대에서 처음 나타난 저성장에 의한 부의 대물림이 사회적 성공의 기반이 되고 있는 현실이 낯설기 때문에 한국 사회는 이를 받아들이기까지 상당한 시간이 소요될 것이다.

물질적인 기반이 달라서 오는 출발점이 다름은 분명 괴리감을 느끼기에 충분할 것이다. 하지만 필자는 한국의 청춘들이 그 괴리감만으로 본인의 인생을 일찍부터 포기하지는 않았으면 하는 바람이다. 필자 역시 그런 괴리감에 젊은 날 수없이 신세 한탄을 했었다. 하지만 신세 한탄만 하고 있다고 현실이 바뀌진 않는다. 나이가 10살이든 40살이든 그런 괴로운 현실을 인식했다면 변화하겠다고 마음을 먹고 행동에 옮겨야 한다. 또한 내가 그렇게 살아왔다고 해서 우리 아이들까지 똑같은 것을 겪게 할 필요도 없다. 결국 나든 우리 후손이든 현실을 변화시키기 위한 준비가 필요한 것이다.

과거에 없던 계급론까지 등장한 오늘날의 한국 가정이 과연 70~80년대 가정보다 행복할까? 물론 개개인마다 행복의 척도가 다르기 때문에 정답은 없을 것이다. 하지만 지금의 한국 사회가 점차 각박해져 가고 있다는 것은 비단 필자만의 생각이 아닐 것이다.

'하우스 푸어'라는 현대의 신조어는 그 의미를 뜯어보면 참 아이러니하다. 가족의 행복을 위해 자기 집을 마련했지만 이를 위해 은행으로부터 빌린 돈을 갚기 위해 부모들은 밤낮 없이 일한다. 그리고 아이들은 부모 없는 집에서 또는 학원에서 하루를 보낸다. 이같은 악순환적 모습도 집을 가지고는 있지만 불쌍한 '하우스 푸어'한다.

필자는 이런 악순환의 고리를 끊기 위한 방안으로 미래 세대에게 '미래학' 수업을 하고 싶었다.

물론 필자가 제시한 방법이 완벽한 해결책은 될 수 없을 것이다. 하지만 필자는 40세가 될 때까지 본인의 삶을 변화시키고자 행동하지 않고 생각만 하다가 결국 현실을 받아들이고 살았다. '내 아이를 키우면서 현실에 대한 고민을 하게 되었고 내 아이는 적어도 내가 살아왔던 환경과는 다르게 살게 해 주고 싶다'는 생각에 생각을 정리했다. 그리고 그 생각을 다른 사람들에게도 전하고 싶어 글을 쓰게 되었다.

우리는 어떤 이유로 '지구라는 별, 한국이라는 나라'에서 80년 전후의 삶을 부여 받고 살아가게 되는데 혈기 왕성하고 기운찬 시절을 삶에 부대껴 고민만 하다가 살아가기는 너무 아쉽다는 생각을 했다. 특히 지난 몇 년간 수 백번의 해외 출장을 통해 삶에 대한 시선을 한국에서 세계로 옮겨간 계기가 생겼다. 그리고 유독 한국인들만 갇힌 틀 안에서 살고 있다는 안타까운 현실을 깨닫는 순간 필자가 시발점이 되어 우리 아이가 살아가야 할 사회를 변화시켜야겠다는 일종의 소명 의식을 느끼게 되었다.

이 책이 필자와 같은 고민을 하고 의식 있는 많은 사람들에게 읽혀

현 사회를 변화시킬 수 있는 시발점이 되었으면 하는 바람이다.

책을 지필 하면서 주제 선정에 대한 고민이 많았다. 긴 숨을 가지고 끝까지 논조를 잃지 않고 써 내려갈 수 있을만한 것이 어떤 것이 있을까 하면서. 필자의 글에도 언급되어 있지만 역시 본인이 남들보다 잘 할 수 있는 주제를 선택했다.

필자는 공과대학을 나와 학사, 석사, 박사 학위를 모두 신소재 관련 전공으로 받았다. 회사에 입사해서도 역시 새로운 재료 개발을 맡았다. 그리고 그 재료를 전 세계에 필요로 하는 곳에 직접 팔았다. 이런 경험은 고스란히 엔지니어 및 마케터로서의 식견을 늘려줬고 남들에게는 없는 자산이 되었다. 그리고 여기에 덧붙여 잠시 머물렀던 교육계의 경험까지 융합하니 남들이 그 동안 다룰 수 없었던 주제의 책을 지필 할 수 있었던 것이다. 특히 이 책에서 강조하는 실천을 직접 펼쳐 보임으로서 독자들에게 좋은 사례가 되고자 한다.

한 가정의 가장으로서 가정 생활에 충실하고 조직의 구성원으로서 역할을 동시에 수행을 하며 책을 집필 하기란 쉽지 않았다. 새벽 5시가 갓 넘은 시각에 무거운 눈꺼풀을 들어올려 정신을 차리고 한 꼭지의 글을 완성하고 또는 식구들이 모두 잠든 시각에 골방에 틀어박혀 키보드를 두드렸다.

항상 업무에 쫓기는 중년의 직장인이면서도 이렇게 용기 내어 책을 쓸 수 있었던 것은 2015년말부터 읽게 된 2권의 책이 계기가 되었다.

『1인 창업이 답이다: 나홀로 창업해 성공하기 위한 9가지 절대법칙이선영 저』과 『서른여덟 작가, 코치, 강연가로 50억 자산가가 되다김태광 저』이다.

한 번도 만난 본 적이 없는 두 분의 작가이지만 책을 읽고 많은 깨달음을 얻어 필자가 책을 지필 할 수 있는 원동력이 되었다. 우연인지 필연인지 알 수 없으나 이선영 작가 책을 출판했던 갈라북스를 통해 필자의 책 역시 출판하게 되었다.

원고를 마감하니 떠오르는 얼굴이 여럿이다. 모두 감사한 분들이다. 아내 가혜와 아들 진우, 항상 맏사위를 응원해 주시는 장인 임형근 교장선생님과 장모님, 처제 가영과 가은, 미국에 있는 동생 민주와 제수씨 등… 특히 박사학위 지도교수이셨던 김동유 교수님의 가르침으로 사회에서 제 역할을 하고 있다고 생각한다.

마지막으로 아버지가 하늘나라로 떠나시고 평생 두 아들에게 헌신하신 어머니 윤영숙 여사께 지면을 통해 그동안 길러주신 고마움을 표하며 갈음한다.

_박 홍 주

참고 도서

트렌드 코리아 2016(김난도, 전미영 외 4명 지음 / 미래의창 / 2015년)

한국경제: 성장 위기와 구조개혁(김세직 지음 / 서울대 경제연구소 경제논집 / 2016년)

2016 중소기업 위상지표(중소기업중앙회 / 2016년)

사피엔스(유발 하라리 지음 / 조현욱 옮김 / 김영사 / 2015년)

또라이들의 시대(알렉사 클레이, 카라 마야 필립스 지음 / 최규민 옮김 / 알프레드 / 2016년)

유엔미래보고서 2040(박영숙, 제롬 글렌, 테드 고든, 엘리자베스 플로레스큐 지음 / 교보문고
/ 2013년)

빅데이터 글로벌 사례집(미래창조과학부 / 2015년)

중국이 세계를 지배하면(마틴 자크 지음 / 안세민 옮김 / 2010년)

한중 양국의 기업경쟁력 분식 및 시사점(김산월 지음 / 한국경제연구원 / 2016년)

경제지식이 미래의 부를 결정한다(김성철 지음 / 원앤원북스 / 2007년)

유엔미래보고서 2045(박영숙, 제롬 글렌 지음 / 교보문고 / 2015년)

부자 아빠 가난한 아빠 1(로버트 기요사키, 샤론 레흐트 지음 / 황금가지 / 2000년)

구글은 어떻게 일하는가(에릭 슈미트, 조너선 로젠버그, 앨런 이글 지음 / 박병화 옮김 / 김영사
/ 2014년)

디자인 씽킹(곤노 노보루 지음 / 노경아 옮김 / 아르고나인 / 2015년)

비즈니스 모델의 혁신(래리 킬리, 라이언 피켈, 브라이언 퀸, 헬렌 월터스 지음 / 유효상 옮김 /
마로니에북스 / 2015년)

제로 투 원(피터 틸, 블레이크 매스터스 지음 / 이지연 옮김 / 한국경제신문 / 2014년)

잭 웰치의 마지막 강의(잭 웰치, 수지 웰치 지음 / 강주헌 옮김 / 알프레드 / 2015년)

21세기 자본(토마 피케티 지음 / 장경덕 옮김 / 글항아리 / 2014년)

세계미술용어사전(월간미술 지음 / 월간미술 / 1999년)

세상 모든 지식과 경험은 책이 될 수 있습니다.
책은 가장 좋은 기록 매체이자 정보의 가치를 높이는 효과적인 도구입니다.

갈라북스는 다양한 생각과 정보가 담긴 여러분의 소중한 원고와 아이디어를 기다립니다.

– 출간 분야: 경제 · 경영/ 인문 · 사회 / 자기계발
– 원고 접수: galabooks@naver.com